現代小說15

鏡空和尚

侯澗平 著

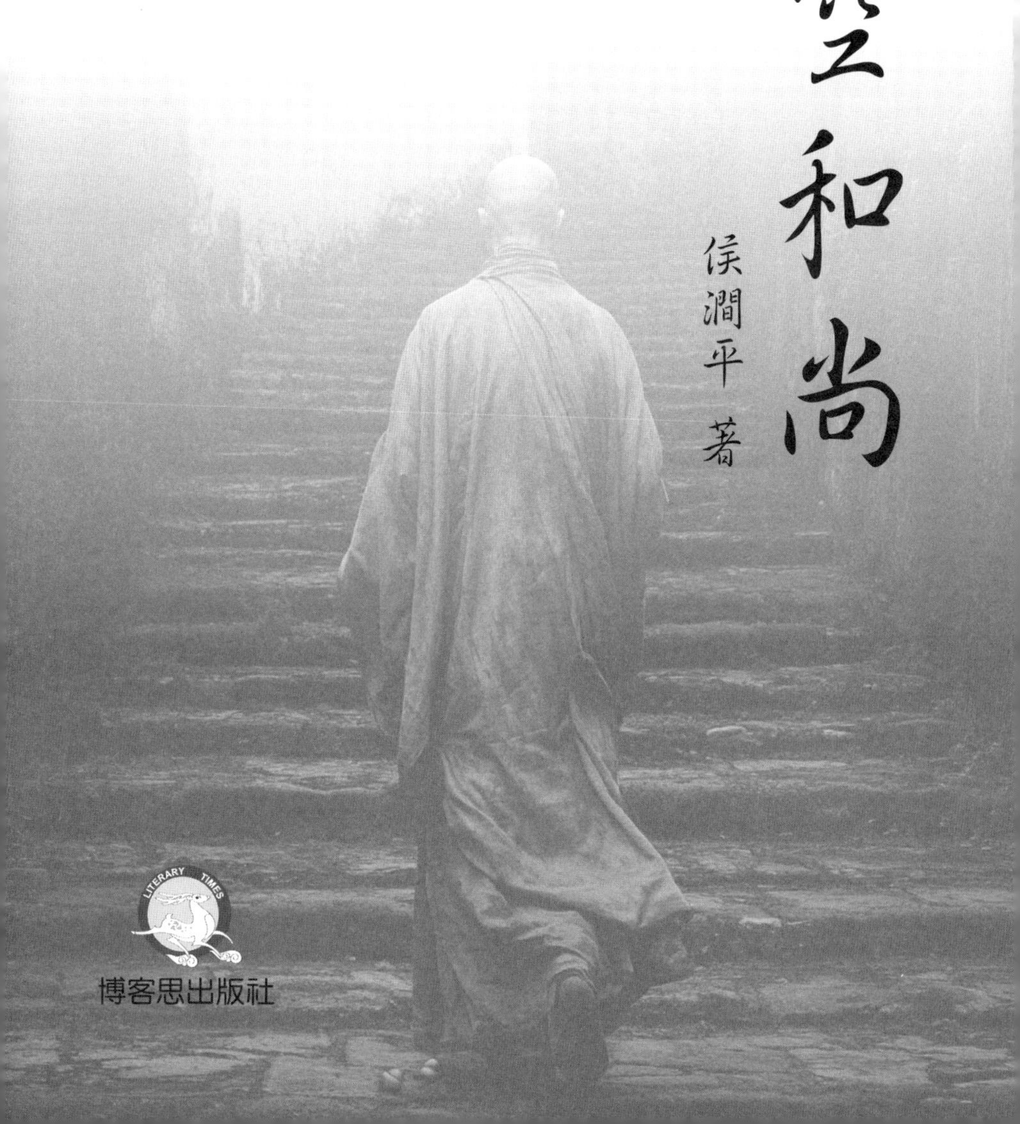

博客思出版社

目錄

第一章　小駒駒抓周　老秀才憂心

鏡空和尚

光緒二十一年春，和坊街文硯秀才家大門前張燈結彩，人聲鼎沸。

家裡人人喜氣洋洋，傭人、親戚、臨時僱來燒飯的大廚，在繁忙的間隙，跑到韋氏跟前，逗逗她抱在懷裡的孩子，握握肉嘟嘟的小手，擼擼他柔軟的棕色頭髮，一個個恭賀，對著孩子說：「少爺，今天是好日子！祝福小壽星長命百歲哦！」那孩子見人逗他，一個勁兒地笑，燦爛如花，手舞足蹈。

韋氏見衆人祝福她兒子，也笑著回應答謝。兒子小駒駒周歲慶宴，一大早她就起來，張羅安排。心裡開心，平時不捨得穿的裙掛，特地從箱子裡翻了出來。那件大紅寬袖右襟掛，小立領，絲絨綢面料，鑲嵌著金邊，手繡幾朵團狀牡丹，穿在韋氏身上，顯得喜氣又得體。她面頰輕輕撲了些粉，嘴唇微微點了胭脂，面色立刻粉紅青春了起來。衆人向她賀喜的時刻，也順帶誇她的年輕，都說太太年輕了十歲。

秀才文硯早年成親，娶了韋氏，一連生了三個女兒，第四個生了兒子，可惜得了肺炎，高燒不退，才活了兩三個月就夭折了。韋氏哭哭啼啼，嗔怪老爺信佛心誠欠到位，執意要去普陀山敬佛。文硯依了夫人，僱了一條船，專程去了普陀山，回來觀音菩薩顯靈，果眞送來了兒子。中年得子，兒子平平安安到了周歲，文硯心裡自是喜悅。他見韋氏在窗外忙進忙出，吩咐派活，自己還是安靜坐在書房，寫了幾幅字，又畫了幅松竹梅三友圖，落款、蓋章，才慢悠悠喝了口碧螺春。平時家裡俗務，油鹽醬醋柴米菜，他是不過問的，聽憑韋氏張羅。鄰街同榜陸秀才進屋，連連作揖恭喜，文硯才急忙站起回禮。陸秀才見書桌上攤開的〈三友圖〉，連連說好畫，佈局稀茂有致，用筆輕重恰當。說著，也提筆對文硯說，空白處我來畫個小鹿，祝福少爺快快樂樂。片刻，畫上一隻小鹿猶如從遠處喜奔而來。文硯說，你也著上名，改天把章帶來。陸秀才搶著說，巧了，那一枚菩提子製的印章帶在身上。說罷，陸秀才蘸了紅泥，左下鈐印。文硯又請陸秀才就坐。坐畢，小廝上茶。陸秀才喝了一口茶後，問文硯，小駒一周歲了，大名起好沒有？

文硯搖搖頭說：「難取啊！文家我輩是硯字輩，下一輩，則是顯字輩。這個顯字，怎麼個承上啓下左右聯合成一個名字？再說，小兒之名，總要含有長輩的厚望與寄託吧。還有，名字裡最好暗合世事，有個史家之紀念意義。」

陸秀才點頭說：「文兄所說甚是！聽說小駒駒，不，令郎五行俱全，這也省了缺水補水，搜腸刮肚想三點水四點水的邊傍，或者缺火，找火找炎找燚。至於有點記憶時勢，文兄你看，國事糟糕如此，怎麼個暗合？」

「唉！」文硯歎了口氣：「去年黃海與日本一戰，誰會想到如此結局。朝野上下，出戰呼聲高漲，好似北洋水師不費吹灰之力便可大勝。輕敵啊，輕敵！」

「當時呢，我跟文兄一樣是樂觀黨人。」陸秀才接著說：「前方一直是捷報頻傳，怎麼會轉眼之間，水師在威海衛全軍覆沒呢？這些日子，李中堂去日本馬關談判，不知他回來沒有？情勢不妙啊！」

「回來了！」「回來了！」兩位年輕後生，一邊說一邊匆匆走進書房。他們身後，門外小廝在大聲稟報：「梅秀才、阮秀才到！梅秀才、阮秀才請——」

兩位年少秀才進門後連說失禮失禮，不該貿然打斷陸秀才說話。然後還是抑制不住心頭的波瀾，胸腔中的悲憤溢於言表。梅秀才說：「回來了，李中堂是回來了，虧他還有臉回來！賠了兩萬萬兩白銀不算，還割了台灣和遼東！千古奇恥，千古奇恥啊！」

文硯急切問：「眞有此事？消息確切麼？」

阮秀才看看文硯，又看看陸秀才，見兩位長輩秀才滿臉驚訝，將信將疑的樣子，歎了口氣說：「千眞萬確，李中堂在春帆樓簽了約！剛才，我跟梅秀才到教堂瑞牧師那裡打聽，瑞牧師拿著《字林西報》一行一行翻譯給我們聽。條約裡，我伲這座城也開埠了！」

陸秀才一跺腳，憤憤說：「廢……廢掉它，廢約！再……再戰！」

文硯一改往常的慢條斯理，也急著說：「朝廷也過於讓步了！」

四位秀才，兩代輩分。但在馬關義和這件事上，內心的震驚幾乎完全一致。他們無法接受甲午戰敗的實景，無法想通爲什麼萬邦來朝的泱泱大國，居然接受如此奇恥大辱之條約。阮秀才跟衆人一邊談論，一邊也說出自己的想法，日本過去一直做學生，究竟憑什麼欺負起先生來了？衆人議論一通，也莫衷一是。

梅秀才平時喜歡鑽研，他琢磨了一下，試著解答阮秀才的問題：「依我看，日本實施富國強兵，可我伲大淸，地大物博人傑地靈，北洋水師也實力相當。唉，人家勝，勝就勝在脫亞入歐，學荷蘭學西洋機器技術，文明開化領先一步！」

「梅兄說到了點子上。」阮秀才讚同梅秀才的看法，說：「看來西風東漸，我伲還須跟上腳步。日本能學得好，我朝要學的更強！我和梅兄剛才在教堂，拜瑞牧師爲師，想學習英文，將來也能爲國出力，以雪甲午之恥！」

陸秀才捋著鬍子，忙擺手：「使不得，使不得，不能病急亂投醫！我孔孟之道，乃立國之本，萬萬不可丟了國粹，去學什麼英文西洋文。非我族類，必有異心。我就不信，大清打不過一個小日本！」陸秀才大發感慨，《論語》治天下，道德強國家，又說漢字正宗，英文蠻夷，漢字乃千年瑰寶，說不定英文還是學漢字編出來的。說著說著，突然記起今天是來赴宴的，是來文秀才家賀喜的，就打住了話頭。再一想，小駒駒的大名還沒有著落呢，便對大家說：「扯遠了，扯遠了！我伲是來賀喜文秀才公子的。言歸正傳，剛才我跟文秀才還在動腦筋，爲小駒駒取個大名呢，怎麼扯到英文上去了。諸君來的正好，看看取什麼大名爲好？」

四秀才搜腸刮肚，楚辭漢賦，唐詩宋詞，又從經史子集中挑選典故雅詞，甚至連《山海經》中奇字僻詞也搜索一遍，一個個鮮剝活跳的詞兒紛紛從嘴唇中沖了出來。末了，三人眼光齊射文硯，還是要請文秀才定奪。文硯從書櫃中抽了本《詩經》，嘴裡說著聽天命名吧，佛祖保佑，順從天意，給小駒駒賜個好名字吧！他把《詩經》鄭重的放在身前書桌上，微微合眼，雙手合十，口中念念有詞。聲音畢，文硯左手挽著衣袖，右手輕輕把書翻開，書頁差不多停在書的中間。文硯朝書頁上一看，是《詩經》中的小雅〈采芑〉，湊近看了半晌，突然叫道：「有了，有了！顯允，顯允！小駒駒的大名就叫：文顯允！」

文硯見衆人沒有反應過來，就釋義道：「方叔率軍討伐蠻荊，〈采芑〉中詩云，顯允方叔，伐鼓淵淵，振旅闐闐。顯，明也；允，信也。方叔治軍有方，軍紀嚴明軍令信達，克敵制勝也！正好暗喻當今時勢，我朝將來也必將戰勝日本。說來也是天意，一個允字，小駒駒輩份，本來就是顯字輩，也落了個正好！」

三秀才聽罷，一致稱讚。詞義得體，暗含父輩期望。梅秀才說，令郎文顯允，有文兄栽培，能文能武，必成朝廷棟樑之才。梅秀才還說了自己的願景，他成家有了孩子，不管是男兒女兒，一視同仁培養，送孩子東渡扶桑或遠去歐美留學，師夷長技以制夷。衆人都笑了，調侃梅秀才心裡也想做父親了。阮秀才此時踱步轉到書桌前，見攤開在上的《鹿奔三友圖》，連說好畫，三友疏落有致，小鹿歡快靈動。文硯忙說，小鹿是陸秀才的手筆，人稱畫龍點睛，陸秀才畫鹿通靈。梅秀才興致勃勃提議，他和阮秀才也要爲畫添彩，一起恭賀文顯允周歲大慶。阮秀才端視了片刻，看畫面緊湊，也無地方補筆，便提筆在畫的上方題詞：伐鼓顯允出征；梅秀才接過阮秀才遞過來的毛筆，幾乎不假思索，揮筆就寫上：鳴金仁義凱旋。兩位老秀才連聲說對仗工整，用典含蓄貼切。文硯對兩位後生說，改天把印章帶來，也一起加印落款。說著，先在右上方蓋了緬甸玉硯字閒章。這幅字畫，四秀才偕作而成，彰彰袍澤之誼，呦呦鹿鳴孔昭。裱好後掛在書房，以誌紀念。

此時，小廝進門請示文硯：「老爺，太太問，少爺抓周放在宴前還是宴後進行？」

文硯心境甚好，把圖畫捲起來，立刻說：「現在就進行，就放在書房抓周。」

小廝稟報韋氏後，韋氏立馬吩咐手下，傭人、小廝等七手八腳，把抓周的默事，一一擺到書桌上。秤、算盤、康熙字典、短尺、瓷杯、繡花手帕、竹笛、玉如意、象牙印章、墨、毛筆、木寶劍、銀元、銀湯匙、金鎖片、九連環、胭脂盒、荷花香袋、麥芽糖塊、棗泥餅、桃花塢年畫、搖鼓郎、阿福泥塑……，一時間，像小山一樣堆在桌面。賓客、親朋好友，還有年少頑童，也紛紛湧進書房。須臾，在眾人口口相傳中，都曉得了小駒駒的大名叫文顯允，大家紛紛改口稱顯允少爺，小駒駒的乳名在人們的記憶中迅速的選擇性擱置。

在圍著書桌的人堆裡，擠進了兩個小頑童，來自韋氏娘家的弟兄的後輩。一個年紀大一點的，也不過六七歲光景，叫小天石；另一個個頭小一點的，叫小抱沙。兩個童子在人們嘈雜亂哄哄檔口，把手裡玩的木魚和木魚槌，悄悄塞進了一大堆抓周物件裡。

韋氏懷抱兒子，來到書桌邊。文顯允頭戴嵌玉小瓜皮帽，一身紫紅手繡綢緞小褂和童褲打扮，腳上穿一雙金絲軟底虎頭鞋，肉嘟嘟的小手上戴著細圓邊銀手鐲，外掛兩顆銀小圓球，叮噹作響。韋氏一面把顯允放到桌上，一面問文硯要否把抓周東西排放整齊？文硯連聲說不用不用，讓顯允小子自己發開，自己抓取。正說著，只見顯允向前爬了半步，小手把桌上物件邊拍邊掃，一時鬆散了開來。他左手一把握住康熙字典邊角，往前推了推。眾人喝彩，讚頌少爺知書達理，也許就是文曲星下凡。又見顯允爬了半步，右手疾快抓住了木魚槌，還沒等眾人反應過來，就朝小木魚上輕輕一敲，動作嫻熟一氣呵成。周邊人屏氣歇息，沒人說話，只當沒看見一樣。稍停片刻，顯允又向如意看了一眼，丟了木魚槌，用手一推一拉，把玉如意拉到了自己腳跟前。衆人見狀，一個個喜笑顏開，都說將來少爺一定吉祥洪福，事事如意。

文硯見兒子抓取木魚槌，又敲了木魚一下，這一槌就像敲在自己的心頭。心裡咯噔了一下。以他的見識，似乎將來兒子跟念經信佛有緣。儘管周邊賓客討口彩說吉言，但文硯心裡彷佛繫了個結，鬆不開來。他不敢繼續細想，假如……假如……，抓周靈驗，兒子眞的遁入空門，孤燈作伴，念佛皓首，那與他對兒子的期望豈不是南轅北轍，走東往西了？文硯沒有梅秀才那樣眼光前瞻，想到將來送兒輩出國留洋，但顯允小子把四書五經讀好，考秀才考舉人考個功名，那是天經地義。當然，君子立德立功立言能文能武那是更理想的境地。看著顯允小手還是緊握木魚槌，文硯心裡五味雜陳，不是滋味。雖說後來衆人見小子拖了玉如意，大家一片恭喜聲，但文硯心裡的憂愁揮之不去。見衆賓客一片喜氣洋洋，文硯只能把心中疙瘩埋了起來，臉上還是露著謙恭笑容，謝著大家的祝福美意。抓周儀式畢，文硯躬身，右手伸展，熱情招呼衆人去大廳入席。

慶宴散席後，韋氏特地把胞兄弟留下，叫進書房，把小天石、小抱沙兩個侄兒的頑劣行徑告訴了自家兩弟兄。韋氏說，抓周默事中本沒有放木魚木魚槌，叫下人查下來，才知道是兩個小頑童侄兒幹的好事，叫兩弟兄回家後好好調教。

小天石回家自是被父親一頓臭罵，繼而打了一頓屁股。小抱沙也一樣，戒尺打在手上，打在屁股上，辣嘩嘩痛了好幾天。這痛感，幾乎陪伴了他倆一輩子。後來文顯允中了秀才鬧著出家做和尚，消息傳到韋家，家裡人紛紛責備天石、抱沙小時候不該做頑劣事兒，現在弄假成眞，攪黃了人家的前程。天石、抱沙感到憋屈，顯允吵著要出家，那是他自個兒的喜好，怎麼非要牽到他倆頭上？不過冷靜想想，童年時的無意之舉，純粹好玩，多少年後竟眞的生出顯允看破紅塵做和尙的事來，多多少少跟抓周時候，塞進了木魚和木魚槌關聯，不是無緣無故，而是有緣有故。成年後的天石與抱沙，在幾十年裡，一直也不太清楚表弟究竟爲什麼出家？進廟剃度前顯允家裡到底發生了什麼故事？不管何種變故，跟抓周這件事，總有那麼一根絲暗中相連，心裡面終究覺得有點兒歉疚。

每逢大年初一，或者一善寺有大型佛事，天石與抱沙結伴上山，一則是敬佛，二則去看望顯允，也就是鏡空法師。一年又一年，年年如此，風雨無阻。

彈指瞬間，一晃六十多年過去。頑皮的小天石與小抱沙，如今垂垂老矣。歷盡坎坷，飽經風霜，他倆已經步履蹣跚，雙鬢染雪。本來，頤養天年，安度晚歲，天石與抱沙幾乎天天去朱鴻興吃頭湯麵，然後去小公園茶館喝茶，這些天，紅色風潮飆起，店裡人無心做事，頭湯麵湯水成了渾湯，去茶館竟然鐵將軍把門。兩位老人自然想起蓮花山上的鏡空法師，聽坊間傳聞，說是廟宇塌毀，菩薩俱碎，僧人攆走，住持挨鬥，多少年前兵荒馬亂，也未成有過如此境況，心中不免生出忐忑，兩人一商議，決定去一善寺看看。

天石與抱沙，乘公交車先到蓮花山腳下。然後沿著澗水邊的御道，慢慢拾級而上。過梅林，經蓮花池，繞醉僧石，踏進山門，眼前一片狼藉。碎掉的菩薩頭上套著繩索，檀木供桌歪扭落地，廟宇的窗門破敗零落，地上沒有燒盡的經書紙片隨風打轉。兩個老人遠遠望見，在半壁牆邊，鏡空法師儀態安詳，微微閉目，雙腳盤坐，雙手合十，端坐在坐床上，似乎嘴唇在翕動，全神貫注的正在念經。見鏡空平安，天石與抱沙兩人對視注目了一下，沒有出聲。

天石與抱沙兩位老人，站在山門進口的前殿院廊邊，誰也沒說話。過了一歇，天石似有所悟，輕聲說：「世事萬相，好似無常，其實皆有定數。」

抱沙看了一眼天石，眼皮微微下垂回應：「道無明暗，佛無生滅。你我也不必過於拘泥心中塊壘，鏡空成就大師，因果相承，自然而成，我伲也應該釋懷了。」

萬種佛法，皆含藏識。時時善念，處處成佛。天石、抱沙本是信佛之人，他們不想打擾鏡空，世間塵囂如此，鏡空仍然禪定安祥，恍若隔世，大慈大悲，這是何等的佛的大境界！天石與抱沙，轉過身來，緩緩走下山去。

鏡空和尚

第二章　自心頓悟　通佛之路

鏡空和尚一夜打坐，拂曉時像往常一樣，打著木魚念經，聲音低沉，穿透時空。蓮花山的一善寺，斷垣塌梁殘瓦焦柱，影影幢幢，與不遠處的望鶴亭醉僧石，一起籠罩在茫茫晨曦之中。林林葉葉草草，崖壑山壁澗水，默默聆聽著曠如天際傳來的節奏聲聲，那悠長的經文律韻，宛如天籟之音。三根粗木扎成枝架，中間懸掛的陶罐下，一堆火柔弱而又沸揚，噴薄著生命的熱能。說來稱奇，自從鏡空法師把坐床搭建在半壁牆邊，腳跟前用亂磚碎石圍起小圈，乾草引星，竹片助燃，再用山裡拾來的樹根雜木，燎起的火烽，這一堆火從來沒有熄滅過。偶爾火燼煙滅，彷佛了無生熄，夜幕莽莽中也難見薪火點點。鏡空用樹枝輕輕撥動，添上一把乾草，微微吹著氣流，頃刻間，星火吐艷，騰騰不息。鏡空法師悟覺，火，便是他內心光明的觀照。一切諸相，實為非相。劫後餘灰燼，般若照映來。那堆火，影照出山門、寶殿、法堂殘存的輪廓，映襯出寺院前挺拔的銀杏樹，若隱若現，曦曦煒煒，猶如重新佛光普照。

紅塵風暴前，這個時辰正是衆僧集聚早課時間。僧人們盤腿而坐，眼簾下垂，身體直挺，自現修行。在鏡空法師引領下，衆僧念誦《大悲咒》、《般若波羅蜜多心經》，口唸心念，亦念亦唱，梵唄朗朗。色卽是空，空卽是色，在誦經之際，猶如觀世音菩薩由音聲而悟道。鏡空記得，他的師弟鏡轍法師，天天坐在前排右側。徒弟亦賢則謙遜坐在三排僧人之後。巍峨佛殿，虔誠誦經，衆僧在課誦中疊加功德。如今人去空影，滿目瘡痍。方磚地台，寥無蹤跡。那天清晨，早課卽將完成，又一群戴臂章的紅衛兵衝上山來，見佛像、供壇、鼓鐘等法器，已經被前幾批人馬毀壞，雜亂凋零撒滿一地，便竄進竄出尋找革命的新對象。一部分人用竹竿木柱捅穿殿堂屋頂，一部分人竄到寢堂，收繳衆僧個人的經書、念珠、袈裟。折騰了整整一天，把搜出的法器、殿堂的供桌、拖出來的木雕菩薩，一把火燒成灰燼。鏡轍死死抱住他三十年書寫的血經，不肯繳給這群上山的紅臂章，那是他畢生每天每天點點心血的參禪，那是他慈航中的積德。任憑皮帶抽打，他就是不肯鬆手。抱住血經，就是皈依佛法。信仰的力量是堅不可摧的。無所有而無不有，無所空而無不空。鏡轍法師緊抱血經，皮帶扣，木棍刺打在臉上背上，渾身是血，他胸前緊抱的血經絲毫無損。經書怎能毀打，經書不容侮辱，只要有口氣，經書就是鏡轍全部的生命。那幫人想掰開鏡轍的手，但他的手臂指掌猶如鐵鑄一般，拉不開，打不鬆。鏡空法師被逼跪在地上，想一次一次站起來，呵護鏡輶師弟，一次次被紅衛兵按下頭顱。那幫人惱羞成怒，對鏡輶一陣拳打腳踢後，拖著拽著押著鏡輶往山下而去。這一去，鏡輶法師再也沒有回來。

鏡空法師派亦賢兩度下山，打聽鏡輶消息。亦賢帶回的音訊，只是聽說，有個和尚在押送的卡車上跳車逃跑了。實情究竟如何，亦賢再次下山去確認，遲遲尚未回歸。鏡空在等，在等待中，法師誦經不絕，便是覺悟不絕。色亦非色，空亦非空。鏡空法師持續每一天的誦經，就是立定時時悟性見心。雖此時此地此鏡空空杳無僧人，梵音卻綿綿不絕，誦在，音在，就是佛在。

山下不斷有人上來，攆他走。一群貧農造反派，也是戴著紅袖章，比紅衛兵的袖章更加寬大，印著「紅貧隊」三字，他們高舉紅旗，手裡揮動紅寶書，圍著他高呼口號。鏡空法師對這些人，大部分都認識，做了二十餘年的一善寺住持，對附近山下村民都很熟悉，三童四嫂七姑八姨，有的也都叫得出姓名。領頭的那個造反派頭頭，鏡空曉得他的大名王三木，小名叫王狗狗。他的母親是個幾十年吃素的佛徒，也是初一月半必來一善寺的虔誠的施主。寺內上上下下稱她爲三木娘。鏡空看著王三木長大，連他五行中獨獨缺木，小時候他家院子遍地種樹，也清清楚楚。王三木從小到大孝順母親，言語溫和，怎麼革命了做了造反派頭頭，飛橫跋扈，張牙舞爪，鏡空法師一時無法透悟。眞是世事無常，萬端皆可啊，阿彌陀佛！鏡空思忖，卽使王三木領著人來來勢洶洶，一幫人圍著批判他，一遍一遍放聲讀著毛主席語錄，手指直戳他的腦門，還不至於像紅衛兵那樣，叫他跪下，低頭認罪。鏡空自信，如若王三木敢這樣做，三木娘一定會趕上山來，氣憤地指謫兒子。鏡空默默雙手合十，任憑他們圍著他喧囂咆哮，大慈無音聲，大悲去怒懣。屏氣靜默，無相無念。他們把他的小包裹扔給他，他挎著包裹圍著蓮花山，兜了一圈，還是回來了，他還不想走。頑童小孩，罵他禿子和尚，他癲癲應應；造反派咒他迷信妖僧，他癡癡笑笑。安詳的神態中，邁著穩穩實實的步履，毅然走回御道山門，依舊盤腿坐床面壁。他信，內心包容大千世界；發心遍遍行，覺悟時時生。萬事萬物，雖說多變無常，一切衆生，同種善根，悉有佛性。

　　鏡空的信念立刻得到證明。寺廟裡的功德箱早已灰飛煙滅，但他的坐床前趁他不在，經常有人送來蔬菜，或者放上一袋大米。有時候，鏡空見到施主，攔住納恩感謝。一善寺東南，本有幾畝地種植蔬菜稻麥，如今鏡空還在打理，他也常常勸導施主不必再送食物來。施主駱師母專程從山下上來，見寺廟俱毀，無處敬香施願，默默把五元鈔票放到鉢碗裡時，也被鏡空婉言謝絕了。

駱師母不姓駱。她丈夫姓駱，她兒子姓駱，山下古城世代習俗，女人嫁誰就隨夫姓稱師母。城裡家家戶戶彼此稱呼對方女主人，一概稱師母，無關職業，並非一定是老師之妻；也無分貴賤，大家閨秀小家碧玉出嫁後是爲師母；引車鬻粥挑擔銅匠家妻皆稱師母。駱師母出身破落官宦，小時候讀了點書，小楷寫的纖細娟秀，工筆畫繪得流暢逼眞。後來嫁了姓駱的檀扇作坊主，五十年代中作坊公私合營，併入了藝術扇廠。駱師傅成了廠子的技術骨幹，駱師母創意圖案的扇子，常常一上市場大受歡迎，銷售一空。一家日子過得平平淡淡，唯獨兒子小駱稟賦聰慧，提筆繪畫，花鳥山水，飛禽走獸，活靈活現，栩栩如生。駱師母省吃儉用，供小駱拜師學藝，考了美術學院油畫專業。小駱也不負衆望，天道酬勤。美院畢業後，畫作獨具風格，時常獲獎，美術界冉冉升起了一顆璀璨新星。尤其創作的油畫〈浴女〉，達到了高度的藝術境界。

駱師母念一聲：阿彌陀佛！眞誠對鏡空法師道：「大師，我是一片心意。雖然說，世上規定不許敬香，我今上山，我要表我心願格！再說，我還要向大師請教問佛，關於我兒子的事體。」

鏡空法師雙手合十還禮，說：「感恩施主！情義老衲領了，銅鈿請您收好。佛徒參禪，原是本分。駱師母又是常來的居士，令郎又很出息，老衲聽著，講無妨。阿彌陀佛！」鏡空知道，駱師母兒子幼童時就顯露出繪畫天分，來到廟裡，小駱跟著母親敬香磕頭後，母親打坐念經，他就跟在在母親身邊，拖著鼻涕，穿著開襠褲，嫩嫩的小手指按著白紙握著蠟筆，趴在地上默默作畫。那樣子全神貫注，心無旁騖。常常寥寥幾筆，簡約幾根線條，筆下的彌勒佛憨態可掬，神采奕奕。鏡空看在眼裡，心裡暗暗驚歎：這孩子頗俱慧根，寧靜淨心，無妄無雜念，繪畫亦如悟道。

說起兒子，駱師母眼圈兒先紅了，眼淚含在眼眶。

鏡空見狀，馬上聯想到，數月前駱師母說起，兒子和畫受到圍攻，兩派的報紙點名批判，說是配合國外反動勢力和平演變，又說是毒害青少年的資產階級黃色作品。文聯造反派組織了幾場批鬥會，開始小駱是陪鬥的身份，後來他堅持自己的觀點，辯護藝術是藝術，不是政治；繪畫是審美，何來對錯。當局認爲他態度惡劣，對抗運動，污衊無產階級革命文化，批判升級，小駱成了被批鬥的主角。

駱師母輕聲輕語：「他們說小駱駝畫的〈孤帆〉是個人主義，〈江南橋〉是通往封建主義，我家小駱駝只懂畫畫，哪來那麼多主義？就不曉得運動來了，人家批判你，你就不好認個錯嗎，死犟著。六祖也是躲過一個個劫，方達成就。如今小駱駝發配去太湖邊太公山勞改，命中也是一個劫，我也認了。但是——」駱師母說到這裡，眼淚順著臉頰默默流了下來，嘴唇哆嗦了幾下。她看了一眼鏡空法師，沒有繼續往下說，聲音停頓在那裡。

「阿彌陀佛！」鏡空法師身體前傾，感歎曰：「是劫是福，似相非相。」他眼簾低垂，然後點頭示意駱師母繼續往下說，他在全神傾聽。

駱師母猶猶豫豫了半晌，過了好幾分鐘後，下了決心才說：「我也不知該問不該問，會不會有違佛意？我家小駱駝闖禍的災，還是那幅叫〈浴女〉的油畫。那麼，大師，我想覺悟：畫裸體畫阿是淫邪？是，東西方畫家之作豈不都成了業障？不是，又如何明心見性？」

鏡空法師微微點頭：「可憐天下父母心。駱師母剛才所問，其實已經自悟！佛祖說，砍柴擔水，皆能成佛。用心做一事，猶如在修行。提筆作一畫，本是求一道。用當今言辭說，你開汽車，汽車會出禍，業障不在工程師。你造一座橋，有人掉河下，過失豈能怪建橋人？油畫水粉畫，人體畫山水畫，藝術終爲本。看見畫，菩提本自心，自心起正見；看見畫，起心就起妄，心竅卽淫邪。」

「大師所言，我是聽得懂格。」駱師母雙手合十說：「心無妄念，專心做事，掃一片地，一地掃乾淨，就像淨心近佛哉。作畫成畫，亦復如是。」

「善哉，善哉！聞說《金剛經》，智慧常觀照，不假文字，亦不假圖畫。心不染著，何來淫邪？心無雜念，就向定慧。迷人自迷由他去吧！修行路路皆通，人人各有各的法門。」鏡空大師回復，雙手合十。

「那麼，大師，我還是想問：紅塵之中，來勢洶洶，凶的不得了。無非那是腐朽資產階級思想，腐朽之處實指男女之事。男人女人，男性女性，佛是否迴避？關於男女之性，佛能否究竟？我也想悟道有個透徹明白。」駱師母誠心誠意討教。

鏡空法師引經據典：「《嚴華經》云，勇猛丈夫觀自在。觀世音菩薩，本是男身，唐朝之後，漸成女身。佛，何曾迴避男和女！男人女人，男性女性，皆爲人性，皆有佛性。佛性面前無階級。地主農民，資本家工人，皆爲衆人。既爲衆人，衆生平等，人性皆通。」

「這麼說來，那些人若是懷著不善之心，十惡八邪，就可能塞滿五蘊。色受想行識，也就會迷離虛妄哉。若是只見他人的非，實爲自己犯了錯！大師，我這樣自悟，勿曉得啊是不是？」駱師母自言自語道。

鏡空法師緊接著闡述禪義：「六祖大師的〈無相頌〉偈語云：佛法在世間，不離世間覺。世間有男女，男女之性亦是世間世相。古代印度，佛廟塑男女合抱菩薩，是爲歡喜佛。可見，男女之性不是洪水猛獸。要是細說，佛始祖還令觀世音菩薩化身女人，與毗那夜迦修交，使毗那夜迦皈依佛教，終成佛徒。老衲自悟，男性女性，男女之性，皮肉是色身，色身是舍宅，不言歸依。自心歸依覺，邪迷不生；自心歸依正，無邪見故；自心歸依淨，愛欲不染。覺、正、淨爲自性三寶，時時頓悟，自心歸依自性；處處頓悟，自性彰現佛性。自心見性，皆成佛道。阿彌陀佛！」

駱師母畢竟年少時就修行到如今，立刻體悟到：「大師所言，我更加開悟哉。六根雖然有感覺知覺，自性還是以不染萬境來觀照格。我過幾天要去太湖邊上太公山，探監看兒子。聽大師說禪，我心裡有底氣，佛道也是變滯爲通哉。」

鏡空法師連連點頭說：「駱師母年紀也大了，路上自己照顧好自己。見了令郎，帶幾句老衲的話給他吧：是劫是禍命了去，是運是福明了來。畫像本是心境現，度過混沌佛光開。令郎悟性天成，他一聽就明白。」

「大師，您以前的無命無明偈，我家小駱駝也是一聽就頓悟。眞是交關謝謝，阿彌陀佛！」駱師母又說了一遍，她也代兒子駱駝一起感謝佛緣盛恩。心態情緒，比上山時敞亮了許多。她說家裡佛堂供的觀世音菩薩，也被紅衛兵破四舊破掉了，如今念經只能對著空空的佛龕念，也不敢出聲。說到這裡，她又細聲慢氣說道：「但是，只要我有口氣，我還是要念經信佛格。天下萬相，人生在世，若是靈魂無處安頓，我伲還有啥個人相？」

第三章　孔雀依依送亦賢

鏡空和尚

駱師母一番話，語速平平穩穩波瀾不驚，神態安然詳和，內心毅然堅定。她慢慢起身，雙手合十向鏡空法師告辭，鏡空也站起還禮，步履緩緩，送駱師母到山門前。鏡空久久站在倖存的大石柱旁，也是雙手合十，望著斑斑駁駁御道方向，注視著駱師母遠去，口中念念有詞：無命卽無明，無明卽無命；命了便明了，明了便命了……

天上雲彩淡淡，山脊薄霧朦朦。遠處，層層樹林逶迤，香屐廊空廓無音。醉僧石邊的溪水潺潺流淌，不時撞擊岩石，被沿途的碎石巖縫洞穴吮吸，柔聲輕漫。晨曦射進樹枝的縫隙，鳥兒開始了自由的鳴唱，野鴿在嘀咕，白頭翁在單純的吊嗓，喜鵲發出了蒼老的氣聲，那成群的麻雀一群一群在山門裡，喳喳叫著起落飛翔。幾隻孔雀，也呼喚著「阿育……」「阿育……」，在廢寺前的樹下徘徊。

鏡空法師緩緩走回，見萬物生靈自由自在，更覺蕩蕩心無。那幾隻孔雀，鐘聲響起，就翩翩而來；法會盛典，它們會佛性通靈棲息在樹上聆聽。鏡空法師悟覺，孔雀一遍遍的呼喚「阿育」「阿育」，猶如把他帶到遙遠的古印度，很久很久以前的孔雀王朝，那是一種佛音的穿越連心，彷彿再現阿育王時代的棵棵菩提裊裊香火。想到這裡，又聯起鏡空以往的記憶，徒弟亦賢有一次在溪水邊洗手，把檀木手串忘記在醉僧石上，亦賢也忘了手串究竟丟在哪兒，寺前寺後尋找，正在失望之時，亦賢見幾隻孔雀飛來，環繞在他身旁，「阿育」聲聲，親切啼呼。亦賢眼睛突然一亮，發現其中一隻孔雀的口中銜著什麼，再仔細一看，正是自己丟失的那一串佛珠手串！亦賢緊緊抱起孔雀，順擼它的羽毛。那孔雀等亦賢手腕伸進一圈佛珠後，才鬆口放下手串。亦賢頓悟：這是佛通萬靈啊。鏡空看著，心中頓悟：佛性無疆信仰無摧慈悲自在。孔雀尚能敬佛，何況人呢！紅塵容不下佛，但摧毀不了駱師母的念經修行，也動搖不了王三木母親那樣的虔誠敬佛，鏡轍師弟拼死保住血經，善男信女暗中不棄佛性，信仰的力量無堅可摧。想到這裡，鏡空萬象豁然，信念更增，心如淨洗。

亦賢一聲：「師父！」，站到了鏡空側身邊上。

看到徒弟亦賢平安回來，鏡空心中石頭落地。從亦賢疲憊的臉上，放鬆的神情中，鏡空猜度鏡轍師弟境況大致尚無惡化，但願上蒼佛天保佑，逢凶化吉躲過此劫。亦賢一路進城，過萬年橋，走和坊街，又回運河邊，就像一個俗世的偵探，憑著誠心與雙腳，禮貌和謙卑，詢問一個個目擊者，當時的路人、開車著、沿途的居民、追尋到鏡轍法師最後的的落腳點：白馬橋邊一個深坳在蓮花山麓中的小村。

也許是佛祖在天顯靈，那輛載著鏡轍的卡車，一路顛簸開出不遠就側翻在山下的一條小溝裡，那群紅衛兵像無頭蒼蠅，亂哄哄又是搬石填土，又是跑到村民家裡取門板稻草，費了九牛二虎之力好不容易把車抬到路面，可是開出不久，卡車乾脆就地拋錨，趴著不動了。紅衛兵急轉轉讓著卡車司機想辦法，一部分人去城裡請求支援，留下的跟司機一起搗鼓了半晌發動機，也沒啓動起來。天已經慢慢暗了。他們押著鏡轍法師只得徒步向城裡的方向走去。

一路走著，鏡轍法師的心在猛烈的跳動。他對這一帶山形地貌尤其熟悉，一條小溪，一道山坎，就如手掌的紋路一樣清晰。過了眼前的小山頭，一片梅樹林呈現在眼前。往樹林裡穿越，進去就是一個雜草叢生灌木連綿的山坳，再進去就是高大的各類樹木以及遍佈的溝壑，還有可以藏身的山洞。

前面就是開闊的山坡大草地了，再前面就是運河與城郊的工廠，鏡轍默默想著，倘若走過這片樹林，那逃脫的機會就十分渺茫了。他必須做出選擇，機緣稍縱即逝。就像有神秘力量在呵護他，給他力量與智巧，他故意慢騰騰放慢腳步，又彎腰低頭結繫綁帶，那群押著他的人走到了他前頭，不耐煩的回頭催促他。鏡轍跟他們稍稍拉開距離的片刻，他毫不猶豫地，就像離弦之箭疾速奔進了連綿的梅樹林。

聽到這裡，鏡空法師大大鬆了口氣。鏡空對亦賢道：「這麼說，傳說鏡轍跳車是以訛傳訛了。逃了是實況，鏡轍的造化啊！」鏡空思忖，鏡轍手臂攀援快捷有力，雙腳奔馳步速靈敏，跟一善寺年輕僧人的功夫不相上下。況且天黑相助，地形嫻熟，他斷定師弟已經成功離境。

亦賢繼續說道，鏡轍法師後來在山裡遇上一戶人家，也是信佛的，平時採藥種草藥爲生，師父你可能也認識，叫王山藥。

鏡空法師迅速檢索記憶，一個壯漢的形象立馬浮現。王山藥一般是大年初一來廟敬香，年年在觀世音菩薩前，還要添上一盆自己種的草花，感恩帶來多子多福。亦賢停頓了一歇，見師父全神在傾聽，接著說，鏡轍法師連夜翻越蓮花山前，請王山藥轉告鏡空法師一句話：「大劫過後，我會回來的。」

「會回來的，都會回來的……」鏡空法師口中喃喃自語。亦賢攙扶著師父，慢慢走向廢墟中的坐床。鏡空看了一眼弟子，悠悠的說：「鏡轍會回來的，亦智會回來的，亦良會回來的，亦達會回來的，亦恭就難說了，你亦賢也會回來的……」

「師父，我不走！他們批鬥你，我陪你。你這麼大年紀，我怎麼忍心離開你？」亦賢堅定對著師父說。

鏡空靜默。亦賢也不說話，他不想再聽見師父叫他離開一善寺。那次山下「紅貧隊」組織批鬥，鏡空被一路押到公社大禮堂，亦賢也一路跟著。那一路上，師父無數次叫他回去，叫他離開，亦賢還是跟到了會場。他執拗站在師父身旁，想用自己單薄的身體，遮擋世間的無常。他對那些造反派說，願意自己挨鬥，低頭掛牌戴高帽跪倒，只要師父不跪，他都願意替師父擔當。一些會場上的農民佛徒也紛紛提議，鏡空法師年歲大了，由他徒弟代跪。就這樣，亦賢跪著挨鬥，但他心裡無限的平靜，悟覺維護師父的尊嚴，就是護法，也是修行的法門。亦賢掛牌低頭跪著，思緒追溯到七、八年前，他十五歲時，那個大雪紛飛的傍晚，饑寒交迫的他倒在一善寺的山門前，是鏡空法師救了他，寺裡的僧人們輪流照看他，一勺一勺餵他稀粥，硬是把他在餓死的邊緣拉了回來。如今，師父蒙難，就是世間俗人也要滴水之恩湧泉相報，何況師父對己有救命之恩，更要赴湯蹈火在所不辭。自己是出家人是師父的弟子，報恩在即，護法在時，口誦經文，內心不去行義，談何修行，何來涅槃！

「亦賢，你還記得那年你餓昏後醒來說的話嗎？」鏡空法師眼簾微垂，輕聲問。

亦賢見師父沒有正面回應他剛才的話，而是回憶起那個饑寒的日子，心裡微微放鬆：「怎麼不記得？我說，謝謝叔叔伯伯救我！又見你們的穿著，就知道你們是誰，我說，和尚是好人，我也要做和尚做好人。當時，你們都笑了。你還問我家在哪裡，姓名年齡呢！」

那個冬夜，鏡空和諸僧一直守在這個男孩身邊，見他醒來，衆僧幾乎同步一致雙手合十。一聲「阿彌陀佛！」，呼出慈悲無限。鏡空問：「你是哪兒人？」答：「河南信陽。」問：「家裡人呢？父親母親呢？」答：「媽媽餓死了，爸餓死了。弟弟妹妹餓死了，都餓死了。我是逃出來的，不逃，也早就餓死了。」鏡空聽到這裡，俯身說：「孩子，你到了這裡，大家有口吃的，你也有一口。

佛祖保佑，不會餓死了！」男孩的眼裡慢慢淌出了眼淚，對著鏡空說：「和尚伯伯！我沒有親人了，我哪兒都不去了，我也要做和尚，我能幹活，廟裡什麼事兒我都願意做，您收留我吧！」

鏡空法師循循引導：「亦賢，你想想，風餐露宿，歷盡艱辛，你說一路討飯到了一善寺。那麼，你是憑著什麼想法堅持走了那麼多路？」

「我沒有別的想法，只有一個念頭：我要活著！」亦賢想著當初情景說。他看著師父，繼續緩緩道來：「家鄉親人餓死，村裡好多家庭，全家餓死絕戶，還不許逃荒。我是白天躲起來，晚上才走啊走，也沒力氣走，吃野果，吃野菜，到溝渠河邊去築泥壩撈小魚吃，每天想辦法找吃的，老師說過，大海在太陽升起的地方，我就向著東方去找大海，心裡想，有大海的地方就有魚蝦，我不會餓死了。」

「善哉！善哉！」鏡空法師說：「這就是佛的開覺啊！佛的知見，就是你的本心。你走千百里路找海，一心一意，無妄念，只有一念，本心求救，大海實爲虛相，苦難便是求佛之路。」

亦賢眞誠說：「是的，師父！我後來剃度學佛進一步開悟，這一路，是苦難，也是修行。雖然我當時沒入佛門，可心裡本就向著佛。我明白，師父現在在開導我，求佛之路，在萬水千山；菩提之樹，在心中盛開。」

「亦賢，你悟在正覺。你還須繼續去悟。」鏡空法師說：「你還不明白，爲師我爲什麼跟你幾次明示，走，離開一善寺？」

「願聽師父教誨！」亦賢躬身輕語。

鏡空法師儀態謙和，對弟子導向：「求佛之路，確在萬水千山。走，亦是留；留，亦是走。菩提之果，生在本心。佛祖云：心不住法，道卽通流。佛乃流動，自縛不得。此處兇險，走，何嘗不是一個機緣？一次渡厄趨安？雖說路途也不平坦，可總比縛手自斃多個法門。」

亦賢聽懂了，回應：「師父所言，弟子明白。離諸法相，萬法皆通。」

鏡空法師讚言：「善哉，善哉！你來一善寺，一晃也有七八年了。功課日日精進，覺悟時時提高。衆弟子裡，你的慧根悟性，天然有成。倘若沒有今日世事洶洶，我也要讓你雲遊四方，去天下禪宗名寺掛單修習。你能領悟我的意向麼？」

「我能領悟。師父！」亦賢接著說：「師父問我一路挨餓憑什麼想法堅持，跟師父要我行萬里路訪天下名剎修行，來路去路本來是一路，此道他道佛本一道。一邊讀經行路，一邊訪師開悟，方能見性離相，成就自淨自渡。我會銘記在胸，定慧雙修，早日見知見佛，自心歸依。」

鏡空法師點頭稱是，囑咐道：「此次行腳，你先去浙江鄞縣天童寺，我寫有一封信，你帶去，給我的師兄鏡證法師，代我問安。如若他不在大寺，我估計鏡證會在附近山中小寺。鏡證法師對《金剛經》悟道深刻，你可虛心求教。」

亦賢謙遜回應：「師父放心，我會向鏡證法師討教。如今塵世紛亂，驅僧毀寺，若一時找不到鏡證法師，我也會像尋找鏡輸法師那樣，一路尋訪，不負師父囑咐。阿彌陀佛，佛祖在上，保佑衆僧！」

鏡空法師繼續關照：「寧波修行若干天後，你可繼續向南走。爲師我建議你沿著當年慧能大師的履跡，一路行千萬里，一路悟萬千次。見山悟山，見水悟水，樹下常打坐，誦經常行善。待到紅塵塵埃落地，大劫劫後歸安，那時候，亦賢你再回一善寺，頓悟華情已，菩提果自成。」

「我會回來的！」亦賢雙手合十，平和而又堅毅說：「師父，那我即刻行腳。

您也多多保重啊！」

「過些天，我也要走的，雲遊四方去。」鏡空對亦賢說。

鏡空法師見亦賢已經領悟，心中欣喜。在衆多弟子中，亦賢品性耿直，微事末節上顯得木訥，如果跟亦恭站在一起，人們會一眼認定亦恭機敏靈活。鏡空明察，若是記憶經書，解文釋意，亦恭也是又快又淸晰。然而，拉長時段，悠悠歲月流去，鏡空發現亦恭凡心未去，聰而遊移。反倒是亦賢勤奮補拙，溫厚謙讓，大事大悟，悟性向慧。此次亦賢行腳修習，鏡空寄予厚望，願弟子能離法相自在遊，自淨自度功德圓滿。

亦賢打點隨身用品，把經書、度牒、筆、信放入搭兜。沿著御道，邊走邊回頭，步步施禮。一善寺的孔雀飛了出來，跟著他繞著他，也是一步一徘徊。一聲聲阿育……，阿育……，如泣如訴。亦賢蹲下身去，雙手各摟住一隻孔雀，依依惜別。亦賢見師父也望著他，眼裡充滿溫和的光。突然想起還有一事要請示，他返身問：「師父，那些洞中藏物，將來如何處置爲好？」

鏡空法師抬眼看著天空，手指慢慢向上，避開雲朵，指向廣闊的藍天，不語。

亦賢立刻頓悟：「師父，我明白！」

鏡空和尚

第四章　我信佛光穿越時空

亦賢走後，山上一連幾天下著雨夾雪，刮著西北風。雨雪隨著風，時大時小，斷斷續續。昔日香火繚繞，鐘聲悠揚的一善寺，如今一片寂靜。那幾隻孔雀，跟著亦賢徘徊走遠，也好多天沒有出現了。這種寂靜，與殿宇禪房，殘牆斷壁，碎瓦破壇一起，構成了無生機的死氣沉沉。然而，只要鏡空法師走到哪兒，哪兒還是能感覺到生靈的氣息。他撫摸著燒焦的殿柱，木柱居然開始長出青苔；他擺正瘸腿的供壇，泥土中長出的筍成了竹柱巧作支撐。鏡空悵然感歎，無常的世間，佛是長青的菩提。該來的，來了走了；該走的，走了送了。他還有什麼放不下？他也該走了。

然而，鏡空法師心裡依舊揮不去一種感覺，在這寂靜的空靈裡，他還須靜靜地等待，還須無聲無息地傾聽。傾聽寂靜，也是涅槃。他聽到了山的樹的水的石的或者說無相的佛音。兩年前，也是在一個寂靜的夜，衆僧被山下民宗局叫去開會，批判迷信思想，踴躍自我改造。鏡空與亦賢託辭生病沒去參加，留在寺裡，把平時悄悄歸理好的經書善本、血經、名貴法器、才子字畫，尤其是歷代法師舍利子，藏到了蓮花山醉僧石與望鶴亭連線的山洞裡。他們倆忙完。已近半夜時分。四周也是那樣的寂靜，亦賢跟著師父鏡空，坐在御道盡頭山門前的台階上，等候眾僧的歸來。

遠遠的，由遠而近；輕輕的，由輕到重，御道上傳來了「空」、「空」的聲響，溪水彷彿停止了流動，虔誠靜謐地聆聽；山林幽幽肅穆，吮吸著遙遠邊際飄來的天籟佛音。坊間居士、香客及善男信女都深信，走一善寺的御道，一輩子誰能夠聽到一次佛音者，必是開悟修佛得道之人，必是種善根得了慧果禪心的近佛之人。寺裡的僧人也是一樣，把一生中能聽到聖道佛音者，看作修行覺悟的顯聖，佛性進入高境界的開悟。亦賢先聽到了這時斷時續的空空佛音，猶如在林間崖壁中迴蕩，又彷彿在石子御道與山澗邊縹緲，慢慢的，有節奏的，悠揚的，在他耳際叩擊。亦賢驚喜，興奮，當他領悟過來時候，喜悅地對鏡空說：「師父，師父，你聽，你聽，空曠空曠的聲音，阿彌陀佛，我聽到佛音了！」

眾僧回到寺裡，都沒有馬上回寢堂，而是聚集在寶殿，紛紛議論。大多數人驚訝的表示，剛才上山走御道，快要到山門前的時候，聽到了從御道上傳來了聲音。亦智、亦良說那聲音音韻繚繞空靈悠長，亦達乾脆說，那聲音就是空——，空——的佛音。鏡空法師坐著，聽著他們議論，不語。鏡轍法師輕輕對鏡空說，那也奇了，他也聽到了聲音，慢悠悠的，猶如木魚敲打出的節奏。

眾人的目光聚焦在住持鏡空法師身上，想聽他的釋義。

鏡空法師看了一下眾僧，慢慢地說：「我也聽到了。可我覺得，如此奇蹟，自魏晉建寺以來，曠古未有！」

鏡空的語音在殿堂尚未落下，眾人一片緘默。鏡空環顧了周圍，如自言自語，又如誦經似地慢慢說著：「正相本無相，奇蹟亦無跡。眾耳皆聽音，是音則非佛。大音稀聲，大佛無影。佛祖在上，慈悲普濟。世間要出大事了。」

一經鏡空法師禪說，眾僧彷佛突然間開悟，紛紛議論。亦達心直口快，馬上接著說：「那可不是？剛才開會幾個頭頭，氣勢洶洶，滿嘴改造思想，破除迷信，罵道教佛教基督教，還說宗教是欺騙人民的精神鴉片。」

鏡轍法師臉露悲哀：「他們怎麼可以這樣？對著我們出家人說這種話！還要出家人起來造封建主義的反，肅清流毒。那豈不是清濁不分，神妖混沌，退到鴻蒙時代了。阿彌陀佛！」

亦恭猶猶豫豫道：「會上還說，文化大革命了，僧人也要革命，要忠於偉大領袖，改造世界觀，要去當工人農民，自食其力，和尚可以還俗……」

邊上亦智、亦良他們不等亦恭說完，憤憤道：「他們的意思，就是叫我們下山，離開一善寺。還說，等到造反派、紅衛兵上山破四舊，叫我們端正態度，一起參加大批判。師父，我們本是出家人，怎麼可以詆毀佛祖？此等念頭，一丁點也不可以有的啊！我們不走，我們倒要看看他們究竟做出什麼事來！」

衆僧七嘴八舌說著，忽聽一陣風起，殿外銀杏樹紛紛掉葉，夜風捲著樹葉，紛紛揚揚飄落到殿內的地磚上。一地的落葉，一地的塵世暴風，把以往清淨的空間，擾得面目全非。誰不想誦經念佛平靜的修行？誰不想自淨自戒自度頓悟自現佛性？誰不想修得阿耨多羅三藐三菩提心（至高無上平等覺悟之心）？然而，偌大的殿堂放不下一張席地而坐的蒲團。衆僧繼續訴說，新領導已經責令僧人要自尋出路，不許再讀經抄經，明日起取消晨課誦經。鏡空法師聽到這裡，雖然儀態平靜，面無雜色，但心中湧動著慈哀淒涼。他看著紛紛揚揚的樹葉，看著衆僧，衆僧都是一臉的茫然。昏暗的燈光下，沉悶的空氣中瀰漫著惆悵與悲愴的氣息。黑色籠罩的夜裡，鏡空法師毅然高聲敲響了木魚，一句高亢嘹亮的經文，在殿內響起。眾僧卽刻一致的，自覺地跟著鏡空法師齊聲誦經：

觀自在菩薩　行深般若波羅密多時　照見五蘊皆空　度一切苦厄　舍利子　色不異空　空不異色　色即是空　空即是色　受想行識　亦復如是　舍利子　是諸法空相　不生不滅　不垢不淨　不增不減　是故空中無色　無受想行識……

《般若波羅蜜多心經》，猶如一望無際的金光，駐守在眾僧的心裡。他們無數次的詠誦過，無數次在殿堂裡虔誠的默誦過，無數次悠揚的念誦過，然而，都沒有現在齊誦中如此蘊含大義，他們無處躲避塵世的喧囂，只能以誦經之音堅守佛的淨地；他們無法抗拒巨大的俗世威權，只能以蒼涼的聲音彰顯佛的慈悲存在。他們幾乎忘卻了時間，也無法感知空間，佛，本來就是無始無終，無影無相。他們更知曉，佛，本來就是自由自在，不執外像，也不執空虛。今晚的齊聲誦經，是一善寺的絕唱？還是佛心再一次的豁然顯照？

鏡空法師及眾僧，在念及「揭諦揭諦　波羅揭諦　波羅僧揭諦　菩提娑婆訶摩訶般若波羅密多」三稱，語速緩緩，誦畢，眾僧靜靜垂立，默默聽著，只聽得鏡空敲擊木魚的悠揚聲聲。鏡空雙眼下垂，對眾僧說：「世間萬象，要來的，躲不過，躲得過，無去來。一善寺建寺，歷經千載風雨，風能進，雨能進，何曾有過禁佛遺散衆僧之舉？魏晉民僧，善心禮佛，遂有香火連綿至今！遠有慧能大師講經盛事，近有曼殊法師遊學說禪。歷代住持，修身傳經護寺，心相如一，別無二法。元朝清朝異族統轄，對佛寺禮敬有加；近代軍閥開戰，繞寺而行；明朝倭寇擾民，民國日軍侵略，也視佛門廟宇爲淨土之地，不經允許，不敢貿然進入。文明退到混沌，混沌退到鴻蒙，我信佛光穿越時空，不生不滅！諸位，心地無亂自性定，不增不減自金剛。面對此劫，隨緣去吧！」

「謹記！」衆僧傾聽，齊聲呼應。

鏡空法師微微停頓，繼續說：「曼殊法師有詩云：收拾禪心侍鏡台，沾泥殘絮有沉哀。湘弦灑遍胭脂淚，香火重生劫後灰。各位遠去，時時勤事佛，修身讀經頓悟，相離千萬里，禪心近咫尺。有容乃大，視暴風爲微瀾；時宙無際，見白馬如過隙。鏡中萬象終過去，天藍淨空太平世，便是香火重生日。那天，記得回來！」

「謹記！」衆僧頷首稱是，一起應答。

鏡空法師盤腿端莊坐著，半垂眼簾，心中默誦，環顧四周，再次囑咐：「吾等既是出家人，念經梵唄讚偈，口到心到覺悟到，一念不生，則空色一如。諸位遠去，懷大慈大悲，方顯菩薩觀照，眞乃明心見性五蘊皆空。于一切處而不住相，澹泊靜觀，則空及其心。六祖大師云：汝等佛性，譬如種子，遇茲沾洽，悉皆發生。諸位經歷，就當它洽如時雨，各自努力，佛種不亦普生大地乎？」

「謹記！」衆僧聽畢，知見悟覺，作禮回述。

夜深寺靜，衆僧見鏡空住持臉色疲倦，紛紛告退回寢堂，有的打坐，有的抄經，有的睡寐。亦恭卻沒有走，靜靜站立著，一團身影投到地磚上。他略抬下頸，眼睛看了師父片刻，避開鏡空的慈目。他以他的機敏，想著跟師父從哪兒說起，然而，過多的思慮反而顯得遲鈍，他站著，遲遲不說話。

鏡空見亦恭不走，靜靜站著，覺得亦恭有話要說，也便靜靜地等待。亦恭是他的器重的門生之一，他經常把自己的悟道，那些不便於在公衆場合說的點滴念感，分享給亦恭。亦恭也把自己的修行體驗點滴，無保留的向師父請教。亦恭十八九歲時，三木娘帶著女兒娟娟進寺敬佛，那娟娟十六七歲年紀，亭亭玉立，雙眼皮，大眼睛，眼睛裡如含一汪清水。正在念經的亦恭無意間抬頭，眼光剎那間與娟娟的眼神碰撞。那一刻，亦恭不能自己，怦然情動。他內心極力驅趕這欲念，可是這欲念像著魔似的揮之不去。幾天後，亦恭惴惴不安的輕聲向師父討教，鏡空循循善導：既入佛門，迷來悟度。離愛慾境界，自心不染，方能自度。聽畢，亦恭卽刻心裡如沐春風，暗下心願，歸依禪宗正法，屏蔽世俗愛慾妄想。日子慢慢過去，第二年，娟娟又跟著三木娘敬香，亦恭壓制內心的衝動，眼光極力躲避，不去看她們娘倆。只聽得三木娘跟師父說，娟娟技校畢業分配進了城裡最大的絲廠，做繅絲的工作，雖然辛苦，但收入比種田不知好多少倍，眞是菩薩顯靈保佑啊！娘倆走後，亦恭表相若無其事，念經抄經打坐，但內心又激起了波瀾。心中無數次的搏擊，一會兒把娟娟的身影趕跑，一會兒眼前又浮現她的音容笑貌。亦恭執著天天打坐，輕聲唸著佛經，在念經的境界裡，他就像在數恆河之沙，一粒又一粒，入靜、無欲、淨心、修身、般若（智慧）。然而，他還是無法到達波羅密多（彼岸），無法擺脫塵世的相，只要躺下睡覺，閉上眼，滿畫面的娟娟，或是她飄逸的長辮，或是她騎自行車的背影，或是她淺淺的酒窩。半醒半睡之間，常常情根挺起；迷迷糊糊之中，精液悄然遺出，弄得短褲上膩膩乎乎。那些天裡，他神情恍惚，身體消瘦，形鎖骨立。往後日子，亦恭只要一有機會，便朝山下跑去，癡癡等在娟娟上下班必經之路的旁邊樹林裡，只爲看她一眼。幾年過去，他暗地裡，已經跟娟娟山盟海誓私定終身。

那麼這一切，怎麼向師父道明？今夜，他決意直指內心明剖眞如。

亦恭雙手合十，雙腳彎下，噗通一聲，頭叩地磚，斷斷續續說：「師父！衆人都聽見佛音，只有我毫無知覺。恨我修身不至，斷不了煩惱，舍不了風花雪月，懺了又悔，悔了又懺，造業依舊，執迷不悟。所以至今佛光未照五蘊，我知道自己，已經難以乘上師父的法船，慈航度己了。」

鏡空法師端坐著，微微抬眼：「出家人本該六根斷淨，眼耳鼻舌身意，難去迷欲則染，則如蒙塵埃。」

亦恭愧疚說：「觸塵已久，六塵難空。我愧對師父！明早衆僧離開一善寺，將來決意回來。師父，但我回不來了，此去山下，娶妻生子還俗去了。」

「爲師失教啊！」鏡空悲憫歎息。

「不，不，不！跟師父無關。弟子我做不到離欲離相，自性自悟。我知道我業障深重，願受師父懲罰懲戒！」亦恭叩首連連說。

鏡空法師眼神慢慢朝亦恭望去，聲音又輕又低坦然有力：「出家人爲何出家？爲何修行？滅除惑業，出離生死。世間因果，皆在一悟。爲師一直主張，頓悟法門開，菩提自然來。亦恭修身念經，悟性自在提高，可惜凡欲纏繞，蒙塵遮目，自暴自棄，修行不繼。惜哉！惜哉！」

亦恭虔誠跪著，默默聽著，淚流滿面。

鏡空繼續道：「苦集滅道，集爲苦之因，你可在修身中不斷頓悟，分散屏去貪嗔癡。道爲滅之因，你亦可選擇正道正思至彼岸。誠然，當下已經晚矣！世上做一個居士敬佛修行也可，做善男信女敬香修身也可，爲何要進寺剃度披袈裟，做一個出家人？用俗話說，你是靈與肉一體，你是修行成佛的俗世間榜樣。用佛語說，你是知苦斷集，慕滅修道。你是心相如一，金剛不壞之身。所以，如今你泯滅悟性，願墮落輪迴，你願意接受戒律懲罰，爲師也應該遵從佛門規矩，罰你從現在起到明天一早，衆僧離寺時刻，不許起身，自思自省！」

亦恭馬上叩頭曰：「弟子接受懲處！師父，感恩你多年教誨，亦恭我實在走不出煩惱無明，做不到本性皈依。師父，我願意自己加重懲罰，讓我跪著懲戒一天一夜，直到明晚的現在時辰。」

鏡空法師起身，腳步輕盈往殿外走去。他跨越門檻，走出殿門，然後又回身，重新把門推拉了幾下，再把鐵搭緊緊扣住。亦恭還跪在殿裡呢，氣溫已經很冷，鏡空怕半夜起大風把門掀開，擔心亦恭受涼挨凍。鏡空望望天空，雨雪停了，一層一層的雲，都是黑黑的。他呼吸著冰冷的空氣，望著熟悉的庭院，閉上眼，都可以想像得出寺裡每一個人的身影。山下風暴驟起，鏡空想要把名貴器物藏進山洞，開始想到能幫他秘密做事的人選，便是亦賢與亦恭，也就是說，鏡空想到假如自己突發意外，這世上藏寶之山洞的位置，要有兩個人知道，才能雙保險。然而，亦恭在那個漆黑的晚上神秘離寺，直到早課前匆匆從山下趕回，鏡空見他慘白的臉，髮際間的汗，侷促的神情，慌張的眼神，差不多證實了鏡空心中一直擔心的事兒。在那一瞬間，鏡空法師覺得，亦恭承擔不起如此護法的使命。如果是一個俗人，他克制不住自己的慾望，他頭頂上沒有自律的星空，那麼，他是不會有出息的，也是無法成就事業的。何況，出家人的亦恭，打坐參悟念經修身，遠比俗人無念識心離相近佛，卻如此難度苦業，如此無戒自迷，居然守不住出家人的底線。倘若外界有多多的利益機會，世間時刻會降臨財色事兒，那麼亦恭他，怎麼可能做到俱滅欲念心不雜染，抵得住更大的誘惑？今夜他表明心跡，自知業障。言辭，已經毫無意義；語音，猶如杳無聲息。跌落的魂，無法拾起。一種深深的失望，猶如天上沉沉的雲，映襯在鏡空法師的心頭。

鏡空法師在心中默默數著日子，他彷彿天生有一種預感，寺裡的僧人不到待不下去，不到萬不得已，還暫時不會馬上離開，要走，亦恭才會第一個走。鏡空還有這樣一個善念：亦恭還俗之後，雖然自己說不會回來，將來一善寺香火重新鼎盛，他會來的，不會再次出家，但無論師父生死，他會來看師父的。鏡空的預感很快得到證實，第二天深夜，亦恭起身後趕到師父坐床前匆匆辭別。其他僧人直到寺毀廟破，滿目瘡痍，鏡轍法師被紅衛兵押下山，「紅貧隊」又上山趕人，一連串的事後，才一個個與師父辭行。

亦賢不想走，他想堅守在師父身旁。一是虔誠守寺護法，二是為了感恩師父。然而師父叫他行腳，讀數千卷經，行幾萬里路，去遍訪天下禪宗大師。一路修行離諸法相，打坐行善念經頓悟，待到塵埃落定日，便是菩提結果時。亦賢走後，偌大的寺廟，空空蕩蕩。斷垣殘壁之間，銀杏樹蕭瑟凋零，夾著冬青的鵝卵石小路上，只有鏡空法師一個人，獨自悠悠行走，孤影投壁，周邊瀰漫著蒼涼寂靜，無聲無息。他孤零零地遊走在庭廊、御道、山間小道，每天，猶如機械般的刻板，準時出現在醉僧石邊，現身在望鶴亭上。繞過蠻荒的古校場邊際，沿著奔騰不息的白馬溪，久久佇立在蓮花池岸邊。鏡空一天天沿著山道行走，一遍遍在腦海中檢索，幾乎把每一個上山來敬香的人，一個個投影在記憶的屏幕上，篩選了一遍又一遍。天邊，朦朦露出晨曦，鏡空俯瞰著綿綿御道，又眺望著不遠處的蓮花山巒，傳說中的館娃宮、香屧廊湮泯在歲月的塵埃裡，只有那一塊蓮花峰頂的巨石依然高聳傲立。當朝陽突破雲層，雲邊噴薄出七彩的光亮，猶如鑲嵌著絢麗的翡翠，這時刻，鏡空法師終於決定，藏寶地點的秘密，除了亦賢知道，還須託付給另一個人。

第五章　青青四葉草

鏡空法師在等這一個人。

這個姓名叫白雨虹的人，鏡空法師幾乎是看著他長大的。這孩子先是牽著母親的衣角上山敬香，到了少年時代呼朋引友一群人上山，有時是遠足春遊，有時也跟在香客人群後邊，聆聽他法會上的參禪講經。

鏡空清楚記得，白雨虹那年跟母親上山，與其他五六歲的孩子一樣，第一次來到一善寺，眼裡充滿好奇，讓著敲鐘，跟著孔雀蹣跚。然而，他又跟其他孩子不一樣，他會在鏡空與其母親交談的時候，靜靜傾聽，不再走遠，跟著鏡空法師的話語思索，眼裡撲閃著與他年齡不相稱的老成鎮定的光芒。雨虹母親向鏡空探討《金剛經》之「相」，鏡空細細釋義，我相、人相、衆生相、壽者相，即非菩薩。

白雨虹輕輕問：「老爺爺法師，您說的相字，是象棋上的相嗎？」

鏡空笑而答曰：「聰明的孩子，你已經識字，相字都認識了啊！」雨虹母親說，孩子已經能讀懂兒童畫報上的句子了。鏡空法師頻頻頷首。沒想到的是，這孩子馬上發表了自己的領悟。

白雨虹一臉的認眞：「法師老爺爺，相字，就是滿目樹林成了相。」

鏡空法師彎下腰，摸著雨虹的頭，連聲讚許：「解得好！」

白雨虹得到鼓勵，來了自信，說：「老爺爺法師，棋盤就像地圖，下棋就像走路。本相不可渡，渡河非我相。」

鏡空法師聽畢，心中暗暗驚喜。這孩子分明在參禪，在稚嫩的童聲裡，孩子以天眞的直覺居然參透了相，頓悟到本相無渡，那是一般出家人也不一定能夠達到的覺悟啊。誠然，孩子未必意識到自己稚嫩的語言，達到了禪的境界，那慧根那悟性，猶如航塔之燈，指向了那條求佛之航道。

雨虹母親歉意的笑笑：「大師，孩子胡謅，不知輕重了。」

鏡空法師連連說：「哪裡哪裡，這孩子天生懂禪！」鏡空看著雨虹母子，孩子緊牽母親的衣角，沿著一善寺西邊鵝卵石小徑慢慢地走，在看到一大片像苜蓿一樣草叢時，雨虹拉著母親的手，指著成片綠茵茵的草，驚喜地喊著：「媽媽，你看！這裡的像金花菜的草，不是三瓣葉，是四葉草！媽媽，你看，你看，青青四葉草！那紫蘭花開得多好看！」

白雨虹的童聲傳到鏡空耳裡，長長的拖著調兒，鏡空法師心中驚歎孩子的觀察力。那一片四葉草，是前些年王山藥送來的兩株四葉草慢慢生發開來的。王山藥常年在山裡採藥，他在一大片一大片的三葉草中，驚奇的發現了兩株四葉草。他欣喜若狂，趕快細心的輕輕的把它遷移到自家祖傳的瓷花盆裡。王山藥覺得，四葉草的發現，那簡直就是菩薩顯靈！三葉草啊三葉草，佈滿山頭，哪怕漫山遍野，也不會有四片葉。王山藥心裡比喻，猶如佈滿海灘的沙，能拾到像沙一樣微粒的金，那是多麼神奇的福遇。王山藥馬上想到一善寺，立即把剛剛發現的栽在盆裡的極爲珍稀的四葉草，捧在懷裡，一路喜悅，送進山門。他莊重叩拜，雙手合十，把裝在瓷花盆裡的四葉草敬獻給彌勒菩薩。

轉而，王山藥對鏡空法師說，珍稀之草，必開名貴之花。獻給菩薩是一片誠心，把四葉草育種好，讓它的紫蘭花盛開，生生息息茂盛繁華，更是他的如意佛願。鏡空大師立刻領悟，向王山藥詢問了養草培花經驗，一一記在心頭。一年、兩年，到第三年，移栽在一善寺西邊的四葉草，連成一片，蔚爲壯觀。到了春夏之交，那紅紫色的花，鮮嫩欲滴，如赤蝶飛舞，似紫蓮綻放。

自從寺裡開著四葉草花後，香火越加鼎盛。那些四鄉農人百姓，打著赤腳，披件粗布衣裳，紛紛前來觀賞。山下古城來的，穿中山裝的幹部，穿列寧裝的工人，穿學生裝的少年，有的是文人雅士，有的是善男信女，也路途迢迢敬香拜佛後，順道在四葉草草叢邊盤桓遊覽。尤其是熱戀中的情侶，偶爾悄悄採著葉片，當做情愛的信物，贈給心儀的對方，祈福幸運的光臨。

寒來暑往，花開花落。白雨虹長成了少年。

大年初一，少年白雨虹還是年年跟著母親來敬頭香，以後的日子上山，則是呼朋喚友一大幫孩子，在春雨裡奔跑撒野嬉戲，在嶙峋的岩石間玩官兵捉強盜，在清澈的山澗小溪裡撈小魚水草。然而，隨著時間推移，白雨虹長得越高，邊上的夥伴越少，後來，他乾脆一個人獨自上山，進一善寺，或聆聽鏡空大師講經，或虔誠的向大師討教解惑心中的思慮。

那個時段裡，青春萌動，萬物好奇。白雨虹喜歡絢麗奇幻的思想漂遊，見多了江南水鄉蛛網似的河流，他渴望見證西北的黃土溝壑戈壁風沙，也想像著南天的椰林芭蕉沙灘島礁。他想知道，無邊無際的蒼穹，仰望星空，如今見到的恆星是否已經死亡，成了吮吸萬物的黑洞？混沌中，盤古開天闢地，那是宇宙大爆炸麼？扶搖萬里的鯤鵬，泣血填海的精衛，射日的后羿，奔月的嫦娥，是東方的傳說，還是高智慧生靈留在地球的記憶？他想追尋昨天逝去的歷史，他也想了解未來明天的演繹。這世界會越來越好麼，戰爭會越來越少麼？人的大腦在進化中，到底是走向大智慧呢還是小聰明，會不會科技的進步反而使地球文明毀滅？面對浩瀚的蒼穹，人，是如此的渺小，如螻如蟻，如枝如葉。在連接昨天與明天的結點上，他又是如此充滿生命的活力，他明顯感到手腳長大了，個子竄高了，聲音音色變粗獷了，嘴唇上長出鬍子，腋毛陰毛悄然癢癢的鑽出來了，陰莖粗大伸長，在某一個夜晚遺精後，他天然的領悟，覺得自己已經是一個男人了。那麼在無垠的蒼穹裡，生命究竟有何意義？盛夏的夜晚，白雨虹常常獨自徜徉在蓮花山上，躺在鬆軟的草地上，泥土散發清香，蛐蛐兒在歡唱，馬尾草在搖曳，如果靜靜聆聽，他聽見了成片的綠色中，花開花落草根拔節細細的聲音。他想象到，到了秋冬這裡又將一片枯黃，完成花花草草生命的一個循環。那麼，人呢，生與死，也是一次生命的循環麼？在相當長的時間裡，生，是什麼？死，是什麼？生與死的疑惑，一直困擾著從少年到青年的白雨虹。

青青四葉草的草叢前，白雨虹向鏡空法師討教，鏡空聽完他的問話，短暫地沉默。片刻的猶豫後，覺得對眼前的小青年，完全可以用成熟的語言探討，在佛的境界裡悟道。

鏡空法師問道：「貪心、瞋心、癡心、妄語、傲慢、偏見，如此等等，是生還是死？」

白雨虹思索片刻，微微搖頭，回應：「近死遠生。」

鏡空繼續問：「殺生、偷盜、邪淫、詐騙、惡話挑撥離間、用權暗中獲利，是生還是死？」

白雨虹肯定答道：「自作自受，已入地獄，何有生之意義？」

鏡空輕聲讚許雨虹的見解：「如是，生與死，何爲生，何爲死，見相無相，不是已經昭然若明了嗎？」

白雨虹聽明白了，說：「大師所言，我也豁然開竅懂得一二。可以不可以這麼悟覺，放大看，茫茫宇宙，星辰浩瀚。銀河系也小若細沙，太陽係更是微若塵埃，地球更是微不足道，何況芸芸衆生，在時空的維度裡，幾乎可以忽略不計。

那麼，您在，我在，衆人在，意識在，是生是爲宇宙在，人生須索取與創造均衡，索取不可僭越創造；人爲做事與自然相諧，人的作爲不能破壞生態自然，方才是佛之不生不滅。」

鏡空鼓勵雨虹：「繼續悟覺——」

白雨虹接著說：「放小看，生，就是入世。事，無關巨細，誠實認眞的地地道道的做好每一件事情；善，也無關大小，守信謙卑的發自本心的善待每一個生靈。入世的生，只是鏡像的一面。鏡像的另一面，生，也是出世。屏蔽惡念，克制貪嗔癡慾望，不計較名利得失，不妄求待遇上下，順其自然，大度豁達，內心敬佛修行。如是，方能慈航度苦海，佛性天然成。」

「也就達到涅槃，無生亦無死了。」這句話，鏡空大師和白雨虹幾乎同時，一起說出，兩人會視，微微一笑。

那天的生死探討，白雨虹在鏡空大師心裡，留下的記憶，已經不僅僅能用印象深刻來表達了。白雨虹對佛的體悟，已經超越普通的居士，即使在一善寺的僧人中，又有幾個達到這位世俗青年的境界？也許是佛的顯靈，以後鏡空大師只要回憶起那次對話的畫面，那畫面上，白雨虹與身後的四葉草，似乎永不分離，顯得別致和青青蔥蔥盎然生機。

鏡空法師日復一日的念經講經，日復一日的或在前殿大院，或在山門前，或沿著御道掃地。年輕僧人常常勸他，大師，你年紀大了，此等活兒我們來做。鏡空常常露出笑容，致禮致謝，默默的、不疾不徐的、專心致志的，一步一把的揮動掃帚，所過之處，一塵不染。白雨虹上山，常常呆呆地看著鏡空大師掃地，尤其在夕陽下，鏡空敦厚的背影，餘暉稱映，仙骨孤寂。秋風過後，銀杏樹葉時而打轉，如曼舞的蝴蝶；大多時候似金色的地毯，鋪滿院子大地。白雨虹覺得，那自然的落葉，與鏡空的背影、與廟宇長廊大樹山巒、與岩石澗水淡雲鐘聲渾然一體，如詩如畫。這麼想來，那成片的落葉，其實不掃，景色豈不更爲自然？一善寺去多了，白雨虹慢慢知曉，倘如在一個時段裡，落葉鋪滿院落，紛紛揚揚漫卷在御道上，鏡空以及弟子們不出來掃地，那一定是有電影製片廠的人在攝影。這麼說，掃與不掃，皆爲成人之美。

那一刻，白雨虹感悟到了，那淡雲山巒落葉，就像佛之本心，本來無須去掃。世間衆生，常常落葉黏泥，就像貪嗔癡黏在心上，腐朽之處會使人摔跤滑倒。掃，就是修行，時時觀照，去邪戒愆，歸來還是淨土。掃，就如鏡空大師那樣，身體力行全神貫注，旁無雜物心若空靈，颯颯聲響處，菩提觀世音。

鏡空大師憑直覺，也知道白雨虹常常上山看他掃地，呆呆的長久的注視著，那何嘗不是一種淨心的體悟知見的歸依？如今，紅塵旌揚飆狂，上山敬佛者日漸稀少，偶有入山門，急匆匆來，速蹴蹴去，神色不定，竭力避人，宛如夜行不能見人。掐指算來，白雨虹好久好久沒有到一善寺來了，他母親已經整整兩年多沒有上山來敬香了，鏡空大師心如明鏡，一善寺佛門聖地尚且自身不保，瘡痍滿地，更何況山下俗世，像千家萬戶一樣，白家也許正在經歷著難以躲避的劫難。鏡空慢慢回憶起來，在一個早上，在晨曦中，他遠遠的看見白雨虹上山。

那天的晨光非常詭異。幾分灰蒙，幾分血色。鏡空在坐床上打坐，眼簾下垂，安詳靜瞰。白雨虹從御道上走來，步履急急匆匆，一個趔趄單手撐地，在敏捷的站立後，又快步行進。他見檀木香壇歪倒，便用磚頭石塊撐起瘸腿。他莊重的從口袋裡掏出三支香煙，點燃，雙手合十，把煙夾在雙手中間，向著被廢黜的彌勒佛的空位，虔誠的叩首。鏡空知道，如今世道已經沒有哪家店鋪出售香燭，雨虹只能以香煙代替供香。敬香拜佛，眼下近似於反革命罪，一般人一般情形，也不會冒著風險上山。驅使年輕人在晨曦中來到一善寺，向著菩薩誠心誠意的祈禱，那麼，白雨虹家究竟發生了什麼？

鏡空希冀白雨虹在拜佛後發現他，走到他的坐床邊上來，他好詢問雨虹，繼而像往常一樣參禪談佛。還有，鏡空本來就是日復一日等著他來，王三木他們一幫帶著紅臂章的，一次又一次的趕他走，他癡癡癲癲山下轉了一圈還是回到寺廟。村裡的頑童罵他禿子濺他唾沫，他樂呵呵笑瞇瞇慢悠悠繞了一圈還是回來。他還不能走，他還須等。等，便是閉關修行；等，便是持經護法。鏡空看見，白雨虹在拜佛後面色開始舒展，眼裡閃著單純的光芒，披著漫天的朝霞走下山去。他想喊住他麼？他可以叫住他，可是鏡空連叫喊的念頭都沒有生起。佛本無相，不執外像，不執空虛。佛如種子，皆由慢慢滋潤，一切順其自然。時間未到，一切枉然；不經風雨，何花盛開？鏡空大師明曉，皈依佛，皈依法，以心印心，因信護法，白雨虹來而復去，無緣會面，亦無託付大事之機緣，自有其因可循，菩提之果，還須時日，才會自然生成。

兩年後的又是一個早晨，鏡空終於等到了白雨虹上山。那一天，白雨虹的腳步沉緩滯納，神色凝重陰鬱。然而，他的到來，還是使鏡空心生喜悅。白雨虹仍然彬彬有禮的一聲阿彌陀佛，真誠的稱呼鏡空大師的法名，鏡空站起還禮。

三根支架掛著陶罐，底下火焰溫文。從白雨虹慢慢的敍述中，鏡空知曉了白家的變故。

白雨虹問道：「大師，紅塵甚囂，生靈塗炭。亂紛紛，今日不知明日禍，及到災禍降臨，世人急急求佛拜佛，可以看做誠意還是功利？」

鏡空敏捷回應：「求佛之道，無論遠近；求佛之時，無論朝夕。一念向佛，便是一念心開，誠意乎？功利乎？在乎一念之間也！」

「那麼，大師，」白雨虹繼續參禪：「我的覺悟是，一言一行，祈求還是付出，無關乎實相，自悟才是本性？」

「如是。」鏡空法師微微頷首，一邊引證：「慧能大師『戒定慧法』云，心地無非自性戒，心地無亂自性定，心地無癡自性慧。無非無亂無癡，自悟達到自性，誠也！」

白雨虹也點頭讚同，說：「大師，我可以這樣參禪麼？自悟本性即向佛，頓悟醒覺亦涅槃。人，要有人性的。人性卽是佛性。所以，我讀書時，或者讀經時，常常會世俗與佛界看作一體，佛，卽是自由麼？」

鏡空法師作解：「識本識性卽刻解脫，無雜無染如是自由。世俗佛界，怎麼分離？老衲感悟，羅馬法爲世俗法，形而下法，遵循去做；佛法爲修身法，形而上法，修行而爲。一切有爲法，皆是直指人心，卽佛心，卽爲自由。不言佛俗歸依。觀照自心，開啓知見，到達覺悟，不亦自由乎？」

白雨虹馬上領會鏡空的說法，鏡空的思維打通了悟佛之道。白雨虹心裡暗暗佩服。白雨虹覺得，與鏡空在一起，他又提高了參禪的一個層次，也就是說，遵循修守世俗法，頓悟修行佛法戒律，都是通往大智大慧涅槃的法門。白雨虹心裡還突然頓悟到，眼下見到鏡空大師，不就是他——白雨虹的一次轉識成智的機緣？他向鏡空請教緣何見山是山見水是水，何謂「空」？鏡空法師說日月星辰，山河大地，捨萬物色相，空間爲空，時間爲空，世界皆性空。鏡空法師讚賞白雨虹因果必報之感悟，合乎世事合乎開覺入覺。鏡空說，多年來的修行打坐，在無色無相的境界裡，如若不用「品」來分類，借用世間「定律」一說，他悟覺慈悲四大定律，後生你已經獨悟孤明三個，一曰頓悟卽佛，一曰佛卽自由，一曰因果報應。白雨虹拿起紫砂茶壺斟茶，鏡空喝了一口，稍作停頓，對白雨虹繼續傳授：「老衲還以爲，前三者定律之根，或曰胚胎種子，便是善良。

善良是萬德之母，萬佛之心。」

白雨虹頓悟：「善良即佛！」鏡空大師與白雨虹幾乎同時雙手合十，一聲阿彌陀佛，此時有聲即佛音。白雨虹謙恭說：「大師所言，茅塞頓開。我本讀書人，希盼世上能放下一張平靜的書桌。如今喪父失母，弟妹遠離，我也不願隨衆合流，所謂廣闊天地，去學煉心術。那麼，去，到底宜去何方？究竟有何機緣？還望大師明示精義。」

鏡空法師雙眼下垂，不語。白雨虹心想，若大師不作明示，棒喝一聲，也是大幸。鏡空還是靜默，只聽得他徐徐的悠悠的，口中念著一個偈：「無命即無明，無明即無命；命了便明了，明了便命了……無命即無明，無明即無命；命了便明了，明了便命了。」

白雨虹見鏡空許久沉浸在自己的世界裡，如無旁人。慢慢悟出點什麼，起身合掌告辭。見雨虹要走，鏡空法師祥和親切地說了一句：「慢，後生。老衲有一事相託！」

「大師請講！」白雨虹接應道。

鏡空安詳的愼重的看著白雨虹說：「紅雲紛亂，明珠蒙塵。老衲把經書善本、歷代法師舍利子、血經、名貴法器、才子字畫……，收攏打理，暗暗藏在山洞中。老衲想把一善寺這些藏寶的秘密地點告訴你。」

白雨虹一驚，略帶疑惑：「爲什麼？大師。我是俗人，未入佛門，也非居士。」

鏡空法師微笑曰：「俗人、居士、出家人，修行在自己，佛性本天然。隨緣之乘，佛祖在上！老衲等你，已有兩年。此事託付，便了卻心事，浪跡天涯去了！」

白雨虹聽罷心裡甚爲感動。他雖然是俗人，承蒙大師信任，心中敬佛護法，也是佛緣修行，亦是積善自覺。他默默記下鏡空述說，夏至辰時，蓮峰山頂，斜陽正指望鶴亭；冬至之夜，北斗星辰，光芒遙接一線天。兩線之會處，便是藏寶地。接著，又跟鏡空大師走了一遍，銘記一遍。分別時，鏡空突然想起，從拐杖中取出一紙，遞給白雨虹：「後生，這是蘇曼殊墨寶，老衲珍藏數十年，留給你做個紀念吧！」

接過宣紙，白雨虹心中驚喜。見上面書詩一首：

身正綠葉婆娑　入世青少黃多
提起人間風波　淚灑江湖山河

白雨虹讀著此詩，不是五言，也非七言，覺得暗藏機理。想了片刻，忽然覺得：此詩莫非是個謎面？再一想，謎底豁然破譯，恍然大悟。白雨虹剛想說出謎底，鏡空法師忙擺手，微笑著說：「莫說，莫說，天機不可洩露！」

第六章　文殊菩薩保佑

鏡空和尚

一個月後，鏡空法師收到了白雨虹的來信。

自白雨虹問佛參禪下山後，鏡空法師心事完成，也準備遠走，去雲遊四方。他給一善寺田地裡的麥苗鬆土施肥，悄悄囑託三木娘及幾個香客有空來照看。在林中木頭搭建的雀巢裡，他放上麥子、糠餅飼料。孔雀捕食雜廣，蓮花山豐碩的野果、野生菌、雜蟲，足夠幾隻孔雀的生存。鏡空擔心隆冬季節，大雪壓山，可能造成孔雀覓食困難。

郵遞員老遠喊著鏡空大師，鏡空便知是白雨虹來信了。上次後生與他告別時候，送給白雨虹墨寶，蘇曼殊手書的一個謎面。他阻止了後生想說出的謎底。他跟後生約定，白雨虹走的再遠，也別忘了向他報個平安。如今民間通信近乎街上裸奔，也不便寫什麼，信上只須寫這個謎語的謎底，鏡空心中便也有底。

鏡空把信攥在手裡，看了一下郵戳，見是「廣州」兩字，知曉白雨虹已經到了粵南，到了六祖大師開宗說佛法不二之地。鏡空法師展開信箋，見白雨虹也寫了一詩，標題就是謎底。

竹篙

傲立離群獨孤　風浪撐船澪落

奈何遠行千里　心空放下解脫

鏡空法師讀罷，覺得白雨虹此詩悲婉言志，禪意圓融。萬物皆空，竹子本命心空·，離城離相，放下即是自由。鏡空從心中默默祈願：文殊菩薩保佑讀書人！鏡空法師在一瞬間還覺得，白雨虹若是皈依佛門，他是天然的悟性高向的僧人。又一瞬間，鏡空感覺到了自己的狹隘，他是僧人，鏡轍、亦賢、亦良、亦達……都是僧人，他們是世俗見相的榜樣，俗世衆人的鏡像。佛本人性，芸芸衆生喚醒或日觀照自己的本性，不就是衆僧的希冀？倘如衆生時時修行處處頓悟，一樣可達白雨虹的境界，那不就是衆僧佛本心的追求？出世出家，與入世悟覺，本是一體，本是無色無界無相，他，鏡空，怎麼可以如此妄想？鏡空頓悟，修到老，悟到老，修行無關年齡，求佛本無止境。

親人間會有超自然感應的。鏡空一一打理安排，做著遠行的準備，山下的天石、抱沙兩個表兄，彷佛收到了某種訊息，去見鏡空的念頭越發迫切。兩位老人趕到山上，悉聽了鏡空行程打算，隱隱覺得趕到鏡空行前見上一面，恍如佛祖的佛緣安排。

一堆火，溫溫文文的燃著無窮的生命。一陶罐，優優雅雅的孕育著內心的沸點。三根支架下，火，陶罐，細繩，連接了水的旅程。傍邊，三位老人：鏡空、天石、抱沙，安然坐著，沉思回憶交談，相互敬重雅致的品茶。樹林、山脈、日月，串起了歲月的滄桑。悠悠晃晃間，一個甲子悄然過去，顯允周歲慶宴的場景彷佛就在眼前。稚幼的顯允，如今的鏡空自然記不得當時的情景，天石與抱沙，一輩子都不會忘記冥冥中的巧合，或者說，那本來就是佛的機緣。鏡空說，從有記憶起，我是小弟弟，兩位大哥哥對我呵護有加。三四歲的時候，我已經識了許多字，兩位大哥老是逗我認字造句，還講好聽的故事。不經意間，長進很快。老衲現在想來，挺感激兩位的。

天石笑著說：「我和抱沙後來發現，顯允的讀書，遠勝我們。我拜陸秀才爲師，抱沙拜梅秀才爲師，上了幾年私塾讀經書，十歲出頭結結巴巴背四書，先生還誇獎呢！沒想到，顯允才五、六歲已經能把四書背的滾瓜爛熟了。」

鏡空法師爲陶罐下的火堆添了一塊木頭，說：「父親家教嚴格，小時候少不了戒尺打手。四書倒是好記，也好理解。五經就難背了。尤其是《尚書》，詰屈聱牙，騰雲駕霧。背不出，少不了被家父打手心。」

抱沙也回憶了起來：「記得讀《詩經》，顯允厲害得不得了。八九歲時，我跟天石十五、六歲吧，已經讀不過你了。你已經倒背如流，還把《毛詩註疏》的音韻訓詁文字釋義把握得頭頭是道。」

鏡空略過一絲羞澀，說：「哪裡哪裡，家父教授《詩經》自有一套，不是從〈關雎〉開始，而是從〈采芑〉學起。現在想來，他在引導我學習志趣，也是傳教有方啊！再則，《詩經》四字疊句多，篇章只須記關鍵組詞，也就事半功倍了。」

天石與抱沙看著鏡空，都笑著說，看看顯允就是會讀書，又扎實又討巧，難怪十歲就能考取秀才。

經兩位兄長提及，鏡空法師，當時的顯允，光緒三十一年，經過縣試、府試，又順利通過院試科考，一舉考中秀才。顯允不僅成了生員，經學政大人舉薦，還成了貢生，仕途前程似錦。一時，文家、韋家上上下下，普家同慶。文家門前，賀喜車馬人流不斷。當時顯允剛過十歲。不說和坊街，就說古城方圓數十里一府三縣，十歲童生考中秀才，還是前朝的事，坊間一時傳爲佳話。此情此景鏡空歷歷在目。記得科考那天，天蒙蒙亮，母親韋氏早早已經備好硯台、墨，大楷中楷小楷湖筆各備了兩支，還叫顯允帶上祖傳的紅木書鎮。母親執意送考，顯允堅決不肯，他要自己去，一把搶過了母親手裡的橢圓紅漆雙層提籃，拎在手裡快步走出家門。

顯允早早到了貢院門口，見一個個童生排著隊伍，寬衣解帶正在接受搜身檢查，他不急不忙，靜靜的靠在大門前的巨石上。不知哪朝哪代，也可能洪荒盤古時代，天上落下了巨大的石頭，在此生了根。自從有了科舉，城裡的人們都把此石看做文曲星下凡，稱之爲文曲石。顯允靠在石頭上，一是想沾沾文曲石的仙氣，二是使自己頭腦慢慢冷下來，進入應試的臨戰狀態。以往院試都在府學進行，今年入考者驟多，朝廷開恩，放在貢院開考，顯允覺得是個吉祥兆頭。

進了考場，顯允見發下的考題爲「悠久所以成物也日月星辰山龍華蟲」，不覺心裡一驚。眞是哪壺不開提哪壺，《尚書》本是他的弱項，題目偏偏出在這裡。片刻，他馬上冷靜下來，好在此題出在〈皋陶謨〉，是〈堯典〉的姊妹篇，比較熟悉，也好理解。不覺士氣上來，文思泉湧。

回到家，書房裡一屋子的人在等他，坐著的、站著的，個個默默無聲，氣氛彷彿如臨大敵，而不是迎接考生歸來。只有弟弟顯仲，拉著哥哥衣裳，大聲嚷嚷：「考中了！考中了！哥哥肯定考中了！」一個勁兒地把手中的麥芽糖遞給顯允吃。韋氏接過顯允手裡的漆紅提籃，把兒子推到文硯跟前。文硯見兒子過來，問了考題，微微點頭。接著，又問顯允如何破題的。

顯允把第一句破題，朗聲告訴了父親：「九州大禹作服日月星辰繪繡華夏聖史悠長；域外小酋披裳葉麻繩毛扣繫蠻夷蒙昧至今。」

文硯聽罷露出笑容：「破題乃點石爲金，提綱挈領，統領全篇。若是跑了題，則謬之毫釐失之千里。小子這破題，中！」

衆人也沒聽懂顯允在說什麼，只記得日月星辰華夏蠻夷幾個音節。見老爺面露笑容，還說了「中」字，覺得口彩好，少爺也一定答得好，大家一個個喜笑顏開。韋氏關照下人開飯，一時間從書房到廳堂，滿是歡聲笑語。

那天發榜，韋氏牽著顯允的手，拉著快走。顯允不要母親拉手，自己慢慢吞吞跟著走著，一副篤悠悠神閒氣定樣子。學政衙署大門榜牆前，已經是人頭湧動，顯允擠在人群外，根本看不見紅榜上的字。只見得，有人從人群中擠出，拍手跳腳高呼「中了！」「中了！」。有人在人群裡傳出哭聲，被親朋好友扶著出來。有人則沒見到榜上自己名字，遠遠地站著翻眼望天空，一副丟魂落魄的傻傻呆呆模樣。天石、抱沙也來看揭榜，他們人大力氣大，一起幫著顯允擠進人群中，一直推到了前排。顯允人矮，從下往上看，沒見到自己姓名，心裡咯噔，開始心慌，越慌越看字好像在跳動，更找不到文顯允三字。天石仔仔細細看了三遍，上面的字，一個不拉又看了一遍，確信自己落榜了，禁不住小聲抽泣，聲音傳到顯允耳朵裡，顯允心裡更加慌亂。抱沙扳住天石肩膀，小聲勸慰。抱沙見自己榜上有名，知道考中了，心中歡喜，見天石憂傷，也不敢表露喜悅。又見顯允還在找自己大名，抱沙用手指指第一排第一個，顯允踮腳看到了自己的姓名，原先只顧著從下往上找，卻把最上頭的字疏忽了，現在心中石頭落地，微微欣喜。見天石在哭，也幫著抱沙一起安慰天石。

三位老人，沉浸在往事的回憶中。片刻後，還是天石打破沉默：「我年齡最大，讀書不如抱沙，更不如顯允。當時落榜，我眞是無地自容啊！一連幾天，我是無臉見人，把自己關在家裡，不願走出半步。」

抱石苦笑說：「我雖然考中了，家父還是把我跟顯允比較，也開心不起來。」

鏡空看著他倆，微微笑著說：「兩位兄長由於我讀書好一點，受了那麼多委屈，做俗人時的顯允我心裡也是很難過的。那個時候我也很懂事了。上了年紀再想起科舉考試，其實也是有套路的。譬如，華夏禮儀文明，宜唱高調子頌揚；孔子孟子言語，字字看作神聖加以譽美。卷子上用典恰當，對仗工整，從頭到尾用聖人的腔調臉面說著文言，大體上不會考砸。」

大家彼此會心一笑。說道「起股」、「中股」部分還是要說理透徹，作文厚實，不然八股文猶如細腰寶塔，要坍塌的。天石說，家裡還是想叫他繼續考的，背書練筆不得停下。誰也沒想到，第二年科舉停了，他也死了心不讀聖賢書了。本家有個遠房堂兄在上海做洋布生意發了，後來開了歐亞大飯店，聘來聘去找不到貼心的賬房先生，叫了他去，沒想到一做就做了四十幾年，直到公私合營。想想這輩子碌碌無爲，也沒啥出息。

鏡空引慧能大師說法，無常者，即爲佛性。世事萬象，看似無常，其實皆有自性。天石生性忠厚，做數十年賬房，無一分一毫貪念，因而到老也是一生平安。科舉停了，世事無常。家父、陸秀才憂心忡忡，聽說讀書人聯合去京城請願陳情，他們也想去，被梅秀才勸阻。中了秀才，我也開心不起來，舉人進士考上去，入仕做官，官場上阿諛奉承周旋應酬那一套，我生性討厭，決不是我內心喜歡的活法。見科舉取消，也暗合我意。看似世道變故無常，覺得也是人心所向。

「可不是？關了一扇窗，多了幾個門。」抱沙說，梅秀才也這麼看廢科舉一事的。人家日本學西洋，堅船利炮，洋布麵粉機器，實業興國，我們大清也可急起直追。阮秀才獨自去日本留學，回來在和坊街建新式中學校，開英語、格物、化學、體育新課程，抱沙有幸成了第一批學子。學了四年，民國建立。有了新學底子，後來民國時期讀大學深造，又有幸成了工程師。後來想想，倘若早個三十年，洋務運動時就開新學廢科舉，國家實力絕不會比日本差。

鏡空法師聽著抱沙的求學經歷，內心感慨。想著自己考中秀才後，母親韋氏僱車帶上他，專程上一善寺，向文殊菩薩還願敬香，感謝菩薩的保佑顯靈。兩年後，和坊中學招生，顯允跟母親上山敬香路上，懇請母親送他去那裡讀書，韋氏推說由父親做主，不肯鬆口。文家爲了顯允走哪條路讀書，一直舉棋不定。這樣，顯允便有了時間機會到處搜羅各類雜書看，還暗地裡讀了不少佛經。鏡空看了一下坐著的天石、抱沙，透過他倆肩膀之間的空當，遙見那一條上山的御道，少年時期的他，那時的顯允，曾經多少次來到山上，向當時的住持明覺法師問禪。他是從悟「相」慢慢入覺，從悟「讀書相」頓悟到，書、讀書、讀書人，眼耳鼻舌身意，所感色聲香味觸法，皆爲世相。讀什麼書，做怎樣的讀書人，若讀偏讀邪，逾見隆重，煩惱生根。猶如大雲覆蓋於日，自性迷悟。《維摩詰經》云，卽時豁然，還得本心。本心讀書，才會心相如一。天石籌算會計讀精細，抱沙機械工程讀精通，我後來佛經諸法讀醒悟，皆是書相、讀書相、心相的自性覺悟。從此等意義上說，文殊菩薩保佑的，乃如是讀書人啊！

天石、抱沙頻頻點頭，對讀書的參禪，他們還是第一次聽鏡空這麼說法。一剎那之間，他們領悟了讀書與人生，也是書相讀書相世相人生的入定，卽是心相如一，卽爲修悟近佛。兩位表兄老人緩緩說著自己的感悟，鏡空聽著，暗暗爲他們的悟性喜悅，雙手合十，念：「阿彌陀佛！」

山風習習，柴火燁燁。三位老人彼此敬茶，一飲而盡。抱沙搶著斟茶，放下紫砂茶壺，看了一眼鏡空問：「讀書之相，鏡空參透。那我跟天石還是不清楚，你當時那麼年少，爲什麼如此堅決遁入佛門，剃度讀經，發願做一輩子出家人呢？」

第七章　想讀新學堂

鏡空聽抱沙問他往事，沒有馬上作答。他慢慢品茶，微微欠身，也拿起茶壺給抱沙、天石斟茶，然後自己斟了滿杯。杯裡熱熱的水汽裊裊飄去，鏡空的思緒也隨之悠悠地飄向遙遠的歲月。如今他們已經步入夕陽黃昏，那坷坷坎坎的經歷，求學求佛的情景，也該細細述說娓娓道來了。鏡空慢慢地進入回憶的隧道，幾十年前發生的事，一經穿越，猶如呈現畫卷徐徐展開，淸涼如月，滄桑似海。

顯允跟母親上山敬香，回家後又跟母親說起，想去新式學校唸書。韋氏還是一句老話，由家父做主。顯允明白，其實家裡大事小事母親還是做主的，至少作一半的的主。顯允一個人悄悄去過見識新學堂。一邊跟母親說著話，一邊腦子裡顯現出和坊中學的校園場景。新式學校建在原來張士誠王宮的遺址上，元末朱元璋派徐達二十萬軍圍城，張士誠體恤城內百姓免遭兵刃塗炭，毅然決定棄守投降。傳說朱元璋認定此地古城內地勢最高，有皇者之氣，甚是忌諱，下令焚毀王城。雖經明淸兩朝，乃是荒草雜樹廢墟連綿，淒涼一片。如今建一所新校倒是一個適宜的選址。顯允頭一次進入校園，他大吃一驚。以前，跟著家父去過書院，進去大體跟富貴之家的院落佈局相仿，講學之處往往放在第二或第三進的大廳。如今的新式學校，西式鐵藝鏤空大門，進去再有一個中式圓拱門，仰見「敦品勵學 敬業樂群」八個大字，粉牆之上分外醒目。再步入，只見用黑扁磚砌成的專用教學房，呈口字型圍著，一間間教室，大窗戶，還配著西洋玻璃，裡面還有一張張雙人課桌凳椅。這樣的建築，這樣的讀書環境，大大超出顯允的想象，好半天沒有回過神來。問了阮秀才，現在大家叫他阮校長，顯允才知道，和坊中學仿照的佈局，就像日本學校的樣式。

顯允跟母親說了新式學校種種感受，央求母親支持他去那裡讀書。韋氏說，那個新式學校，也招女生，少男少女在一個課堂，上課在一起，下課在一起，成何體統？再說，新式學校又不教四書五經，你是有功名的人，怎麼能跟那些連童生都不是的人在一起讀書，有失身價與斯文！

顯允辯白：「那抱沙也是秀才，聽說舅舅家同意他去上新學，將來他想設計造機器——」

韋氏打斷兒子的話，說：「抱沙是抱沙，你是你！你不僅是生員，還是貢生。

朝廷如今雖然廢了科舉，也說不定過幾年又重啓鄉試會試。家父叮囑過你，千萬別荒廢了儒學，別老是心裡想著新學。抱沙學機器，畫畫圖紙之類，怎麼能跟你讀正宗儒學相比？」

顯允心切，對母親說：「如今外面都在講實業興國。西洋人堅船利炮，日本人脫亞入歐，他們都走在了前頭。儒學當然要學，但單靠讀四書五經，國家會積貧積弱的。人家日本就從蘭學興起，新學普及，文明開化，興辦實業，所以甲午一役，佔了上風。」

「你父親，還有陸秀才說了，甲午一役，馬關之恥，還是朝廷寬宏大量禮儀萬邦。眞的打，我朝畢竟是大國，也是有勝算的。」韋氏一邊說著，一邊想走開，又對兒子說：「你還是安安心心，不要東張西望，繼續讀好聖賢書！」

「媽！孩兒不說聖人聖言。我看見和坊中學門牆上的校訓，敬業樂群。業，實業事業，爲了朝廷，伲也要敬業做事，小業小事做好，才能積累大業大事，民富國強。」顯允站在母親跟前，堅持自己的想法。

韋氏顯然有點不耐煩，說：「顯允你小小年紀，還是犟頭倔腦。聽大人的話，安心跟父親讀書，別家裡待不住跑來跑去。最近你嘴裡新派新詞多，還老是跑教堂，去瑞牧師那裡，父親幾次關照你了，以後不准去。」

顯允把頭一揚，側臉嘀咕：「瑞牧師那裡，梅秀才，抱沙，還有街坊不少秀才童生也經常去，聽他翻譯英文報紙，跟他學學洋字洋文，還可以看看《申報》，了解萬邦諸事。並不耽擱我平時習讀十三經註疏。」

看著兒子的臉，韋氏覺得有點陌生，有點火氣上來：「你倒是別的沒學會，頂嘴學會了。我說一句，你頂一句。聽著，從今起，不許學洋文！再去教堂打斷你的腿！」

顯允把頭偏向一邊，也不看母親，眼淚汪汪。他克制自己，嘴唇囁嚅，硬是把話語嚥下肚裡，沒有還嘴。

家裡不許顯允去教堂，他心的牽掛，還在和坊中學。上新學，學新知，這些天夜裡睡覺做夢，夢境裡也是像抱沙一樣背個書包，去上新學校。他情不自禁又跑了去，那天正好是學校的開放日，校園裡人多熱鬧，抱沙領著他參觀音樂教室，他見幾架小琴一架大黑琴，也叫不出什麼名稱。抱沙一一跟他介紹小的叫風琴，大的叫鋼琴。抱沙說鋼琴上了鎖，風琴平時學生可以練習彈奏，說著坐在圓凳，雙腳壓上踏板，先慢後快，演示試彈了幾下音符，然後彈了一首《兩隻老虎》。顯允心裡好生羨慕，也試著在琴鍵上來來回回琢磨，判斷音階。雙腳與手指很不協調，一會兒也慢慢摸出了門道，顯允用單手也彈出了兩隻老虎前兩組音節。抱沙連連說，顯允到底是貢生，樣樣一學就會，無師自通。顯允又跟著抱沙經過實驗室，見桌上整齊放著一排排玻璃器皿，也不知做什麼用的。抱沙說，那桌上的，串字型有洞的架子叫漏斗架，那大肚像扁花瓶的瓶子叫燒杯，那木架上一根根長長的玻璃管叫試管，那扁圓瓶上有燈芯的叫酒精燈。

顯允興趣盎然問：「那酒精燈能點火麼？點了火玻璃會碎麼？」

抱沙忙回答：「能點火啊！玻璃怎麼會碎呢？」抱沙拍了一下顯允肩膀，說：「告訴你吧，老師做過實驗給我們看，單單用玻璃棒，就能點燃酒精燈！」

「我不信！哪有這鬼事，這不是成了變戲法？」顯允看著抱沙說。

「鬼了，這實驗名稱還眞叫魔鬼的鬼，鬼棒點燈呢！不過，這不是變戲法，這叫化學。你來讀了化學就知道，其實呢，這實驗非常簡單，在玻璃片上放些高錳酸鉀晶體，上面滴幾滴濃硫酸，用玻璃棒蘸後去碰酒精燈上的燈芯，與酒精起化學反應也就起火了。」

顯允一臉信服，感歎：「眞神奇啊！」

「也不是什麼神奇，這叫一門化學課。這個化學反應呢，叫氧化—還原反應。我還看見，老師用一根玻璃棒蘸一次就點燃了五盞酒精燈呢！」

那些化學名詞，什麼硫酸、高錳酸鉀，什麼氧化還原反應，顯允聽得一愣一愣的。四書五經是一個世界，這世界顯允很熟悉。呈現在他面前的，是另一個世界，這世界撲面而來新鮮有趣的新景象新空氣。顯允想進新學的念頭越發強烈。他朝抱沙投去羨慕而又敬佩的眼光，幾乎突口而出：「大開眼界，大開眼界！我的聖賢書白讀了，新學就像盤古開天闢地啊！」

抱沙看著表弟溢滿求知慾的雙眼，便有點兒擺譜：「我們化學老師還做過好多有趣的實驗呢！水中起火啦，煙花噴射啦，白花變紅花啦……，對了，還有更有趣的呢，你見過麼，用毛筆蘸米湯，在白紙上寫字，晾乾後用碘酒塗抹，哈哈，字就顯示出來了！顯允，你猜猜，顯出來的字，是什麼顏色？」

顯允撓撓頭，說：「我怎麼猜得著？也許是紅顏色吧！」

「猜錯了！」抱沙得意的讓讓：「是藍顏色！如若再把紙放在火上烘乾，你再猜猜，會出現什麼景象？」

有了剛才經驗，顯允緊閉嘴，不說話，怕再次猜錯了。只是盯著抱沙看，看他嘴裡說答案。抱沙有意賣關子，不說，急急表弟。顯允見抱沙故作神秘，就上去想揪他的辮子。抱沙見狀，一邊忙用手把不經意掛在胸前的辮子，朝身後甩去藏好；一邊說：「好，好，告訴你：火烤烘乾後，這紙上藍色的字褪去，一個字都沒有了，還是白紙一張！」

顯允聽了，一下子反應不過來。怎麼會一會兒是藍字，一會兒字又不見了，有點兒發呆。抱沙想起了什麼，走近顯允摟著肩膀輕聲說：「對了，顯允。你下來跟學政家小姐寫情書，就可以用這個辦法寫密信了！」

一頭霧水。顯允根本沒聽懂抱沙又在說什麼，臉上堆滿疑惑問：「抱沙你在說啥？怎麼扯到學政大人，怎麼扯到人家大小姐身上了？」

抱沙忽的一臉驚訝：「顯允你不知道哇？你要跟學政大人家的二閨女定親啦！」

顯允聽了，愈加發呆。嘴裡嘀咕著說他一點兒都不曉得啊。家父家母從沒有在他面前提起過聯姻之事，家裡上上下下守口如瓶，一點風聲都沒聽到啊。這麼說，前些天母親忙進忙出的，好像有意避著他在做什麼事兒，原來去去來來的皆是媒婆紅娘之人，怪不得家裡老傭人這幾天見了他會神神秘秘友善的笑。抱沙見顯允在想心事，拉著他手說：「你只當不知道，怪我嘴快！別多想了，別多想了，還是繼續去看校園，我帶你去操場看看！」

跟著抱沙，沿著教室外的長廊，走了大半個口字型，繞到了南邊的操場。顯允見大楓楊樹上，掛著一口大鐘，鐵鈴上繫著打鐘的長繩，挽成小圈套在樹杈上。那鐘的面上，鑄著「天道酬勤」四個篆體大字。顯允想，讀書要勤，可也要勤在點子上，才合乎天道。思緒慢慢從訂婚之事上突圍了出來，又回到了眼前的新學校上來。操場呈橢圓形，細煤沙鋪的跑道，邊上還有方形大沙坑。顯允問大沙坑派啥用場，抱沙沒用嘴回答，而是退了好幾步，又遠遠的奔過來，往坑裡縱身一跳，顯允懂了，這也是一種新的健身玩法。抱沙嘴裡蹦出了一個新詞，叫跳遠。接著又蹦出一個新詞，老師帶他們到操場上來，上的課叫體育。顯允覺得一切是那麼新鮮新奇，也跟著抱沙往沙坑裡跳了幾次，無奈距離都沒有超過抱沙。他怕灌了沙子弄骯髒布鞋，就坐在沙坑邊把鞋子裡的沙倒出來。

不遠處，操場一側，立著一個大門框樣式的鐵架子，學生雙手握住上面的鐵桿，在做引體向上。旁邊，幾個橫式並行鐵架子上，幾個學生雙手握住兩根橫桿，身體在撐上撐下。顯允和抱沙心裡癢癢的，也想上去練練功夫，見別人佔著，只得耐心等待。忽見一個跟他們年齡相仿的男生，在兩根橫桿間，雙手把身子撐起後，雙腳併攏做了一個全身翻轉，把顯允嚇了一大跳，心臟突突地跳起來。心想，怎麼人還可以做這樣的大動作？抱沙見了，雙手拍了起來喝彩。那男生見是抱沙，也是一個班的同學，忙招手叫他們過去一起玩。聽著抱沙跟同學的交流，什麼擺臂撐杠、前滾翻，什麼引體向上、腹部繞杠，七七八八還是聽懂些玩法；又從他們交談中出現的詞中，顯允馬上分辨出，抱沙和同學分腿坐在上面的，並行兩條式的杠是雙杠，大門框式的獨吊杠子叫單杠。顯允好奇地握住單杠向上拉了七個，第八個再也沒力氣拉了；又在雙杠上雙手支撐擺動，一會兒也向抱沙他們一樣分腿坐了上去，一起海闊天空開心聊天，不覺時間飛快過去。

顯允回到家，見母親和弟弟都不在，傭人在忙著做午飯，切菜炒菜，便走進父親書房。新學堂早已招了生開了學，顯允心裡自然急切，向家父直接表達願望，想去阮校長開辦的和坊中學讀書。文硯半個身子坐著明式黃梨木椅子，正忙著抄帖，手也沒停，眼也沒抬，自顧自地揣摩點橫豎撇書法，下筆遊走瀟灑。

站在書桌前，顯允靜靜等候家父的回應。等了好久，父親抬起頭來，沒有接應他的請求，而是問了十三經註疏讀的怎樣，《禮記正義》溫習進展如何，又隨口問了刻書年代，版本爲何尤其珍貴？顯允記得父親以前問起過，就流利的又做了回答。心裡想著，曉得紹熙三年又怎樣，知道黃唐刻本乃天下孤本又怎麼樣，眼下廢了科舉又不考，卽使考也不會在此命題，再說現在新學興起，比較起來，新學的知識實用多了。

文硯聽兒子回答曉暢，知道顯允學業沒有荒廢，自是高興。說道：「溫故而知新，敦厚以崇禮。一部《禮記》，上通天道仁義，下達君臣儀禮。王者之制，宗廟之祭；投壺禮制，長幼之序，可謂包羅萬象。君臣、父子、夫婦、昆弟、朋友之交，五者尊禮，乃天下之達道也！用心爲學，達道成爲君子，非一天一日之功。」

顯允謙恭回復：「孩兒知道。君子尊德性而道學問。」文硯見兒子舉止得體，語氣溫文，又直接引用《中庸》原句回答，準確而又貼切，心中甚喜。顯允心裡嘀咕，君臣之義，封國禮器；巡狩御車，鄉飲酒禮；敬讓謙聘，喪禮祭服；

及至冠義乃國本也，《禮記》紛繁雜亂，篇章零碎，一地雞毛，就像一個拼盤，一鍋雜燴。

「大學之道，在明明德；在親民，在止於至善。」文硯直接引用經典名句，諄諄教導兒子：「儒者，衣冠動作宜愼，起居坐立恭敬。居處不淫，飲食不溽。見利不虧其義，輕金玉，重忠信。如是，乃眞君子也！」

「還有吉凶賓軍嘉，雖爲邦禮，亦合乎儒者言行。孩兒知曉，尊老友朋，敬讓有禮。就是平時飲食起居，孩兒也要尊禮重義，修身爲本，以正自己心志。」顯允順著家父義理說話，心裡想著應該抓住機會表達自己的眞實想法：「爹，您的仁義教誨，兒時刻銘記在心。《大學》云：物有本末，事有始終，知所先後，則近道矣。學而不倦，習而不厭，學習新知也是君子之道。阮校長開的新學，已經開學，孩兒多次跟母親請求，想去那裡讀書，爹爹請您成全孩兒，讀新書，懂新知，於己於家於國，經世致用，亦是達道達德之事也！」

文硯見兒子直奔主旨，意思明瞭，但還是沒有答應，而是開講正宗理學之君子內涵：「奇技淫巧，非儒者之學；夷機洋器，非君子之習。阮秀才跑了一次日本，引進新學堂，朝廷也是睜一眼閉一眼，說不定立馬下旨取締，終究不會長久之道。歐風美雨，怎麼跟朗朗華夏普天光明相比！你還是一心一意讀好聖賢書，成爲意誠心正之君子。」

顯允雙手下垂，身體謙恭，但語氣堅定：「聖人云：博學之，審問之，愼思之，明辨之，篤行之。學而時習之，不亦樂乎？世事時時出新知，爲學求知，除舊佈新，莫不是學習之本義？君子之明明之德？」

「滿嘴跑題！」文硯有點兒不耐煩，說：「一葉遮目，小孔窺天。你讀書讀到現在，讀昏了頭！君子修身爲本，正心爲道。求知格物，求知求聖人微言大義之知，格物格理學滅慾存天之物，還要父輩再次重申？」

「苟日新，日日新，又日新。」顯允再次搬出《大學》經典，強調知識之日新月異。接著說：「君子修身齊家治國平天下，崇儒尊禮，固然決不可缺；借鑒西學，也不水火不容。孩兒覺得可能更合乎仁學，至善近道。」

文硯顯然對兒子的想法十分不滿意，覺得兒子在爲學觀念上是本末倒置。他語重聲厲：「豎子雌黃！你功名在身，不可自廢學業！朝廷明鑒，會有期待。天下學問，終有主次，中學爲體，西學爲用。爲用之學，非你等去學，匠人技者，自會投學。九九歸一，萬邦來儀，還是中學爲上，西學爲下，此序不可不體察也。」

顯允見家父有點兒動肝火，也不敢馬上回擊。他緊咬了嘴唇，臉憋得通紅，靜了片刻，還是回敬道：「功名之士，也在步履追新。北有張謇狀元，通州開辦大生紗廠；近有陸潤庠狀元，新建蘇倫紗廠。他們功名至高，學貫中西；身體力行，實業興國。孩兒通曉程朱理學華夏儒學，如若兼學西學格物化學之新學，更能兼容並包提升學問啊！」

「說了半天，還是執迷不悟！」文硯板起了臉，訓導兒子：「是不是翅膀硬了，爲父說一句，你就辯一句？聖人儒學格物，格天下之大義，格世道之人心。那個什麼和坊中學，聽阮秀才說開格物課程，再一聽，那是什麼格物課，什麼電流什麼能量什麼力的分解，亂七八糟！顯允你打住念頭，文家不會送你去讀這種格物啊化學啊的新學校的，還有男男女女學生格在一起化在一起，成何體統！」

顯允心裡萬分沮喪。跟母親說跟父親說，都是白費心思。格物格物，儒學格心，那是聖人君子的爲學之道，他顯允不敢異議，也沒有想到去加以質疑。上新學，學新知，也沒有什麼地方跟舊學相衝突啊！不去學西學的格物，怎麼知道鐵殼輪船無帆而捷遊？怎麼了解火車飛奔如風馳？聽阮校長說，東洋西洋還有電報，可以隔空傳信，如此神奇之學問，爲什麼在父親眼裡都成了末流廢料呢？前些日子，輪船在大運河裡開通碼頭載客運貨，火車已經在坪門外建站停靠通達上海，父親爲什麼對日新月異之景象視而不見呢？想著想著，顯允滿腹委屈，又不敢發聲，只得無聲無息側過頭不理睬父親。想說的話，嚥進肚子，淚水卻不由自主充盈在眼眶，控不住的往下流淌，掛滿臉頰。顯允怨怨地看了一眼父親，扭頭朝門口走去。一抬頭，見母親與弟弟站在門邊上，也沒有理睬，跨過門檻直往外走。

「回來！」文硯見兒子負氣而走，提起嗓子忙叫住他。顯允站在門口，只聽父親說：「你也老大不小了，母親托了媒人向學政大人家提親。人家書香門第，又是主管一省學政，大人相中你品行學問，也是前世修來的福分，有意提起了幾次。我佷再不接話音，顯得大不領情。人家二閨女，賢淑品潔，知書達禮，結爲良緣，也是你的一世緣分。前些日子，見我家提親，學政大人甚是高興，也把親事定了下來。」

顯允一聽果眞像抱沙所說，親事定了，他心裡急急，忙說：「爹爹大人！孩兒年齡尚小，學識淺陋，前程未知，定親之事，容當緩時再說。」

「父母之命媒妁之言，這門親事也就定了。」文硯對著兒子說：「過些日子，我家要去送娉禮，你也一起去。這些天別跑東跑西了，做個準備，到時學政大人可能考考你學問，千萬不能學識淺陋，煞了風景。」

「婚姻乃終身大事！爹爹大人，孩兒此事毫無念想念頭，只想多多學習中學西學，爲朝廷，成就棟梁之才；爲我侃文家，光宗耀祖；爲自己，修身立命。定親之事，千萬迴旋緩時。孩兒尚未想好！」

站在門邊的韋氏，見兒子反復不認可，插嘴說：「文家祖上也是賜進士出身，這門親事門當戶對。小孩子家家，任性什麼！從古至今，讀書人一邊成親，一邊應考，天下通行。過一兩年，成親生子，安安頓頓下來，省得你東張西望，一會兒學什麼格物，一會兒學什麼化學的，全心專讀聖賢書，定下心來，學而優則仕。」

顯允看看母親，又看看父親，不停的搖頭，十二萬分的不滿，心中也不知怎麼說的妥貼，猶豫了片刻，下決心說：「爹，媽！定親之事，孩兒不從！」說完，頭也不回，含著淚，徑直往自己臥房走去。

第八章　顯允出家

顯允躺在自己的床上，蒙著被子，輕聲的不間斷的啜泣，眼淚濕了半個枕頭。他怨自己，怎麼投胎投到了文家，父母說什麼都頑石一般，不聽兒輩心思不要說它，但可以抬頭看看市面，西風東漸，街上店裡，洋布洋油洋襪多了起來。洋學堂，除了和坊中學，教堂也在辦學。街邊書局，也開始兼賣報紙，上海的《申報》，隔一天就能買到。坊間傳說，革命黨人常常在嶺南鬧事，雖然不知道他們要幹什麼，但世間確實在翻天覆地大變化。顯允想，這個家，聞不到新鮮的氣息，想學新學不允，還在執意等著恢復科舉。不知動了什麼神經，又偏偏替他定親成親，整個事兒，就像倒轉乾坤。

迷迷糊糊的，顯允有點兒半睡半醒。恍恍惚惚中記得，他考取秀才，父親曾經帶他去學政家謝恩。前些天他跟在父親身後，又去過一次。那些童生秀才舉人什麼的，喝茶吟詩，好像叫什麼仕韻詩社賽詩。他糊里糊塗的，跨過大人家的門檻，差一點絆了一跤。這幾年，他長高了許多，但覺得那個高門檻一點也沒有矮下去，後來小心翼翼地抬高了腳，才跨了進去。暈暈乎乎之間，見到天井的牆角裡種幾株芭蕉，還有幾叢茂密的天竺。他手足無措，他拘謹害羞，到了客廳他不敢坐，後來學政大人叫他坐，他才屁股坐了椅子的一角。顯允的啜泣悄悄停了，睡意襲來，很睏很累，他還在極力回憶，以回憶抵抗著睡意。他又想起來，好像還有丫頭給他送茶，他見學政大人與父親，輕輕掀開蓋子，嘴唇碰了一下茶杯，慢慢的又像吸又像啜了一口。他那天有沒有喝茶呢，也記不清楚了，好像喝的，但喝的話，怎麼記不得那茶的香味呢。對了，他記起來的，那個丫頭又進來過一次，不是斟茶，而是在他坐的椅子周圍找什麼東西，老爺問她找什麼，她說找二小姐的繡花手絹，剛才落在這裡了。果眞，在顯允的背後找到了手帕，丫頭急急朝門口走去，顯允的視線跟著丫頭，無意間看到門口站著個姑娘。丫頭叫她二小姐，說繡花手絹找到了。顯允第一眼見那二小姐，有點逆面衝，顴骨突出，細眼粗眉的，說不出的味兒，她的臉神情僵僵的，感覺不舒服。後來又抬頭看，一轉眼人不見了。顯允想著想著快要睡去，以爲剛才是夢境，馬上拍拍自己的腦袋，證明自己清醒著呢，而不是在做夢。他還清晰地記起當時的場景，自己身體直挺挺的坐著，仰見堂上掛的對聯。上聯是，「筆繪千山秀秀遍桃李結智果」：下聯是，「文蘊萬古清清連溪水照仁心」，橫批是：「智果仁心」。顯允覺得，那橫批太直白，改爲「山秀水清」其實更含蓄一些，或者取意境爲「智山仁水」更爲貼切。心裡這麼想，嘴巴緊緊抿緊，萬萬不能說出來的。

後來呢？來了三四桌的人，移位到了後院。來的人都比顯允年齡大，一個個相互作揖問好，滿面春風。學政大人招呼文硯父子，坐到了一桌上。顯允環顧四周，他的背椅靠近太湖石假山，那假山壘的玲瓏剔透，秀嶂疊翠。近處一個山洞，似乎深邃幽幽，折折彎彎通向山頂的亭子。幾棵石榴樹，枝頭掛滿大大小小的果實，柴扉籬笆隔成一處花木盆景，一處菊花小圃，一處海棠形池塘，一條鵝卵石小徑穿插其間，蜿蜒柔繞。朦朦朧朧，顯允又覺得這地方很久之前夢中來過，此時此景一點兒也不陌生。小廝、丫頭在院子裡穿行，忙著端茶、斟茶，八仙桌上堆滿點心，綠豆糕、棗泥餅、松子酥，參差方圓晶瑩爭艷，香味徐徐撲鼻。接著又上了一道桂花雞頭米湯水甜點，顯允想到這裡，忍不住口水漣漣，從嘴裡流到了枕頭上。

似睡非睡之間，顯允記得雞頭米嚼在嘴裡，一股黏黏的韌勁，清香滿口，他用精緻的小瓷勺，一口氣把糯糯的湯湯水水，舀進了肚子裡。點心入了胃府，詩的靈感閃耀到了腦的塔尖。學政大人出了題目，說是今年庚戌年，大家湊個興，詩句吟犬，寬韻寬平仄，對偶四言五絕七律外加古風，信手拈來，蘊含性情，圖個出彩高興就是。陸秀才說，吟犬詩中還是劉長卿的「柴門聞犬吠，風雪夜歸人」意境可拔頭籌。文硯讚許，提及李白詩中之犬，顏色各異，情景交融。譬如，「白犬離村吠，蒼苔壁上生」，聲畫空靈，透出時空之悠悠。顯允覺得這些詩要麼與犬吠雞鳴成句，要麼過於寫實，好像阮秀才吟了一首，不對，不對，那天阮秀才沒來赴會，有個童生長得像阮秀才，人稱柴童生的，也吟了一首，「火車鳴長空，狂犬驚伏地」兩句，衆人都說火車入詩太俗，顯允覺得詩句甚佳。學政大人轉向顯允，提議貢生文顯允來一首，衆人附和，催著顯允吟一首。顯允有點兒害羞，漲紅了臉，說是想到了一善寺，蹴蹴而就打了腹稿，前輩面前班門弄斧了。客套了一番，吐詞清晰，慢慢吟來：

禪寺寂靜長廊空　木魚獨伴鐵鑄鐘
不顯提燈道蔽隱　無聲咬月山朦朧

衆人聽罷，一片茫然。這詩無犬無吠的，怎麼個切題？稍過片刻，還是柴童生猛然醒悟，連連叫好。衆人想了片刻，也突然頓悟，紛紛稱讚，好一個「無聲咬月」，那不是天狗麼？一經點破，又是一陣嘖嘖稱奇。梅秀才打趣說，嚇得他不敢詩中跳出吠犬鳴雞了。衆人品評顯允作詩含而不露，橫空出世天犬一條，意境悵惋旖旎，詩句瑰麗出奇。

顯允心裡明白，此詩乃急就章，太粗糙。平仄過寬，對仗不嚴。靈感來時，只覺得不落俗套而已。想著，想著，又回到了現實，覺得有點兒飢腸咕嚕，好像已到午飯開飯時刻。果然，弟弟顯仲進屋來叫哥哥起床吃飯，文家的規矩，吃飯要人到齊才動筷。顯仲連叫了三遍，第三遍乾脆把被子掀了，見枕頭上濕了一片，顯仲笑哥哥，馬上要娶媳婦了，還哭鼻子，大男子漢的，沒出息。顯允不說話，也不起身，在顯仲看來哥哥像在詐尸，一把拉住哥哥，把他拉了起來，嘴裡說著，全家等你開飯呢，你好意思全家唱空城計？顯允只得跟著弟弟，一起到廳裡吃飯。

到了座位，見飯已經盛滿一碗，於是起身去飯桶撥掉許多，草草吃了幾口，一聲不響，丟下飯碗跑了出去。

文硯、韋氏沒有說話，顯允氣呼呼出去，也沒有叫他回來。文硯心裡忽忽有一種隱隱的癥兆，這感覺從那天去學政家回來，像有一塊不祥之雲駐守，似乎一直罩在心頭。確切說，兒子作了那首吟犬詩後，禪寺、木魚、孤燈的影影倬倬，空廊、山影、鐵鐘的朦朦朧朧，幽幽的意象中透露著出家僧人的心境，世俗中的兒子彷佛對佛的參悟，心有靈犀，暗藏端倪。文硯心裡聯繫起來，喚醒記憶，顯允周歲抓周之事，握住木魚槌的場景，突然浮現眼前。冥冥之中，是否眞有前世修得，今世佛緣？不然，爲何老是有禪寺法器入境入詩？文硯不想繼續想下去，後來又覺得自己是不是想多了，過於多思迂腐了。

一連幾天，顯允午飯匆匆吃上幾口，就丟了飯碗走出家門。家裡也不知他去哪兒，到了傍晚才回家。晚飯也是一聲不吭，草草吃了，就進自己的臥室，把門栓了，也不知他在裡面究竟是早早睡了呢，還是像以往那樣挑燈夜讀？韋氏心裡糾結，眼看送娉禮的日子一天天近了，兒子明擺著在悶聲抵觸。顯允不去，也無傷大雅，自古以來，子女婚姻父母做主，天下通理。幾個親戚家的孩子，當初也是與顯允一樣，不從不願的婚配，歸結還是遵從了父母之命。靜下心來再想想，韋氏覺得自家兒子的脾氣性情，跟別人家大不相同的，顯允平時喜歡服理，講透了，他還是爽快認理的。韋氏決定再到吃午飯，叫住兒子跟他談談，放在檯面上，敞開說理。那天韋氏在顯允臥室的書桌上，見到疊得整整齊齊的佛經，《大悲咒》、《大涅槃經》、《四分律》放在左邊，《金剛經》、《六祖壇經》、

《般若波羅蜜多心經》擺在右邊。另有一沓一沓抄寫的經文，構字工整，筆力遒勁，風格清麗獨秀，韋氏一看便知是兒子的筆跡。只見宣紙上寫著：南無大悲觀世音，願我速知一切法，願我早得智慧眼；願我速度一切衆，願我早得善方便；願我速乘般若船，願我早得越苦海；願我速得戒定道，願我早登涅槃山；願我速會無爲舍，願我早同法性身！韋氏看到這裡，不由倒抽一口冷氣，暗暗思想，兒子莫不是在動出家的念頭？她又極力把這想法抑制住，想想顯允鬧彆扭，還不至於眞的去做和尚吧？她心裡在寬慰自己，但擔心還是流露在了臉上。吃飯後，她一臉灰灰沉沉叫住了兒子。

顯允一語不發，默默站著，等著母親發話。

韋氏看著兒子說：「你看看，什麼樣子！走進走出，像是路人。讀書讀到鹽缽頭裡去了！過幾天，我家要去送娉禮，你去甚好，不去也罷，定親之事，由不得你。老大不小的人了，發什麼脾氣？給誰看臉？」

「媽媽！孩兒再次懇求，學業未成，年齡尚小，定親之事孩兒不從！」顯允咬著嘴唇，一字一句回應母親：「再說，我去學政家，見過二小姐，孩兒覺得毫無面緣，萬萬不是有緣佳親天賜良姻。」

「小小年紀，口氣好大！」韋氏對兒子開導：「一面之見，就妄下結論。天下成雙成親者，辦喜事之前，面長面短都沒看見過，成親後不是一樣日子過得安好？」

顯允極力壓抑住內心的憤懣：「別人家如何，我不甚了了。我要讀新學堂，家裡不允；不允那就罷了，還要定什麼親！孩兒多次說了不妥，你們只當是牆上刷白水！我本文家人，這裡說不清，大不了我不做文家人，大不了我向列祖列宗說去！」說著說著，泣不成聲，仰著頭，淚水還是掛了下來。停了片刻，顯允邊哭邊擦著淚向屋外走去。

「回來！又想到哪裡去？」韋氏喝住兒子。

「我去文家祠堂！」顯允看了一眼母親，擲地有聲：「這裡說不清，我向祖宗說！」

韋氏一把抓住兒子的手臂，半拉半推，把顯允拖到文硯的書房。韋氏對著在裡頭的夫君說：「你看看這少爺脾氣！幾句話不合，讓著去祠堂。怎麼著，向列祖列宗告我們？」

文硯本來在書房踱步，見母子倆過來，趨身坐到了椅子上。聽完韋氏訴說，他厲聲呵斥兒子：「去祠堂幹什麼？」

顯允看著父親，也不知哪兒來的勇氣說：「去祠堂告訴列祖列宗，孩兒慚愧，孩兒是不孝之孫！我，文顯允，想去出家做和尚！」

五雷轟頂！文硯只覺得頭上似有炸雷，眼睛前冒出的金星，在亂飛亂跳，一時亂了方寸，急急說：「豎子胡鬧！出家之事，豈可嘴上胡謅？」

「我想過多少遍了，不是胡謅。」顯允朝父親說：「父親教誨，孩兒銘記心上。識文讀書，本來也是走聖人之道，做一個謙謙君子。既然，新學格物此路不通，孩兒走出家之路，做一個空空僧人，不理人間姻親，念經修身做善事，不也是成就了聖人君子之道？」

文硯聽兒子這一番話，明白顯允掛儒學之幌，論證出家之理。文硯不容兒子繼續胡說，正色道：「文家世代耕讀，雖不如鐘鼎豪門，但也是衣食無憂！供得起你讀書，辦得了姻親大事，好好的路不走，小小年紀，就看破紅塵了？」

顯允站直著說：「學佛之路，乃孩兒自小心中的善念。爹爹說，我家書香門第，衣食無憂，孩兒內心知曉，深深敬謝爹娘的養育之恩！佛緣在心，機緣瞬息，孩兒內心堅定向佛，進一善寺剃度爲僧，也是多年的念想，並非一時心血來潮。懇請爹娘允了我吧！」

韋氏聽到這裡，忍不住掩面小聲哭了起來，斷斷續續說：「我是前世作了什麼孽啊，養了個鐵石心腸不孝子！」說著哭著，踉踉蹌蹌跑到了自己的臥室，倒在了紅木花雕床上。

顯允只聽身後母親在數落他，也沒多想，見父親遲遲不回應，就掖了一下衣襟，著地跪下，說：「孩兒出家，此念不悔！請爹爹做主，允了孩兒吧！」

長時間的沉默。書房裡靜的出奇，隔著書桌，兒子聽見了父親的呼吸，父親也聽見兒子的心跳。顯允長跪不起，文硯靜坐無聲。父子就這樣對峙著，誰也不說話。文硯心裡五味具雜，他實在低估了事態走向，兒子平時有點犟頭倔腦，對讀書有股鑽研勁頭，暗底裡挺欣賞的。兒子這脾性用到了佛學上，一門心思出家做和尚，他做夢都沒想到的。本來他還在引導兒子，也沒想到兒子明牌攤開，做父親的他，允了兒子，他將如何面對宗親？當然萬萬不可答應兒子這個請求的，只能設法找個餘地寰迴。文硯正思忖著，突然裡面喊聲傳來：「老爺，不好了！太太氣得頭撞床板了！」文硯急忙跑到臥室去看韋氏。

等到文硯安慰好夫人，重新回到書房，原本跪在地上的兒子不見了，他大聲問著傭人，顯允人呢，去哪兒了？手下人紛紛告知，少爺奔文家祠堂去了。一會兒，一小廝報告說，少爺現在一個人跪在祠堂，誰也不理。過了一個時辰，他們跟文硯說，少爺還是跪著。到吃晚飯時候，韋氏不吃飯，文硯不吃飯，跪在祠堂裡的顯允不吃飯，文家亂成一團。一個晚上，顯允一直跪在祠堂，不吃不喝，直至天亮。文家裡外，傭人大媽陪著太太韋氏，顯仲陪著父親，小廝去祠堂陪著顯允。天剛亮，小廝打了個盹兒，睡意朦朧中連連打著哈欠，等到稍稍清醒過來，突然發現少爺不在了，驚得連滾帶跑回文家報訊，尚未進門就急急嚷嚷：

「少爺不見了！少爺不見了！」

文硯聽著，似乎這樣的結局早在他預料之中，一臉平靜。衆人圍在書桌前，一個個帶著疲倦的神情，聆聽老爺發話。有人主張派人朝蓮花山一善寺方向去追少爺，文硯擺擺手，聲音低低的，像是說給自己聽：罷了，罷了，追的回來麼？就算追得到人，安得住心麼？衆人一個個沉默，面色像老爺一樣的蒙灰與沮喪。只見老爺的眼空空洞洞看著窗外，又像是自言自語，又像是說給邊上人聽：天要下雨，馬要逃跑，兒要出家，讓他去吧！

第九章　行者無疆

鏡空和尚

天石、抱沙靜靜聽完表弟鏡空和尚的敘述，久久沉浸在追憶裡。他倆有時也插話，補充些當時少年顯允不知的情節。顯允那天離家前後，文家亂成一團的過程，天石、抱沙從自家父母那裡，斷斷續續聽說，細節零零碎碎的，也是剛剛一邊聽鏡空回憶，一邊相互之間補充成完整場景。

三人彼此敬茶，又一飲而盡。天石長歎一聲，感慨萬千：「白馬過隙，滄海桑田。時間之瞬息，我們仨也從天眞少年，轉眼兩鬢飛雪。我在上海歐亞飯店，除了幾個月，老闆叫我去銀行做實習生熟悉業務，幾乎一生在店裡跟數字爲伴，進賬出賬，分毫未差。回頭想想，銀元法幣，過手如山，做到清清白白，毫無私慾，多多少少有鏡空的影響，也是我自自在在的修行，心中向佛而行啊！」

鏡空雙手合十：「阿彌陀佛！天石兄那是你的慧根啊！」

抱沙接著說：「天石兄所言甚是。心中崇信，處處有佛。文家出了鏡空大師，韋家人也多多少少與佛親敬！天石兄一輩子跟數字金錢打交道，我幾十年繪圖設計，機械產品看上去沒有生命，其實也是有靈性的。一顆螺絲大小，一個精巧傳動，無不帶有人文的氣息。合乎人性者，其實也是近佛也！聽聞鏡空卽將遠行，不知去向何方，也不知何時相逢？」

鏡空答道：「此次行腳，無界修行。一生一世慈航，一枝一葉開花，菩提果自成。坐也閉關，常悟自性三寶；行也無疆，頓悟五蘊皆空。行者無疆，無念成佛。大致去向，先南而行，亦想去印度拜謁佛祖聖地。」

抱沙緩緩說：「鏡空歸來日，必是劫後復生時。我們這麼大年紀了，也不知能不能等到你回來。這麼多年，你慈悲爲懷，救濟飢民，造橋便衆，抗戰時掩護各路豪傑，近日又爲我老師的女兒，寃死的梅醫生超度，諸多事跡，歷歷在目，卽使你走的再遠，人們也會銘記。」

「阿彌陀佛！」鏡空一聲虔誠，欠身回應：「出家人本分，不足掛齒。」

鏡空抬眼望去，西南邊的太陽已經下垂，在層層的雲中，透出多彩的餘暉。偶爾，半個圓球，彷佛落在蓮花山的山脊上，周邊的雲層時遮時閃，射耀著緋紅的霞光。鏡空明瞭，山的那邊是太湖，太湖那邊是廣袤的丘陵，再過去萬水千山，便是那個佛祖的誕生地。他年少時進一善寺剃度時，心中暗暗發願，今生去尼泊爾去印度，走一走悉達多成佛之路，念經、救贖、齋戒追隨佛陀的腳印，如光影，如星辰，聆聽古印度上空的梵音佛義，苦行裡斷滅一切苦難，苦修中渡過慾河，到達涅槃的彼岸。然而，他的發心能實現麼？他已經老了，就像那西邊的落日，已經不可能走玄奘那條穿荒漠越崑崙的路了。可他心裡始終活著一條通達之路，從海上走，坐著船跟著洋流，一樣可以到達恆河。

抱沙上山帶來了一袋風乾荸薺、一包曬乾雞頭米，遞給了鏡空。天石把自己親手炒的麥粉，拌和了些古巴砂糖，也吩咐鏡空路上，開水泡後攪拌即可食用。倆表兄千叮嚀萬囑咐鏡空一路小心，這麼大年紀還要遠道修行，但願佛祖保佑，順順利利功德圓滿。鏡空一一謝過，慢慢起身送天石、抱沙到山門前，久久站在那裡，一路目送他倆蒼老的身影，踽踽而行，顫顫巍巍地漸漸消失在御道上。想到幾十年的來來往往，什麼日子再次見面，鏡空心中一片渺茫，眼眶裡，禁不住的淚水，潸然而下，無聲無息。

次日一早，鏡空還是像往常一樣打掃庭院，虔誠地雙手合十，唸著佛經，沿著被廢毀的一善寺繞了三圈，又朝原來大雄寶殿釋迦佛坐臺方向，頭、兩肘、兩膝著地，雙手掌心朝上，過額，承空，全身心的完成頂禮。

天邊露出了晨曦。雲層在不斷的變幻，鏡空大師五體投地膜拜之時，那雲層中慢慢露出的光，就像韋陀菩薩身上甲冑的片片金色，燁燁閃耀。須臾之間，變幻的雲，金光鑲嵌在雲的邊際，像極了韋陀披堅執杵的偉岸身影，隨著雲的變化慢慢擴大，威武無比。金色又慢慢在一條窄窄的雲邊匯聚，輪廓分明，像極了韋陀手持的金剛降魔杵。光在杵上跳躍，透著秉持護法的浩然之氣。

鏡空步履堅實，回頭望了一下一善寺山門，朝南往山下走去。他沒有走御道，而是走了一條山間小路。他不想多驚動附近的村民，更不想他的行蹤被「紅貧隊」一幫人知道。這條小路，他跟著明覺師父走過無數遍。剃度後的鏡空，跟著師父去化緣，去做法事，或者明覺法師去山外的寺廟講經，他也一起跟著去聽經。對年少的鏡空來說，這條小路乃是他修禪的必由之路，時常頓悟持續自心觀照之途徑。煩惱妄念，癡嗔癲想，在這條小路上，自省自觀心不染著，常悟頓悟萬法盡通。明覺法師的悉心點撥開導，又常常使他卽時豁然，開覺佛道，知見升華。

記得那是一個夜晚。鏡空跟著師父第一次離寺做法事回來，也是在這條小道上，一陣山風襲來，把手裡提的燈籠中的火苗吹滅了。

師父明覺法師問：「心境如何？」

鏡空答：「雖夜黑沉沉，我覺心中自有明燈。」

師父不語。

鏡空見狀，忙接著說：「山風撥霧破瘴。」

師父棒喝：「看腳下！」

醍醐灌頂，鏡空大悟。從此，他砍柴擔水，他點燈掃地，一言一行，打坐齋戒，無不身心安於佛法，事事親力親爲，踏實之處不離自性，頓悟之時求得自度。早課晚課，鏡空時常早早來到殿堂，端坐，雙手合十，眼簾微垂，心無旁鶩，早早入定，專心觀想念佛。師兄鏡證有時笑他，像模像樣的少年老成，脫離六道輪迴，也不在乎你趕緊趕慢。鏡空自覺，既做功課，念佛亦是修行法門，雖無關時間先後，開悟總有前後；但做實功課，並非一朝一夕。念佛，有口誦念，有觀想念，有實相念，一切般若一切念佛，皆不從外入，口念心行，自性而生。每個字，字字落實，無誤無錯無別，誑妄無可掖藏；每個音，正氣正暢正確，功德才會漸進。鏡空回復師兄：俗語說，小和尚念經有口無心，說的是心口相離。

打坐、念經、做功課，司鐘、掃地、齋戒，乃至於田頭勞作，寺內擔水，動靜定踏實，言行心相合，就是師父所教者：心相如一方能至佛也。

鏡證聽後笑曰：「鏡空不愧爲秀才出身，微事之處也時時有悟。我這個師兄慚愧了。」

鏡空馬上糾正：「師兄，這裡只有鏡空，沒有秀才。」

「明白。阿彌陀佛！」鏡證接著說：「師弟，你洗碗掃地，添香點燈，提起放下皆作參禪。難怪師父聽鐘聲，便知司鐘者的音中禪心。」

「此話何講？」鏡空打量著師兄問。

鏡證回憶道：「十天前我發燒又是拉肚，你代替我去司鐘。昨天師父讚我，近日參禪精進多了，連鐘聲也是弘揚純一，了無雜質，音蘊禪意。我說這幾天身體欠佳，實在起不了勁，是鏡空師弟代我敲的。師父聽後微笑不語，頻頻點頭。他說我，慢慢也會到達境界的。我知道師父在鼓勵我，但先頭的話，恰是讚許你的啊！」

鏡空臉上微微泛紅，雙手合十：「原說呢，今日早課師父教導，小事如敲鐘，亦不可得過且過。鐘聲便是你的心聲，敬鐘如敬佛，方能禪心音中傳。阿彌陀佛！大家開悟領會，身體力行，也一樣能做到的。」

山間小道彎彎繞繞，溪水潺潺流淌，鳥兒在連綿的樹梢上跳躍歡唱。鏡空的思緒，也如那長長的路，汩汩的水，源源而來。年少時的情景，一善寺，師父，衆師兄師弟，上山的香客，掛單的僧人，一個個熟悉的面容，一聲聲虔誠的誦經，不斷地，隨著他向前的腳步，閃現出來。在這條小路上，寒來暑往，印記著他無數次上山下山的履跡，也開悟著他無數次的般若佛性。跟著師父，他聽師父說緣。那天像今天一樣，天空明淨，偶有幾朵白雲漂浮。明覺師父指著天上，緩緩道來：有緣，百年修得同船渡；無緣，千次回眸擦肩過。緣來有因，前世修得今世相聚，何時何地相逢，都是命中的註定。今生你與誰相遇，不早也不遲，該來終究來。猶如天上白雲，聚了來緣，那是緣份。散了，緣份盡了，那就緣分。鏡空記得師父諄諄教誨，「份」字，「分」字，世俗混淆書寫，出家人務必區分。份者有人，緣份便是人與人的通靈，心與心的相會，對當事人來說，他們不知，爲什麼會彼此心有靈犀；也無意去知，則心無相，性爲空，本性無物乃爲佛性，緣者近佛。師父參禪說緣時的音容相貌，鏡空現時想來，依舊歷歷在目。

明覺師父接著還說起鏡轍師弟，一個小小流浪漢，我們的緣份，亦是隨處相逢自然到來。他在討飯，猶如佛道流通，尋找禪心。九一八事變，東北紛亂，他家背井離鄉逃難，途中又與父母失散，流落到江南。我們又正好去車坊鎮化緣，看似巧合，一切皆禪啊！那天下雨，我們躲在廊簷下，我的缽碗托在手心，我的身子半隱在廊柱後面，他見我也是一個要飯老人，他把僅有的半個饅頭一枚銅錢，輕輕放到了我碗裡。這孩子，自己在要飯，自己也在顛沛流離，居然憐憫老人，發自本心，無念布施。《金剛經》云，無住相布施，不住色布施，鏡轍天然覺佛。

鏡空暗暗在想，那天他也在廊簷下，目睹了這一切。雨小些後，明覺、鏡空一行將要返程，這時，小流浪漢才突然明白，他們是出家人。他扯住鏡空，央求大哥哥跟大和尚說說，他也要出家，他想讀字念經，說著，跪在明覺師父前，懇請大和尚收留他。師父問了他一句話：「爲何決心做出家人？」他回答：「我討飯只爲自己，出家人化緣爲衆人！」明覺聽畢，沒有任何猶豫，當即收了他做徒弟。師父後來還是在這條小路上，對鏡空說過，小流浪信佛皈依，俗緣自了，立斷塵世之慾念，非一般凡夫俗子做得到；又說讓衆人有食，己缽可空，已經是超越修福領悟到了修慧，故小流浪心念向佛，慧根不淺，顯性大佛緣啊！我老了，就收他做個關門徒弟，你們幾個師兄弟也好廓然多拜懺，無限常頓悟。

一邊聽著，鏡空也突然頓悟：有緣與小流浪相遇的地名叫車坊，師父為他取法名叫鏡轍，車徹合緣，法輪常轉，冥冥之中不也蘊含著佛緣禪機？鏡空心裡這麼想，這麼悟，但口中沒有說出來。鏡空謙恭地說了另一句話：「師父，我可以不可以這樣認為，跟著師父去了兩次車坊，禪機佛緣，盡在其中。鏡轍皈依一事，善駐心田，自在自觀立時頓悟，一悟近佛；那個美國人肖特呢，獻身異域，義衝雲天。如來如見捨己為衆，一念成佛。」

明覺頷首微笑，不語。

鏡空清晰的記得當時報紙電台的報導。那是一九三二年，上海「一．二八」事變，日軍進攻駐軍，軍民奮起反擊。國軍航校教官蕭特（Robert Short）上尉自願參加抗戰，在空中與日軍戰機激戰。二月的早春，車坊鎮鑊底湖上空，機聲呼嘯。蕭特架機如騰龍上下射擊，擊毀日機一架，日軍指揮小谷大尉斃命。三架日軍 B1M 攻擊機對蕭特座機形成包圍，後來又趕來三架中島戰鬥機參戰。敵衆己寡，情形危急，蕭特依然沉著作戰，不幸機身被炮彈擊中，飛機急速向下墜落。

一善寺衆僧讀畢新聞，聞知蕭特壯烈犧牲，個個悲情湧動心中，默默坐到蒲團上，開始自發誦經。隨後，陸陸續續香客上山告知，說蕭特的飛機在墜落之時，眼看要掉進人煙密集的村莊，他果斷把飛機拉起，改變戰機方向，最後一頭撞入了鑊底湖中。不久，鑊底湖周邊的村民推舉幾個村長上山，懇請一善寺法師到蕭特義士過「五七」之時，爲英靈做超度道場。這些人，都目擊了空戰場景，親眼見證蕭特在最後幾秒鐘的善舉，感恩他的仁義大德。

衆僧紛紛表示願意跟隨明覺師父，去車坊鑊底湖爲蕭特做超度，心裡又在想師父畢竟高齡，剛從車坊一帶化緣回寺，又受了點風寒，擔心師父的身體。明覺住持明白衆人心境，對著鑊底湖的村長們，表示他一定去，臉上神色堅毅。轉身對著衆僧說：「蕭特義士的功德善業，靑天朗朗，萬衆敬仰。鑊底湖民衆自發爲他建造寺廟，我率衆僧前去超度，責無旁貸。不用問義士是否信別的宗教，按我本土習俗做佛事，合乎人道天道佛道。如今鏡空法師已是首座，由他主持誦經，衆僧一起助念加持。」

「阿彌陀佛！悉聽遵命！」衆僧雙手合十，一齊回應。

鑊底湖處在江南水網地帶，兩艘帆船載著衆僧徐徐到達鄉村碼頭。岸上匯聚了許許多多村民，老人、孩子，青壯年，一個個注目著法事船只到來，一個個手裡擎著三支香，虔誠的等待一起參加佛事。鏡空跟著明覺法師，遠遠見到岸上的人群，村民的淳樸厚道感恩大德，深深打動了他的心。上岸後，他朝剛建好的蕭特廟裡慢慢走去，又見廟宇一側好幾排上了年紀的村婦，穿著水鄉服飾，頭上簪素色包頭巾，盤髮低髻，髮髻上繫著黃色細線。她們正用吳儂軟語如念如唱一般，齊誦「南無阿彌陀佛~南無阿彌陀佛~」，鏡空心裡愈加敬重村民，愈加激勵自己，主持好英靈超度，不負衆望。

引磬聲起，木魚敲擊，笙簫鼓笛佛樂齊響。維那鏡證法師持梧擊鳴大磬，起落節奏中透出無限慈悲。鏡空法師在這佛樂聲中，高聲引領贊文及《地藏經》：

爐香乍熱，法界蒙熏。諸佛海會悉遙聞，隨處結祥雲。

誠意連方殷，諸佛顯全身。南無香雲蓋菩薩摩訶薩。

爾時釋迦摩尼佛，告文殊師利法王子菩薩摩訶薩。汝觀是一切諸佛菩薩，及天龍鬼神。此世界，他世界。此國土，他國土。如是今來集會，到忉利天者……吾以佛眼觀故，猶不盡數。此皆是地藏菩薩，久遠劫來。已度，當度，未度。已成就，當成就，未成就……此菩薩威神誓願，不可思議。……時世有佛，號曰獅子奮迅具足萬行如來。時長者子，見佛相好，千福莊嚴。因問彼佛，作何行願，而得此相。時獅子奮迅具足萬行如來，告長者子。欲證此身，當須久遠度脫一切受苦眾生……

鏡空法師嘹亮的引唸，衆僧齊聲的助唸，佛經之音，祥繞空中。蕭特廟外無法擠進廟內的鄉紳村民，還有遠道趕來的店主、實業經理、販夫走卒各界市民，隨著鏡空的念經聲一起助念，一個個雙手合十，場面莊嚴虔誠。佛徒、居士幾乎人人手上一本《地藏經》，他們自然而然成爲了廟外人們念經引領者。此時，只聽到廟內鏡空法師悠揚高誦招魂拜懺文告：

美利堅國羅伯特．蕭特，華盛頓州塔科馬市人，前載來華，援我空軍。日寇猖狂，奮起抗戰。于陽曆民國二十一年二月二十二日，英雄孤膽，血戰長空。保我村莊村民，毅然捨生取義。異域湖川，日月同天。隆恩大德，天地同輝。浩魄英魂，立時成佛！

皈依我佛。端坐金蓮上。紫磨金容，丈六巍巍相。六載雪山，蘆芽穿膝上。接引亡魂，早早生天上。皈依常駐佛陀耶。

皈依妙法。撥開龍宮藏。七卷蓮經。三卷慈悲懺。若人誦持，免難消災障。接引亡魂，早早生天上。皈依常駐佛陀耶。

皈依聖僧。圓頂方袍相。紫殿金樓。聲音嘹且亮。伏虎降龍。人間常供養。接引亡魂，早早生天上。皈依常駐佛陀耶。

皈依三寶。所作諸良因。誓度諸有情。皆共成佛道。

摩訶般若波羅密。皈依三寶作證盟。稽首皈依佛法僧。文殊普賢觀世音。

三界十方諸賢聖。願降香壇作證盟。尊諸菩薩摩訶薩。摩訶般若波羅密。

佛住天中天。毫光照大千。

廟內廟外，凡夫俗子，虔誠信徒，淨心敬意聽著鏡空念接引文。木魚節奏聲聲，大磬起落轉合，鼓樂再度齊鳴。眾僧一遍遍齊誦：「南無阿彌陀佛！」「南無阿彌陀佛！」慈悲聲聲，音韻浩亮。眾人悲情住心頭，感恩轉世佛。那蕭特廟，裡裡外外，超度的念經聲，眾人的念佛聲，在空中悠悠揚揚，飄蕩在村莊、鑊底湖、田間小道。

那場景，即使三十幾年過去，一旦回憶起來，鏡空的腦的屏幕上，依然清晰親切。還是在這條蓮花山間的小路上，連日的勞頓，明覺法師身體虛弱，只得坐在竹椅上，由徒弟們輪流抬著上山。鏡空走到一個出山的岔口，在突兀的巨石山崖下，突然想起就在這裡，明覺師父用溫和平靜的語氣說，他覺得自己今世的來日不多。看著鏡空你，年少起皈依修行，一步步的覺悟，衣缽傳承，他已經放心。鏡空明白師父在說什麼，心裡一陣疼楚，忙說：「師父！你別多想，你身子會慢慢好起來的！」明覺臉上平靜的微笑，眼裡流露透悟塵世的柔光。師父不久圓寂，鏡空成了一善寺住持。歲月長長，佛音裊裊，如今鏡空離開一善寺了，師父的叮嚀尚在耳邊，音容笑貌猶在眼前。鏡空回頭，想再凝視一遍一善寺，然而看到的只是連綿的山影，朦朦茫茫的樹林，半塌的山門、殘毀的大殿掩沒在層層山巒之中。觸境隨思，鏡空覺得他沒有守護好，覺得對不住明覺師父，心中一陣淒悵蒼涼。

第十章　偶遇阮工程師

王山藥常年在山裡採藥，有時走的很遠，浙西天目，皖南九華，攀懸崖登山頭，尋靈芝穿密林，奔波在山嶺丘壑之間。那天，他回到家鄉路上，碰到兩位臉熟的老人，聽他們的談論，得知鏡空大師將去行腳遠遊。王山藥便停步打聽，又知鏡空眼下還在一善寺，尚未離開，心裡慰穩了下來，想過一兩天就去看望。

安頓好家裡瑣事，王山藥便去了一善寺。他沿著長廊，繞著廢墟的殿堂，沒有見著鏡空大師。又去看了鏡空搭建在半壁山牆邊的坐床，見原來打坐的坐床已經被收拾起來，木板、凳腳歸得整整齊齊，放靠在山牆邊上。王山藥心裡明白，鏡空已經離開。聽得身後有響聲，回頭見到三木娘，後面跟著幾個佛徒，也在找鏡空大師。王山藥、三木娘一行又到孔雀窩棚，附近山林間轉了一圈，見孔雀吃的食料備的充裕，山門內東倒西歪的木頭，顯然鏡空把他們重新堆齊堆好，就連那些剝離的磚頭，鏡空也是一塊塊收拾起來，疊成一垜垜磚牆。

三木娘見狀，說了聲：「阿彌陀佛！」接著緩了口氣，說：「看看這些木頭磚頭堆得好好的，鏡空大師眞是惜物啊！」

王山藥把聽來的消息，自己的揣測，說給了衆人聽，大家一齊議論，鏡空會走多遠，會不會回來。王山藥說：「樣樣默事歸得齊齊整整，我看，鏡空大師心裡裝著山寺，他會回來的！」

衆人連聲稱是，讚成王山藥的分析。三木娘說，鏡空大師行腳去了，寺裡的孔雀她們來餵養，她還將動員更多的人來整理廢寺，把石塊、木料、磚頭堆放好，等到鏡空回來了，將來修復寺廟的時候，還好派用場。王山藥說他也會帶人來一起幹活。還有半山上屬於寺廟的幾畝地，他再帶人一起種好。荒廢了田地，那是眞的罪過。

王山藥心裡盤估，鏡空大師不會走的很遠，也許還能追得上。主意定了，他回到山坳裡的家，打了個包裹，就急急向南走去。王山藥判斷，鏡空沒有走御道。如果走御道，必會經過三木娘的村子，不會沒人看到。走蓮花山小路，過了巨石崖出山，翻過六七個山頭，便是市民公墓園地，鏡空行腳一定會跟長眠在那裡的父母，作個祭奠告別。再遠走，陵園下山後走通善橋，那是必經之路橋。過了通善橋，方可到達太湖之濱。

一路飛跑，王山藥遠遠見到了鏡空熟悉的背影，正從陵園山坡走下來。鏡空步履快捷，王山藥提起腳步奔跑起來，一面大聲呼叫著鏡空法名。鏡空聽見有人叫他，就停住腳步，回頭看，見王山藥氣喘吁吁跑到了跟前。

「大師果然走這裡！」王山藥憨厚笑著說。

「阿彌陀佛！」鏡空回禮。

王山藥忙把搭在肩上的小包裹解下，遞給鏡空：「大師，裡面有我自己配的蛇毒解藥，你帶上。眞的遇上不巧之事，您就把傷口污血擠掉，然後把藥塗上，馬上口服藥粉，越快越好。我平時用過，非常有效的。裡面還有我熬的梨膏糖，咳嗽哮喘，含在嘴裡，也立馬見效的。」

鏡空接過小包裹，深深感謝王山藥的善心，眞切地說：「山藥想得周到哇，怎麼個謝你啊！」王山藥咧嘴笑笑說，還須謝麼？平日裡您對我們的關心，大家都記得。王山藥又把自己預測天氣的土經驗，路上如何觀雲識天看風，一一說給鏡空聽，叫他務必晴天出行，願他身健安康。

鏡空感慨道：「昔日六祖渡江，遵師之囑，努力向南。不想，老衲避塵世之紛爭，守本心之佛法，亦是向南而去。我覺自心無愧：無念爲宗，不思酬害。但願佛法無損，來日五葉花開。」

王山藥直人直語：「那些個王八蛋子，蹦不了幾年！善有善報惡有惡報，大師規避邪魔，佛祖在上，定會保佑！塵世不許敬佛，我把佛供在心裡，無相自在，能把我怎麼樣！」

「阿彌陀佛，善哉，善哉！」鏡空點頭讚許，又託付王山藥些許瑣事。山藥說，大師儘管放心行腳。山中之事，他跟三木娘等佛徒居士，早已安排妥帖。到塵霾過去，雲開光照，大家等您歸來，重建一善寺。

聽到這裡，鏡空熱淚盈眶，雙手合十，連連致謝。鏡空站在路邊，看著王山藥邊揮手邊回走，走了百米左右，突然王山藥又走了過來，對鏡空說：「我倒忘了一件事跟大師說。前天我回家走過通善橋，遠遠看見河邊的蘆葦上有隻大烏龜，定睛一看，很像很像一善寺那隻好久不見的神龜，臉盆大小，橢圓長形，背脊高高拱起。等我下去找，一轉眼不見了。」

鏡空全神貫注聽著，回應說：「寺裡的這隻大山龜，已經有兩年多不見了。你能見到，也是修來的福分。照理大龜應該還在冬眠，怎麼跑到了灘塗上？我去前面大河邊仔細看看，倘若是寺裡的那隻，定要把它救起。這大神龜本是山龜，不能在水裡生活的，照理也不會自己跑到河裡去啊！」

王山藥想了想說：「不久也要驚蟄了，動了它的地盤也會早早醒來。再說，世上善男信女也不識它是隻山龜，也許見到了，好心把它放生到了河裡。」

一善寺有隻大神龜，會聽經，會預報天氣，平時不多見，顯身時刻必會有大事發生。它的來歷，有人說是前代住持收養長大的；也有人說是同光中興時佛徒上山放生蓮花池的。鏡空年少時，就聽得傳說，大龜神靈，不吃僧人餵的食物，一副對嗟來之食睨而不理的傲氣。後來，他進山門剃度，還聽師兄弟們說，那大龜背上龜甲，俯看像一個「善」字呢。鏡空心裡一直想見見那隻大神龜，好長時間也沒有遇上。那天，跟師父化緣回來，看見在長廊石級旁蹲著一隻大烏龜，一動不動，昂起頭，側眼朝天。它前爪挺立分開，高聳著背脊，怡然安詳，氣質高貴。鏡空開始以爲是一尊石雕，須臾，那大龜頭顱動了一下，他立馬知曉，大神龜來了。那大龜彷佛認識鏡空似的，在他身邊兜了一大圈，居然跟著他慢慢走到了大雄寶殿前。

衆僧聽說大神龜顯身了，紛紛出來觀看。大家嘖嘖稱奇，掐指一算，明天孟蘭盆節，難道大山龜也知道寺裡要舉行盛大法會，它早早悄悄前來，一起參加供佛齋天？更爲神奇的，鏡空做了一善寺住持後，他首次開講《心經》，端坐在寺廟前巨大的石坪上，數百上千的信徒，一個個親眼目睹那隻大山龜，從底下的石頭上，慢慢往上走，一直走到離鏡空八九尺的地方，又奮力登上一塊隆起的大石塊上，側身面朝鏡空，與衆人一起靜靜地傾聽著鏡空講經釋道。它伸展脖頸，神情專注，一派虔誠佛性。

鏡空細細想著大龜的往事，不知不覺走到了大河邊上。他沿著河灘走，灘塗的碎石泥塊、河床的小草叢、一片片連綿的枯萎的蘆葦，眼光一遍遍掃過。走到西邊靠近崖邊的山神廟，又往後來回走了兩遍，沒有見著大龜的蹤影，鏡空有點兒失望。正想著跨上堤岸，忽聽窸窸窣窣聲音，從蘆葦叢中傳出。鏡空回頭朝蘆葦叢張望，慢慢走過去，仔細分辨聲響，撥開晃動的蘆葦葉子，眼前出現了一隻碩大的烏龜，這大小顏色身影，鏡空太熟悉了，就是一善寺那隻大龜啊。鏡空停止了腳步，朝大龜看；大龜也停住了身子，朝鏡空看。這情景，猶如兩個離別多年的朋友，突然在路途中邂逅，幾分突然，幾分驚喜，還有熟悉又親切的問候。

鏡空對著大龜說話，語氣充滿溫馨：「大神龜啊大神龜，這兩年你跑到哪兒去呢？怎麼跑到這裡來了呢？你是自己來的呢，還是有人把你放生，放到這裡來的呢？」

大神龜自然不會開口，但它彷彿聽懂了鏡空的言語，伸出頭顱晃動了幾下，又朝鏡空跟前走來。鏡空俯身抱起大龜，慢慢朝岸邊走去。一邊走，一邊跟大龜說著話：「你看看你啊，大神龜，前面龜甲缺了一小塊，肚皮上天生就有一條裂的溝，怎麼現在又多了一條受傷的縫啊！看來，這兩年你吃了不少苦頭啊。阿彌陀佛！」鏡空上了堤岸，穿過機耕道，走到小山坡上的山神廟，沖著泉水把大山龜洗了一遍，然後抱著大龜，走進山坳，把它放生。大龜通靈，依依不捨，繞著鏡空腳邊，轉了兩圈，然後緩緩地朝山裡走去，一步一回頭。

鏡空目送著它，看著它慢悠悠地走遠，就像老朋友再次離別一樣，千叮嚀萬囑咐，對著遠去的大龜高聲喊著：「大神龜，你記住！千萬不能再去河邊，大山才是你的家！你照顧好自己，吃好睡好，藏好躲好。將來，如果我能回一善寺，我就到這裡來找你啊！」

夕陽像大龜一樣，大山也是它的家。餘暉掩映，猶如關上家的大門，大龜一陣疾走，趕在輝映暗淡前，投入到了家的懷抱之中。

半圓的月亮今夜十分寒亮，早早掛在當空，冷冷的光，靜謐的光，撒在河面上，宛如碎銀一閃一閃。蘆葦在微風中拽動，偶爾風向打轉，就像在寒空裡哆嗦。皎月、星星、鱗光下的水面，與搖曳微動的蘆葦叢呼應，勾畫了一株株蘆葦撕扯著寒光的高冷影像，空曠靈動，萬籟俱寂。

鏡空盤腿坐在河邊的一塊大石頭上打坐。天上的月光，水面的粼粼波光，在他的心裡，究竟光在動？還是風在動？或許本來就不是個問題，大千世界，世事流水，見者之光，亦非剛才之相；流去之河，亦非見到之水。人在河邊，天地爲一，鏡空天天打坐，天天念經，此時此刻，無我無相，大河雖亙古，渡之卽彼岸。送走大龜後，他回到山神廟，決定今夜就住在這裡。三十幾年前，他在這個小廟住過，那是他帶領衆僧一起在河邊運石建橋，有時遇上大風大雨天氣，就在此地留宿。他架起篝火，用炮彈殼做成的水壺燒水，泡著炒麥粉，頃刻散溢濃濃的香香的味兒，宛如回到了以往的場景，大家疲憊遣倦，卻洋溢著勞作的喜悅。眼下只是他一個人影，在熠熠的火光映襯下，格外孤單煢煢。

面前是一條大河，不知何年何月哪朝哪代，取了一個格局小小的名字：越來溪。溪者，奔騰的山中澗水也。擴言之，也不過彎彎繞繞的細細河水，無論如何跟這寬闊的水面對不上號。鏡空讀古史時明白，吳越爭霸，春秋干戈。勾踐臥薪嘗膽，十年生聚，揮師北上，率數萬越兵水陸並進攻吳，水軍戰船走了這條水路。當年的金戈鐵馬，刀光劍影，湮滅在無聲無息的空空曠曠的水波之中。傳說，河面上曾架起過木橋，造了又毀，毀了又造。在沒有兵荒馬亂的太平年間，三鄉九里，南來北往，橋上橋下，自是一派祥和通暢景象。咸豐年間，長毛起兵，燒了城裡西邊的半條街。退兵時，又燒了越來溪上的這座橋。商賈農人，騷人墨客，探親、做生意、趕考，上山敬香，只得靠渡口船隻擺渡。

船夫是個鰥居漢子，誰也不知他的眞名。傳說早年媳婦難產死了，孩子保住了命，過繼給了本家堂兄。年年月月，風裡雨裡，漢子搖著渡船，從小夥搖到了壯年，從中年又搖到了花甲。誰也沒見過他的家人，他跟人唯一說起的，那位過繼給他人的兒子，也是乘了他的擺渡船北上趕考去的。船夫年紀越大，脾氣越怪，販夫走卒，七姑八姨渡河乘船，他只顧搖船或撐篙，一天也說不上幾句話。還有更執拗的，來客擺渡，他以活的生命爲計價，不管大人嬰兒，不分大狗小貓，乃至雛雞野鴨肥鵝，只要是條命，一概收三個銅錢。久而久之，大家都叫他三錢叔，後來乾脆叫他三叔。河岸兩邊村鎮的渡客，集市買來活禽，帶到河邊，有時候把活雞活鴨在渡口活生生宰了，然後再上船，爲了省下三個銅錢渡河費。光陰似箭，渡船如梭，人們見證著三叔成了三伯，三伯又成了三公公。一天早上，人們發現三公公靜靜地安詳地躺在河邊的小茅屋裡，長眠不醒。沒有了三公公，渡船飄在津口，纜繩繫在樹樁，人們過河只得自己搖櫓，不會搖櫓者，或老婦童子，只好眼巴巴在渡口等，等來人會搖櫓者一起幫襯渡河。隨著時間悠悠過去，河水長長流逝，越來溪邊的人們，開始慢慢懷念起三公公來，以前總覺得那三個銅錢的收費，古怪又偏貴，如今想想勞而所值。又過些日子，村民傳說，三公公把一生的收費積蓄，資助給了當地義莊，助力窮苦家孩子讀書，人們心裡漸漸起了敬意。

一晃六七十年，越來溪渡口就靠一艘擺渡船，風裡雨裡，朗天暗月，默默渡過了無數的生活便利人情物流，經歷了無數次的循環往復周而復始。可是，一條渡船，怎能承載下南來北往的生活之重？太湖邊、蓮花山、河岸兩邊的村民，想在越來溪上重建一座橋，成了大家心裡共同的願景。鏡空進一善寺山門後，常常聽明覺師父念叨，發願在河上建橋。鏡空繼承衣缽後，想著頭件大事，要完成師父的心願。他領著師兄師弟，帶著衆多弟子，爲建橋到處化緣。一善寺僧人的善舉，也帶動了七里八鄉的善男信女，有錢出錢，有力出力，城裡的鎭上的官宦鄉紳，也捐出了不少銀兩。

開工後，一善寺的僧人輪流在建橋工地上勞作。河岸兩邊，許許多多年輕人、壯年漢子，跟石匠們一起採石、運輸，分頭輪番打樁、吊石。四鄉的婦人童子，也是送飯的送飯，送水的送水，人人都爭著做事。國立同濟大學土木科畢業的阮工程師，也來到工地，一邊改進設計，一邊主持造橋。人人心中的橋，無相。那是信念、感召與修行。塵世中的橋，有相。那是力量、利衆與行善。心中的橋與現實的橋合攏之時，越來溪的河岸，舉行了盛大儀式。一善寺所有的僧人，擺好香案，點上香火，齊刷刷盤腿念經。在佛樂聲中，八個大漢抬著大條石走上橋坡，把楔形肩石穩穩當當落入橋中凹臼。此時，炮仗高飛橋頭，發出震天音響；鞭炮錯落蹦跳，閃光歡唱舞蹈。人們把紅綢輕輕揭開，橋欄上「通善橋」三個大字靚麗奪目。

遠遠的，夜色中的通善橋靜臥在月光閃爍的水面上。鏡空打坐了差不多兩個時辰，他慢慢抬起下垂的眼簾，朝遠處看去。他眼神安詳平和，儀容厚道篤穩。

他的眼力穿過淺淺的河灘，輕蕩的銀波，凝視了遠方的通善橋片刻，感念它多少年來沉默的負重，渡衆的敦厚。他的眼光慢慢轉向那一片蘆葦叢，靠近他側面的方向，隱隱見到，像是一個人影，一步一步的朝河裡走去。鏡空專注的看去，心裡突然怦動，那確實是一個人，從背影看，彷彿熟悉而親切。鏡空在腦中疾快的檢索，定格在那個人年輕時的背影上。鏡空怕老眼昏花認錯人，他再看著那人的輪廓姿勢，沒錯，是他。在這月色銀瀉的深夜，他從河岸走向灘塗，從灘塗慢慢走向河裡，剎那間，鏡空明白了怎麼回事兒。

鏡空想追上去阻攔，立馬停住了腳步，覺得用這樣的聲音呼喚，更能拯救：

「擔擔虎——，擔擔虎——」

聲音似乎在水面上飄來，委婉悠悠。那個走向河裡的黑影，顯然聽見了呼叫。他本能地站住了，停在那裡，木呆凝固。沒聽錯，那聲音是在叫他，使他困惑的，怎麼會在如此空曠幽靜的地方，有人用乳名呼喚他。他片刻產生了幻覺，彷彿兒時在母親的懷抱裡，好像年少在父親的眼光中。家裡叫他擔擔虎，飽含著深深的親情，殷殷的凝望，抑或勇氣的激勵。然而，父母早已仙逝，這聲音難道眞是來自天堂，呼喚著他與父母相聚？

那個走向河裡的身影佇立著，思緒回到了現實。他想辨明，聲音究竟來自哪裡。知道他乳名的人不多，究竟是自己的幻覺呢，還是真的在萬籟俱靜的夜空裡，有人在呼喚他？他朝水面看去，一片片白色的波光，柔軟的閃耀。他慢慢轉過頭來，身後是朦朦的山脊，長長的堤岸。他猶猶豫豫地尋找，凝望的瞬間，發現山神廟方向的大石塊上，隱隱站著一個人，那人雙手合十，仍然輕輕地極有穿透力的朝他呼喚：「擔擔虎——，擔擔虎——」，聲音如此熟悉，語調低沉親切，喚醒了他逝去的記憶。他猛地醒悟，那個叫喚他的人是鏡空大師。他周身哆嗦了一下，感到了寒意綿綿的空氣裡，有一種人間的熱氣溫暖著他。剛才他想一了百了的心思，頃刻在這暖暖的呼喚聲裡風化破碎。一陣微風吹過，一個激靈閃出：縱然有一萬種死法，他也決不能在鏡空的面前，一個大和尚的視覺裡，留下絕望的悲涼。他慢慢轉身，向鏡空的方向走去。

鏡空仍然站在那裡，靜靜等待他的走來。即使相隔一百步，他依然感覺到鏡空的雙眼裡流露的溫馨，那身軀猶如敦厚的靠山。走到跟前，鏡空微微朝他點頭，示意他，跟著鏡空走進山神廟。彷彿長鏡頭的閃回，三十幾年前也是在山神廟，也是架起篝火，在搖曳的火光中他們相向而坐。那時，他們的話題圍繞著建橋，談夯實橋基，談石材的選料，他記得，他想用洋灰，代替傳統的糯米石灰粘合，徵求過鏡空的想法。他更沒想到，他們坐定後，鏡空跟他說的第一句話，也跟三十年前一模一樣：「阮工程師，先歇歇——」，然後遞給他一碗水。

阮工程師單名寅，家裡叫他擔擔虎，和坊中學阮校長的小兒子。阮師母信佛，攜手兒子常去一善寺敬香，鏡空也是看著他長大，自小喜歡搭橋造房，後來果眞學了工科，再後來還有一段合力建造通善橋的緣份。阮寅一口氣喝光了碗中的水，也像以前一樣，說了一聲：「累啊，好累！」

鏡空明白，現在阮寅說的累，涵義不僅僅是身體的累，更多的是心累。他凝望了片刻，想起那個時候，阮寅從大學畢業幾年後的光景，年輕、實幹，又有精湛的專業技術，渾身上下，透著蓬勃風華的才情。人人封他爲工程師。如今阮寅雙鬢斑白，滿身的憔悴，精神恍惚遊移。鏡空歎了口氣說：「你我都老了！」

借著火光，阮寅慢慢端詳起來。他覺得，跟三十幾年前相貌比，鏡空並不顯得蒼老，還是那樣的憨厚那樣的親和，神態安詳，盤坐如鐘。只是頭髮間或花白，聲音更顯寬厚深沉。阮寅遲鈍了一下，說：「鏡空大師，你還是老樣子，一點不老！」

「阿彌陀佛！」鏡空慢慢說道：「那時候，你、我，越來溪兩岸的鄉親，走到這裡來，爲什麼？造橋。造橋爲什麼？渡人渡物。阮工程師，渡人，包括渡自己麼？」

「當然包括渡自己啊。」阮寅幾乎不假思索脫口而出。話音剛落，阮寅瞬間頓悟了鏡空的發問。接著話尾：「大師所問，我也明瞭。唉，但是——」他歎了口氣，淒然地說：「這日子怎麼過下去。單位裡每天低頭認罪，批鬥侮辱，說我是技術掛帥的走資派，反動學術權威，我願意從領導崗位退下來。到家裡，也是一副副冷面孔，妻提出離婚，跟我劃清界限，我也認了。沒想到一雙兒女，也是一個個貼我大字報，惡言惡語，那種鄙夷眼光，我受不了。我裡外不是人了，唉，活著有啥意思？」

「阮工程師，當初你設計造橋，有否想過，這橋，只渡善者，不渡惡人？只渡文雅，不渡野蠻？只渡常人，不渡殘疾？」鏡空繼續問道。

「那倒沒想過。」阮寅回應。

「善哉！」鏡空微微點頭曰：「不分常異，天下皆渡，橋也。渡人渡己，渡己爲先。你設計，衆人建造，大家始終參與。合攏之日，你不顧安危，率先走上去，方能見證橋之安全。那一刻，你已經渡了自己，也渡了衆人。」

阮寅靜靜聽著，思緒也慢慢轉入念想。鏡空大師說的，渡人無分相。阮寅覺得，他對得起家庭，兒女的功課天天督促，先後考取大學；設計院的事業，他規劃培養，一批青年骨幹脫穎而出。成全他人，亦是渡人。這跟鏡空大師所說的渡人渡己，別無二致。如是，即使世事艱難，他也問心無愧。當時就沒想過橋上的芸芸衆生善惡面目，爲什麼如今要去在意群氓昏亂，自毀濟渡之念呢？想著想著，心裡放寬放鬆了許多，神情也漸漸安穩。

阮寅的面色轉暖變化，鏡空看在眼裡。篝火柔柔地揚起，鏡空想添柴，阮寅先往火堆裡添了幾根。鏡空看著他說：「一道坎，一個劫，你已經渡過了！造橋本是積德事，蒼天自會有報應。先打個盹，歇歇。明早回城裡，你是一個全新的自己了。家裡不留人，可去設計院住宿舍；宿舍不可住，自有留人處。大不了跟我一起走天下。」

突然間，阮寅覺得他學力學、學建築、學造橋，算合力、算分力、算承重力，居然沒有眼前的大和尚，舉重若輕，宛如擎柱橋墩，重心穩穩。他頓悟到佛的力量，那種力量無法用數字體現，只是隱隱的存在於無相的智慧之中。他沒有系統學過佛，過去的年頭裡，對於佛的釋義一知半解。今夜裡，生死，橋樑，柴火，與鏡空大師的偶遇，似乎冥冥之中有一根因果之線牽引，有一座緣份之橋擺渡，恍然開悟，菩提顯果。想到這裡，阮寅站了起來，向鏡空深深鞠躬，眞摯地說：「鏡空大師，是你渡了我！我會今世不忘，來世也要相報的。」

鏡空忙站起來回禮：「非也，非也！阮工程師，向生忍苦是修行，青山留下就有柴。你渡、我渡、他渡，實爲自己渡也。自渡自通，萬法盡通。阿彌陀佛！」

第十一章　竹杖芒鞋，托缽走過通善橋

天矇矇亮，見鏡空大師收拾東西，起身要走了。阮寅執意要送大師一段路，鏡空微笑說，心意我領了，就送我走過通善橋，你就打道回府吧！兩人一前一後，山神廟出來，沿著河堤，慢慢走上通善橋。彷彿先前約定似的，兩人的手都扶著橋欄，緩緩向上南行。

倆人邊走邊感歎，原來立在橋堍的通善橋重建碑，早已不知去向，只剩下光禿禿的座基。橋欄上的一座座小獅子裝飾，一個個斷頭缺身。李根源手書的橋名，字跡也是被鑿去，滿目瘡痍。鏡空側身全身心在跟阮寅交談，右手扶橋欄，感到前面已經沒有欄杆，便放開手，平步踏行，不知道腳下還有一個台階，身體一個趔趄，差一點兒摔倒。阮寅眼疾手快，一把扶住了鏡空，再慢慢下坡前行。阮寅回頭看了一會，明白了這是他橋欄設計上的一個小小失誤，應該扶手欄杆跟地面台階齊頭，如今短了一尺左右，不經意間埋了隱患，心裡一陣內疚。

鏡空催著阮寅打回轉吧。和氣說道，來日時長，也是白馬過隙。若撥亂反正，氣象回暖，將來重建一善寺，也許你還能出力呢。鏡空這麼說，那是信念的觀照，至於有生之年能否看到，只能順其天意安排佛祖顯靈了。盼望阮寅出力，也是盼望他堅定的生活下去，有個責任遠遠的等著他去完成。阮寅聽著，馬上接著說，佛祖在上，會保佑大師平安回來的。他允諾，一善寺重建之時，他會自願參與寺廟設計和建設。阮寅一面回應鏡空的話，一面還想把剛才突然發現的心得說出來。

阮寅雙手合十，說：「大師，套用俗語說，近朱者赤近墨者黑。那近佛者呢，開智慧，顯悟性。昨夜土廟長談，開啓了我的生死之義，去妄自渡。今朝過橋扶欄，驀然開悟，自己專業，人文關懷才是設計的魂靈。大師剛才差一點摔倒，對老人來說，一個摔跤後患無窮；即使年輕人，不一定摔倒，但腳崴了，會帶來諸多不便。我當時設計欄杆長度沒有考慮到，人眼不會緊盯把欄的手的，欄杆要跟住台階，而不能遠離平地。」

鏡空心裡十分賞識，對阮寅說：「一事一悟，日積月累，皆是近佛也！扶欄設計偏短，你心知，未必會告知我知。心不護短，開誠公佈，心誠卽敬佛。又從短處自我開悟，瞬間頓悟，卽是菩提！」

「這麼說，我也有佛性啊！」阮寅感慨說道。

「人人皆有佛性，多是迷失蒙塵。神秀大師云，時時勤拂拭，勿使惹塵埃。心明如鏡，身是菩提。你即刻頓悟，亦是修行法門。願你時時頓悟，即是智慧；事事頓悟，即是成佛！」鏡空看著阮寅的眼睛，言語一氣呵成。鏡空雙手合十，悠悠一聲：「阿彌陀佛！」

阮寅眞心回應：「阿彌陀佛！大師教誨，我將銘記心頭。下來空餘，也要讀佛經開智慧，慈悲爲懷！」

鏡空微微點頭：「技術工程，無通人文，猶如航船未裝羅盤指南針。技術被無良之輩掌握，那將是萬劫不復之局。如你所言，老衲也一樣感悟，科學技術，慈悲爲懷，方能慈航遠行，普濟衆生。阿彌陀佛！」

倆人佛性相通，相視一笑。阮寅領悟，大師所言：科技之上，抬頭有佛。本想把悟性說出來，他們短短的相視，轉而淺露呼應的微笑，已經表達了對佛的知見，說與不說無關緊要了。諸相非相，何況語言？阮寅囑咐鏡空路上多多保重，望著慢慢走遠的鏡空大師，身影漸漸消失。他抬頭看了一下剛剛升起的太陽，心裡暖烘烘的。覺得今早的太陽那樣的嫩紅那樣的柔軟，完全是一個不一樣的太陽。

鏡空沿著太湖邊的長堤向西走去。晨風吹在臉上，望眼萬頃湖面，波瀾不驚，寂靜空曠，了無一絲生機。往年，他也時常要去湖畔化緣，或乘渡船去島上講經，湖面的浪花會簇擁他的思緒，他也有時坐在太湖石上，觀照水中的倒影，看著自己的臉，由年輕變蒼老，慢慢刻上歲月的皺紋。

湖水透著光亮，宛如明鏡。記不清多少次在湖邊走過，或湖邊小歇，湖邊的聽濤岩，他偶爾在石坪上盤腿打坐。這裡的鄉親，大多認識他，鏡空尚未走到村莊，消息比他跑的快，村裡的人們已經早早知道他要來到的音訊。有時鏡空去太湖中的島嶼，他人還在渡口，別的船夫已經把他的消息帶到島上，等他上船，船到岸邊，島上的果農，隨著節氣，早早把枇杷、楊梅、橘子裝在盤裡，跟著他一起走進附近的廟裡，供奉佛像。鏡空與阮寅分手後，他想去湖中的島上，想跟隱居在島上的海燈法師見面，閒坐談禪，參悟對答。在渡口，一個船夫告訴他，海燈法師前些日子，就是乘坐他的船，從島上被四川來的三個戴紅袖章的人押送，回了原籍。

一種悲楚，一陣失望，鏡空的心裡，襲來空落落的冰涼涼的浪頭。細細算來，海燈法師去島上隱居要有十年了。他們見過幾回。去島上，鏡空就會去海燈法師的居處，天高雲淡，聽浪品茶。海燈去城裡，順路也會上蓮花山看望鏡空法師，極目吳地，暢敍古今。

鏡空慢慢走著，在湖邊，他看見淸淸的水波中，樹的倒影，雲的浮漂，蘆葦的葉子隨風劃過水面，水珠撒落，漣漪輕蔓，消失在岸邊的岩石隙縫裡。他記得跟海燈法師湖畔最初見面，就在這岸邊的聽濤岩的平坦岩石上，他坐著打坐，看著自己水裡的倒影，一身袈裟，容貌平和。他感歎時間印記，在湖水的映襯中漸露滄桑，走向虛空，或者說，那個水中的他，亦非是他，生靈本是幻影。然而在湖水的倒影中，他又見到了一個僧人，也是袈裟一身，身形瘦弱，神態安詳。

兩位出家人的對話，別開生面。鏡空法師抬頭，朝不遠處端坐的海燈法師施禮後，說：「我認識你！」

海燈法師還禮，接著道：「我也認識你！」

他們的思緒一起，穿越到了二十年前。民國三十五年，鏡空法師應邀去嵩山少林寺講經，海燈法師也正好在少林寺教授羅漢拳。在教習場，鏡空默默看著海燈的一招一式，他是一位靜靜的觀者；在講經堂，海燈聆聽著鏡空的參禪說法，他是一位虔誠的聽者。如今，法輪迴轉，濤聲循繞，似影似幻，因緣再遇。眞是應了萬事萬物皆有定數，還是卽色卽空，或是緣起色空？

鏡空法師緩緩道來：「有緣世界，皆起無塵自心。因緣嵩山，果落太湖。想當年，一指禪名聞天下，入定善意，卷地功夫！一指一念花自開，一參一善皆成佛。」

海燈法師微笑著說：「大師譽美了。《大般涅槃經》云，三世因果，循環不失，此生空過，後悔無追。皆因嵩山之緣，才知江南古城外，太湖縹緲境。這次前來，無奈無常，歸於自淨其意。」

二十八歲那年，海燈在成都昭覺寺剃度。跟隨智光法師，面壁參禪，讀經修行。早年的軍旅生涯緣故，開啓了他習練武功，自成一派。民國三十五年後，內戰硝煙，瀰漫中原，他是出家人，本心遠離血光劍影，離開嵩山，去往哪裡？住持梓潼，然而運動風起雲湧，他能說清楚，民國時期與一個個政界名流軍界要人交往的細節麼？與其困境，不如出走，那麼他又該去往哪裡？他決定隱居萬頃太湖中的小島，這裡遠離塵囂，天水一色，與世隔絕。猶如閉關坐禪，隨其心卽佛土淨。

聽著海燈的細聲慢語，鏡空在恍然大悟中，心生對海燈的敬意和同情。鏡空法師語氣凝重：「佛言：隨所住處恆安樂。嘈雜四起，自尋安靜去處；煩惱追身，避世也是善法門！太湖之中，島上民風淳樸，衆人虔誠信佛，是個好去處。海燈法師，那你覺得，此次避劫，渡湖一去修三身，大致要多少時日？」

海燈法師垂下眼簾，說：「世事難料，佛法無邊。恐怕不會兩三年頭。自知推手擒拿，武功可傳敬佛之人；又略懂草醫針灸，平時亦可扶傷救治。做這些去幫人，參禪修行，本爲一體。身智融無礙，應物任隨形吧！」

誰能想到，海燈在島上一住就快十年？鏡空法師在蓮花山，也時常耳際聽到信徒的傳說，海燈法師醫術精湛，無論刮風下雨，救人所難，隨叫隨到，島上人稱他：懸壺濟世的活菩薩。然而，這裡不是避世之桃花源，也沒有成爲他隱逸的港灣，浪頭還是飆擊到了他身上，這次，他避無可避，走無可走。鏡空在心中默默祈禱，願菩薩保佑，讓海燈再度過一劫！鏡空法師想著走著，步履漸漸放慢。他倆後來見過幾面，但遠沒有這次湖畔初見來的印象深刻。鏡空不會忘記，他倆在這裡——聽濤岩邊，還進行了半場因果參禪機辯。何爲「因」？嵩山之會是爲因，猶如雛雞啐母雞啄，蛋殼瞬裂，啐啄同機。何爲「果」？太湖偶遇是爲果，早不到晚不到，時辰機巧，因結前緣，故會同坐共參禪。依鏡空法師所悟，湖畔之見，還是「因」。對出家人來說，涅槃飛躍，擺脫輪迴，才是修行之「果」。海燈法師參悟，一因一果，多因一果，或一因多果，萬物參差。唯其善惡必報，「果」必應「因」。

他倆都讚同對方的參悟。那麼，佛之因果定律，是名爲實行，乃是性空嗎？鏡空法師眼光投向海燈，以探究語氣說：「種瓜得瓜，種豆得豆。前因後果，一因一果。種善得善，種惡得惡，也應了您剛才所言，因果必應。然六祖云：自性起一念惡，滅萬劫善因；自性起一念善，得恆沙惡盡。這裡，一因對萬，對恆河之沙，亦是超脫實行實性，以平常境中，見萬萬千千自性佛性吧？」

海燈法師聽畢，知如此學問，還須深入悟參，也不是幾句話可以參透的。他也一樣，跳過前段，連著鏡空再前一段話說：「嵩山之會是因，湖畔之見還是因，衆因衆善，是諸奉行。禪經常念，不昧良心，亦是不昧因果。修行漫漫，浴火涅槃。如此，修佛者如何看待，報應如影隨形呢，還是不必理會，佛性自在性空？」

說完，鏡空略顯思索，沒有接話，朝海燈微微一笑。海燈也正好抬眼，向鏡空輕輕一笑。兩個人的笑，飽含著一個共同的感受。看似倆人提出了各自的機辯，實際分別從兩個維度，提出了同一個究竟。因果浩瀚，皆從心生。大千世界中，因不必果，果也不抵因。色空大境，萬相萬法，也不是倆人幾個時辰便能參透。他們倆於是約定，漫漫修行路，自悟自成佛。假以時間與苦修，到若干年後，參透悟透，還要把後半場的因果參禪，接著圓滿完成。

鏡空邊走邊想著當年場景，聽濤岩不知不覺間，已經在他身後十幾華里開外了。海燈法師離他更遠，身在四川家鄉，但願安好，順當無恙。鏡空有個突顯的念頭，此時此刻，不知海燈那裡，也會回憶起那次見面那場參禪麼？他們倆個的約定，在未來的歲月裡會實現嗎？世事無常，風動雲湧。心不住法，道卽通流。佛，在永恆的流動中。鏡空瞬間頓悟，海燈入川，自己遠行，蒼蒼大法，悟作突破滯障之機緣，觀照自心皆在於千里之行中。緣起之因，必引菩提之果。

太陽西沉，陽光收斂。水面鱗光隱默，恰使湖水格外清澈見底。鏡空打算在日落之前，趕到浙西地界，那裡的山丘中，常有採藥人搭建的簡易棚屋。他在湖邊雙手捧起一掬水，連喝了幾口，不經意間，又見到了自己在水中的相貌身影。那面容，皮膚已經鬆弛，皺紋爬上額頭，又依稀留存著童顏神色。靜靜的水面下，水流在底下流動，從天目山東，衆多小溪，無數澗流，匯成湧動之水曠渺湖面，浩浩湯湯馳入大運河，千折百迴奔去吳淞江，然後向著東海，無聲無息，遁入博大無垠的海洋。鏡空聽見湖水在輕聲詠歎，猶如聽見兒時的童謠，水中映襯著他少年的英姿風采。在悠悠的旋律裡，又出現了他壯年時的模樣，寧靜端莊神閒氣定，那一聲聲「南無阿彌陀佛」，縈繞在湖面湖底岩石蘆葦樅林雲層，觀世音，天籟音，音如水波，映在心中。水流帶走了他年輕的容貌，淌去了他中年的面相，現在水影中暮年的他，究竟是實相還是幻影？水流東去，後波推前波，秒秒間已經不是前面的他，鏡花水月，映幻無實，皮囊骨頭，如同虛空。鏡空在水中忽然又見到了一善寺的倒影，禪房走廊，鐵鐘石碑，一波波水的漣漪，使殿堂在搖曳，佛座在破裂，香爐的煙在顫抖，他彷佛聞到了湖面飄來的裊裊檀香，那敬佛的煙香，如此的熟悉，如此的氤氳。片刻，水中的景象倏然暗淡。鏡空垂下眼簾，如入無相之境。然而水面如鏡，一個個熟悉的影像，明覺師父、鏡證、鏡轍師兄弟，徐徐而來，又飄然隱去；又見年邁的父母、衆多的佛徒，虔誠敬香，又在水鏡中無聲無息隨波消失。隱隱地，遠際飄來隆隆聲響，像廟宇大柱斷裂，像無數不知名獸類在嘶嚎，像雷聲在地底裡悶悶滾來，他在遠行，聲音在追逐著他，他多麼想，自己像一片菩提葉，在水中飄去；或足踏木片在水面上，行走如雲，粼光飛馳，似有輕功遠離此岸，澹然去處雲水禪心，離一切相，離一切聲音，他覺得在行走中，水中幻身，擺脫了是非、愚昧、迷亂，於相離相，於空離空，走著、行著、口中唸著，那是自在自修行走中般若升華麼？那是自悟自性心念裡觀照顯菩提嗎？

鏡空法師走著，在水的倒影裡，竹杖芒鞋，健步如飛。他先是在心中一遍遍唸著「南無阿彌陀佛」、「南無阿彌陀佛」，漸漸聲音放大，身後的撕裂聲嘶嚎聲惶恐的悶雷聲在悄然退去，一句佛號，一片光明，魑魅魍魎見光則亡，種種造業漸次消失，敬佛人得到諸佛保護關照加持。鏡空常悟常知，心裡唸著，口中唸著，此刻高聲唸著「南無阿彌陀佛」，佛號聲聲，釋五濁惡世，得阿耨多羅三藐三菩提。俗人、居士，即使一生就唸一句南無阿彌陀佛，覺悟天天生，智慧日日漲，晝夜常得諸佛護，心無怖懼自成佛。鏡空想到這裡，感到佛力的恢弘廣闊，佛力越大，罪業越小；佛力普世，人間祥和。湖水鏡中的皮肉，便是色身。色身猶如舍宅，不言皈依，不識自性佛。幸從水中鏡，忽悟法身來。如是參悟乎？法門乎？萬法無定式，心地無非自性戒，心地無癡自性慧，心地無亂自性定。坐著參悟，行腳遠走，一樣遠離塵囂，一樣自性不染，一樣無相三皈依。頓時，鏡空法師徒增佛力，心中佛光明亮，沿著湖邊，對著來風，一聲嚮嗓，引歌高亢，用梵音唱起了《望江南．三皈依》：

歸依眾，梵行四威儀。
願我邊游諸佛土，十方賢聖不相離，
永滅世間癡。
皈依法，法法不思議。
願我六根常寂靜，心如寶月映琉璃，
了法更無疑。
皈依佛，彈指越三祇，
願我速登無上覺，還如佛坐道場時，
能智又能悲。
三界裡，有取總災危。
普願眾生同我願，能與空有善思維，
三寶共住持。

湖光山色，雲層盡染。遠處的丘陵山脈，起伏的逶迤森林，在夕陽的餘暉裡蒼蒼莽莽。暮色中的鏡空法師邊唱邊走，移動的雙腳，揚起的塵埃，梵音歌聲在雲裡、林中、湖邊的小路上縈繞婉轉，如天際佛境飄來，空中悠悠揚起。蕩漾的湖水波濤，輕輕撲岸，水的聲音，在蘆葦、岩石，石堤間，百擊千迴，而後又節奏柔軟，聲浪有力，韻味無窮，和著鏡空的歌聲，跟著他的腳步，那位疾走中的孤僧，清純渾厚的反復詠唱。水天一色間，濤聲就如歌聲，融入無界虛空。漸漸地，越來越清晰，彷佛所有的音節幻化，凝聚成單純的慈悲的一個音韻「南無阿彌陀佛！」梵音佛號，捨棄束縛羈絆，化入不生不滅。那位孤僧沒有猶豫沒有停步，神色安詳寧靜，體態智慧大度，風塵僕僕，無比堅毅的朝著西方走去。

第十二章　天目山傳奇

鏡空法師走一兩天，擇一個地方念經打坐，住上幾天或十幾天，斷斷續續走了十八個月，還沒有走出浙西的山嶺。行腳前帶上的炒麥粉、風乾荸薺、山芋乾片，早已經吃完。東西天目山，路邊的小鎮，嶺壑裡的山村，鏡空去化緣，人們見一個年老的孤僧到來，常常在驚訝之後，伸出援助之手。

大部分的時間裡，鏡空還是選擇走山路，盡量避開城市和小鎮。他不想給自己帶來麻煩，不想與火熱的運動正面相撞。見到人山人海的批鬥會，他就悄悄的遠遠的繞道而行。在行走的路上，幾百米開外一隊人馬喧囂而來，他會出於一種天生的警覺，迅速躲避，或遁入樹林，或藏身於山洞，或隱蔽端坐茅草房裡。他的裝束，人們一看就知是個和尚，大部分民衆，見著他，還是友善禮貌的，暗中挺力相助。革命期間，人們不敢在公衆場合雙手合十，不敢公開口念佛號，但零零星星，總有人見著鏡空法師後，先警惕的觀察四周，見無人注意之際，輕輕地唸出一聲「阿彌陀佛」。偶爾，鏡空法師也能見到激進分子冷酷的眼光，聽到盛氣凌人的呵斥，在鏡空的感覺中，外見若無，形跡杳去。一派平和心境。

時而，他流露出些許憐憫，慈悲面容。諸相非相，皆是虛妄。隱忍守住自心，亦卽護念諸菩薩。

天目山的水，沿著山澗，柔柔流淌，清澈透明。幾股幾股的小溪，遇上大石，毫不猶豫地匯合一起，在石面上衝撞移動，形成小小的瀑布。山裡水流奔馳的地方，幾十塊巨石匯聚的地貌處，形成的瀑布群，煙波霧靄，蔚然壯觀。在鏡空看來，遠遠的望去猶如巨大的水蓮花，一瓣一瓣的盛開。山裡的銀杏樹，與其他地方一樣的挺拔偉岸，鬱鬱蒼蒼，然而，野生的成群成群的銀杏樹出現在眼前，給鏡空的視覺衝擊，還是十分震撼的。遠古時一直靜靜扎根在山裡的，還有聳入雲天的柳杉，它的腰圍足足要三五個人手拉手才能懷抱，斑斑駁駁的樹皮，印記著亙古的滄海歲月。山裡的空氣清新撲鼻，沁人肺腑。灌木叢裡有時飛過幾隻白頸的野雉，樹頭幾十隻紅嘴相思鳥，在枝葉上跳躍歌唱。恍恍惚惚之間，鏡空以爲還在蓮花山的感覺，但一望無際的竹林，還是跟蓮花山顯著區別。山裡的楠竹，粗壯挺直，碧綠抱翠，層層疊疊，連綿七八里，過了一個山頭，又是一片竹林，又是遮天蔽日八九里，那是竹的海洋，翠綠染遍了山巒。鏡空走在竹林間的小道，那地上的磚頭似乎終年濕漉漉的。他聽著，風吹過連綿的竹林，沙沙的竹葉聲，像波浪一樣由遠而近，又層層向前推進散去。他走完人工鋪就的扁磚小路，轉向山裡人自然而然踏出的小徑，曲曲彎彎，逶迤幽長。無數次的來回行走，他在竹林裡也踏出了新的小徑。早春時節，他欣喜地看到，無數的竹筍一夜間鑽出地面。寂靜的拂曉，他憑著聽覺，聽見竹筍拔節生長，那種蓬勃的生命之聲。鏡空沿著竹林小徑，又沿著溪水朔流而上，他想，有水的地方就有可能人居。果然。竹林深處，山岩之下，映入鏡空眼簾的，是一座用竹頭搭建的房屋。

竹屋的門敞開著。或者說，搭建的人本來就沒有用竹子編一扇門，而是在朝南的方向留了一尺多寬的豁口，便於一人進出。鏡空瞥見屋內一角，像小山般堆了一地的，那種天目山特有的小紡錘型的山芋。竹牆上掛了一排排的帶衣殼的玉米，還有燒飯用的鐵鍋蒸籠銅鑵之類。鏡空思忖，屋子的主人不像是採藥人。採藥人搭建的房子，一般沒有這樣寬敞，也不會放著廚具。又見到屋內西南角還有一個大坑，拾級之下，好像還用新土壓著什麼。一瞬間，鏡空明白那是一個簡易的灶，屋主人燒飯過後，用泥土掩蓋，防止不小心火星飛出。

鏡空決定在竹屋前等候主人。他有一種奇新的感覺，似乎這地方來過，似乎這屋子的主人他們曾經認識，他想就在門口找塊地坪一邊打坐，一邊等待主人的歸來。他無意間朝屋簷角上看了一眼，發現上面還掛了一個布做的幌子，像街上酒店的廣告旗幡。幡上有字，鏡空細細一看，見到「來客進屋食宿自便」八個大字。鏡空心頭一熱，一路走來，山裡見到好幾個看山人，寒暄過後，他們都跟他說過這句話。他頓時明白，竹屋主人也是一位熱心腸的看山人。鏡空進屋後，收拾了八九個滾散在地上的天目芋，放到竹籃裡，去了溪邊清洗。又用水桶去溪邊挑了一擔水，倒入水缸。然後慢慢拾級而下，在淺土坑裡撥去泥土燒灶，煮熟了一鍋山芋，竹屋裡飄溢出一股帶甜味的猶如栗子的香味。鏡空細心滅了煙火，安全起見，他也沒有忘記，鏟了邊上泥土蓋住小灶。他再把屋內角角落落打掃了一遍，點上罩燈，才安詳的坐下，從柴垛裡抽出了稻柴，手搓成細繩，慢慢手編起草鞋。

夜深了。山裡刮起了風，身上有些涼颼颼的。熟悉而親切的，那種竹林海浪似的聲音，一陣一陣的傳來。鏡空耳朵靈敏，風聲中他聽見了人的腳步聲，由遠而近走來，他估計屋子的主人回來了。他想起身，來人像一陣風，疾步進門，繼而把手中的土槍掛好，嘴裡說著歡迎客人，動作利索，聲音爽亮。

昏暗的燈光下，鏡空見來人六十歲左右年紀，平頭，身材勻稱，如果沒有額頭眼角的皺紋，可看輕十歲。鏡空心裡暗暗吃驚，來人臉型，眼神，舉手投足，跟三十年前那個突然闖進一善寺大殿的年輕人，幾乎一模一樣。只不過眼前的看山人顯得蒼老而已。記得民國二十八年，也是一個早春的深夜，鏡空在殿裡打坐念經，一模一樣在搖曳的燈光下，忽然面前站著一個年輕人，鏡空不知道他是怎樣進門的，只見得他身手敏捷，用急促的語氣，壓低聲音說著：「大師，救我！蓮花山四周都是日本兵，我被包圍了！我是忠爺部的，上尉谷三生！」

鏡空抬頭見谷三生右手提槍，捂住左臂，左袖上滲出血跡，明白他受傷了。鏡空接過話頭說：「出家人不管挺伯伯，還是忠爺爺，是二十八軍，還是新四軍，中國人的抗日軍隊，中國的出家人，見死不救，何談念佛普渡！」說著，鏡空一邊順手取過平時衆僧用的綁帶，又取了寺裡常用的跌打療傷散一袋，遞給谷三生；一邊眼神示意谷三生跟他走。到殿的西北角，鏡空挪動佛像底座，掀開蓋板，示意來者扶梯而下。鏡空急急對谷三生說：「這條暗道，直通山後，有出口。他們封山的話，你就耐心躲著，不妨待上幾個月。上面的事由老衲頂著，你只管放心。先用藥治傷口，日常我會叫師弟給你送飯。」谷三生轉身，向鏡空鞠躬，想磕頭時被鏡空拉住，昏暗的夜裡，他的眼裡閃著淚光，哽咽地說：「大師救命之恩，我來日相報！」

安頓好上尉谷三生，鏡空急匆匆觀照師弟鏡轍。衆僧馬上聚集在山門後的庭院，人人隨手操著傢伙，或手持木棒，或手持鐵杵，或手持九節鞭，個個神情嚴肅，默默無聲，站立在鏡空的身後。天上沒有月亮，四周一片墨黑，一片寂靜。空氣裡瀰漫著令人恐懼的氣息。鏡證高擎著火把，緊貼鏡空的背後，在火苗的跳動中，衆僧的目光一致投向了山門。

過了十來分鐘，山門外傳來凌亂的腳步聲。靜了十來秒，外面開始敲門。鏡空示意徒弟亦智開門。亦智在把門打開瞬間，見外面人衝進來，雙手攔住，鏡轍也搶先一步與亦智並排擋住山門。外面站著一排日本兵，領頭的跟邊上翻譯嘀咕了幾句，翻譯官上前嚷嚷：「誰是住持？佐藤大尉有話要說！」

鏡空法師跨到鏡轍、亦智前面，雙手合十：「阿彌陀佛！本寺住持鏡空在此！」

翻譯官的手電筒搖晃著，光圈在鏡空身上兜了幾圈。佐藤站在原地也雙手合十，然後手放下後對鏡空說了一段日語，翻譯官正想翻譯，被佐藤叫停，然後用夾生半熟地漢語說：「中國有句俗話，無事不登三寶殿。半夜敲門，多多包涵！本隊執行軍務，萬請大師協助。」

鏡空法師垂下眼簾，一字一句說：「本寺只受理佛事。俗事、軍務等等諸事，老衲一概不理，懇請見諒！」

佐藤把手搭在腰間槍殼上，語氣開始強硬：「據密報，有一個軍統特務在蓮花山區域活動，密謀刺殺政要，皇軍不可等閒視之！本隊奉命搜山，進一善寺，決無打擾衆僧佛祖之意，僅是針對目標，履行任務。」

鏡空稍稍揚起頭，向著對方，再次雙手合十：「佛寺之地，本是淨土。劍矛槍炮，不宜入行；兵戎武裝，更禁入內！一善寺建寺至今，尚無軍隊入境故事，萬容老衲守一方空門禪定。佛祖在上，阿彌陀佛！」

說著，鏡空站立不動。身後亦智、鏡轍，山門內的衆僧，在火把的照映下，一字排列，相容清朗，胸膛挺直，跟著住持鏡空大師，法音沛然，齊聲唸道：「阿彌陀佛！」在寂靜的夜空裡，法音悠悠，氣度恢弘。

佐藤瞥了一眼山門內手持棍棒的衆僧，這場景，他能夠讀懂。

鏡空站著不動，猶如一尊塑像。周邊寂靜無聲，足足兩三分鐘。不見刀光劍影，無聲的境地裡，乃是意志的博弈，一方的堅守朝向風平浪靜；另一方的衝擊必將玉石俱焚。鏡空用眼的餘光，見到佐藤的右手開始拔槍，臉皮猛然抽動，在靜靜的氣息裡，他又把手槍重新放入槍殼，神情慢慢放鬆。鏡空又見他微微向後退了半步，然後揮手示意隊伍，跟著他沿著御道撤去。

日軍走後，鏡空還是在原地站了半晌。然後才回過身來，走進山門。亦智與鏡轍迅速把大門拴住。鏡空面朝眾僧，眼神從一個個弟子臉上駐留片刻，才吐字清晰，朗聲說道：「佛祖在上，善念在心！聽見看見，六門歸於清淨；心無雜染，即是般若三昧。戰爭至今，日軍侵土，生靈塗炭。本住持發心，不允許任何東洋人武裝進入！魏晉以來，一善寺從未有人持槍佩刀邁入山門，菩薩不容驚動，諸佛不可冒犯，更何況侵我國土犯我河山之寇！此處淨土，皆靠眾僧看護相守，堅毅弘法護寺，誠如修行禪定。謹記謹記。阿彌陀佛！」

眾僧齊聲答應：「信受奉行！師父：弟子在，寺廟在！」

鏡空緩和了一下語氣，吩咐：「今夜開始，安排五人執勤，每夜翻班輪值，巡邏護寺。若有不測，及時敲鐘報警，全體上陣，切切不可懈怠。」說著，回頭跟鏡轍法師小聲商議了具體事項，眼光又重新投到了那一排弟子身上，見一個個神情昂揚，豪氣抖擻，心裡十分欣慰。

衆弟子向著師父，見滿滿的堅定與信任的目光看著他們，又想著剛才面對日軍時，師父的凜然正氣，心裡油然添加了勁道力量。他們一個個站在原地，彷佛事先知曉鏡空大師還有什麼話語要囑咐。鏡轍法師報了當夜五個値班人法名，請他們留下。鏡空想叫其他衆僧回寢堂歇息，突然想起，還是要作叮嚀：「寺內諸事，全靠大家！時下抗戰，出家人護寺守土，亦是保家衛國。倘若，生死關頭有抗日義士入寺求救，無論黨派，不問哪個部隊，本寺義不容辭收留，盡力救其性命。救人一命，勝造七級浮屠！」

衆僧聽罷，幾乎與鏡空法師同時，雙手合十，齊聲：「阿彌陀佛！」

山風漸漸停歇，偶爾竹子的葉片還在沙沙傳聲。鏡空回憶到這裡，也慢慢收住了思緒。他朝著那盞玻璃外罩的手提油盞燈，盯看片刻，覺得有些事眞的不可思義，燈的豎形橢圓，鐵絲造型，跟一善寺的抗戰年代的燈一模一樣。燈影的恍惚之間，也猶如那個時候他與谷三生相向坐著對話。不過，鏡空腦筋還是清醒的，他知道，眼下坐在他對面的，跟谷三生相貌近似的漢子，一樣也有故事。

竹屋主人也打量了一下鏡空，利索地取出鍋裡山芋，遞給鏡空。等鏡空喝完一碗稀粥幾顆小天目芋，他也吃了幾個大一點的，又喝了兩碗粥，手掌抹了一下嘴，呲牙一笑，對鏡空說：「我猜，大和尚，不，大法師，來自蘇南蓮花山的鏡空大師吧。」

鏡空回禮：「阿彌陀佛！老衲便是。請問主人，你怎麼一猜就准？」

漢子朗聲說道：「我叫谷大生。我家三弟幾十年前，跟我說起過你。你額頭雙眉中間有顆小痣。謝謝你救了三弟！救命之恩，容我一拜！」說著，起身朝鏡空法師，跪下磕頭。鏡空趕緊起身，一把把他拉起。

這場景，這言談舉止，谷大生就像三十年前的谷三生進暗道前一模一樣。鏡空只覺得時間在輪迴，只是換了一個空間而已。谷三生在暗道裡藏了半年多，先前的幾十天，鏡轍法師每天送飯送菜，還替他療傷。好在谷三生體質好，又加上一善寺的跌打療傷散的藥效，體力恢復了，有時候趁無人之際，就在殿裡，坐在蒲團上跟鏡空閒聊。日軍在山外路口碼頭設了哨卡，蓮花山四周完全被封鎖，倒是一善寺內，成了桃花源。谷三生心裡急著要出山歸隊，一時也無辦法。隔三岔五，谷三生從暗道裡走出，跟鏡空談天說地。時間長了，乾脆問法師討要了僧服，本來他也是光頭，穿了僧衣完全像一個地道的出家人，外人根本無法分辨眞假。寺裡衆僧，也都知曉多了一個野和尚，其中奧妙，個個心知肚明，平日裡也對谷三生敬重有加。在封山的日子裡，谷三生覺得無論如何爲寺裡做點事，就把自己的看家本領擒拿格鬥之術，開課做教習，一一教會寺裡諸僧。更多的時間，他跟著鏡空法師，問佛參禪，或者海闊天空，話語古今。

鏡空法師談及禪宗諸佛，往往虔誠有加，如數珍寶。等到谷三生回憶生平俗事，說他的少年癡狂，考入上海震旦大學，娶妻生子，後又投筆從戎……，往事歷歷，鏡空法師則靜靜傾聽，從不插話，身如座鐘，心如靜湖。

谷三生說，他出身天目山山裡人家，排行第三。父母見他喜歡讀書，三兄弟中就僅供他讀洋學堂，按照家裡長輩的想法，念完小學，謀份賬房先生的飯碗，也就衣食無憂了。他犟頭倔腦，非要去城裡讀中學。讀了兩年，家裡實在無力支撐，叫他回去，他卻跑到了上海，一邊做工，一邊上夜校，硬是考上了大學。他說，在麵粉廠做工時，遇上了他人生中的貴人。

油盞燈的火苗蹿了幾下，彷佛告訴主人將耗盡息氣。谷大生起身添了油，那火苗又穩穩地燃著，竹房裡顯得安詳靜謐。鏡空見谷大生一舉一動，又好像見著了谷三生，那時候，在大殿裡，谷三生也是這樣起身，爲油盞燈加油的。谷大生坐停，對著鏡空，接著剛才的話頭說：「聽三弟說您，我當時也想，什麼時候定要去一善寺，向您致謝。唉，可惜，三弟後來……」谷大生講到這裡，神情悲傷，停頓了片刻，轉了個方向：「我家兄弟三人，就數三弟最聰明，學什麼，像什麼，還無師自通。那年頭，家裡供不起他讀高中，他一個人跑到上海，做小生意，去廠子做工，還能考上大學，想想他眞的不容易。」

鏡空法師微微點頭：「三生跟我說起過，兩位哥哥在家服侍父母，幫不上忙，他心裡愧疚。所以，他在銀行賣力工作，想早點把父母接到上海去住，沒想到戰爭來了，更沒想到，戰爭把他的家給毀了，他夫人、孩子死在日本飛機的轟炸中。慘啊！阿彌陀佛！」

谷大生歎了一口氣：「是啊，我弟媳侄兒死的慘。當年麵粉廠老闆看中我三弟，資助他上大學，還把女兒嫁給他。三弟呢，挺喜歡這女孩，恩愛的不得了。弟媳懷孕時，想吃桑葚，三弟跑了大半個上海，跑到了郊外才買到。如果沒有戰爭，日子過得滋潤呢！」

「是啊，戰火燃處，生靈塗炭。」鏡空微微點頭。

「東洋人毀了家，三弟怎麼能嚥下這口氣！三弟從小性子剛烈，發誓爲死去的愛妻幼子復仇！正巧陳先生他們招募淞滬敵後抗日別動隊，急需大批有文化志士，三弟有學歷，人又機靈，功底扎實，整訓些日子，就成了骨幹。後來在蘇浙皖，忠義救國軍中擔任教官，時常參與敵後暴動、鋤奸、伏擊，湖州那幾個大漢奸，也是他出手擊斃的。」谷大生娓娓道來，神情裡溢滿欽佩的回憶。

鏡空法師聽著谷大生的敍述，眼前卻晃動起谷三生的身影來。他記得，谷三生坐在蒲團上，也是這樣的神情，不緊不慢的說著往事。那年一善寺周邊的桑樹上掛滿了桑子，弟子們滿心歡喜，摘採著放在小匾裡，拿給師父嘗鮮。見谷三生在，也把滿滿的一匾遞了過去。谷三生看著熟透發紫的一顆顆桑葚，一時間癡癡呆呆發愣，跟剛才還是思維敏捷的他，判若兩人，眼裡噙住滿眶的淚。鏡空不知谷三生何故觸景生情，現在才知道，憐香惜妻柔腸琴心，何嘗不是眞漢子。一連多少個夜晚，在油盞燈下，谷三生壓抑著心中的悲憤，又還原到軍人本色，述說著一樁樁過往的歷險。在河灣港汊，在太湖之濱，他指揮過一次次的襲擊日軍汽艇。說到驚險處，他語速放慢，語氣低沉。他說，在對敵游擊戰中，情報就像捷報。伏擊汽艇，他們在岸邊雜草樹叢裡，或在蘆葦叢中，常常提前一兩天埋伏。但也常常情報不確切，或者日軍臨時改變路線，游擊健兒也只得做著無用功夫。谷三生提到一次，他們的伏擊隊伍，剛剛在水面下甩撒漁網，日軍汽艇比預測時間提前到來，向他們伏擊的地方掃射，子彈在他們的頭頂肩膀飛過，打在濕濕的土墩上，發出滋滋的尖叫。然後聽到響起悶悶的咯頓聲，伏擊隊員們知曉，汽艇螺旋槳肯定被漁網掛住了，一個個飛身出擊，投去捆綁的手榴彈。那一仗，打的乾淨利索。鏡空法師幾十年後，還是清晰的記得，描述日軍汽艇被漁網纏住，在湖面上不停的打轉，谷三生的臉上露出像大男孩般帶勁的笑容，他說，那汽艇就像沒頭的蒼蠅，撲騰亂轉。

谷大生靜默片刻，看了一眼鏡空法師，見法師也沉入回憶裡，又稍頓停了一下，接著話頭說：「那次三弟去蓮花山附近白馬橋，跟友黨友軍的地下交通員接頭。不知哪個環節出了問題，三弟走近白馬橋時，覺得周圍氣氛不對。幾個在橋上擺攤做小生意人，三弟覺得十分可疑。他靈機一動，跑到路邊樹林裡假作撒尿，忽見橋上那幾人眼光齊刷刷朝他那邊看，三弟判斷出幺蛾子了。他反應挺快的，迅速朝樹林裡鑽，向山上跑去，後面馬上傳來了槍聲。」

「阿彌陀佛！」鏡空連著說：「谷三生福大命大！左手臂中了槍彈，沒傷筋骨。他常想著歸隊，四周日軍封山，怎麼走得了。衆僧也想了許多法子，也是無計可施。七八個月過後，估計戰場吃緊，部隊調動，才解了圍。」

「歸隊後，三弟去了天目山軍政幹訓班的幾個基地，晉升了少校。」谷大生回憶道：「他回家看過父母兩次，都是匆匆忙忙來去。他哪兒像個軍官樣子，戰場上身先士卒。民國三十年，日軍加強對天目山游擊區的進攻，記得那一年四月，禪源寺被七架日軍戰機炸毀。再前一個月，三弟戰死在磨盤嶺。」說到這裡，谷大生歎了口氣，聲音低了下來。

竹屋裡氣氛凝重。鏡空雙手合十，默默念道：稽首本然淨心地，無盡佛藏大慈尊。南方世界湧香雲，香雨花雲及花雨。寶雨寶雲無數種，爲祥爲瑞遍莊嚴……那是對谷三生遲到的超度。谷大生默默淌著淚水，四周安寂靜謐。屋外竹葉在風中飄拽的窸窸窣窣聲，格外顯得刺耳。谷大生緩緩說道：「那一仗，打了一天一夜，打的昏天黑地。國軍、自衛團傷亡慘重，鬼子不斷增員，三弟指揮隊伍斷後，掩護主力撤離。他們教導隊的，個個身手不凡，槍法極準，地形又熟，還居然把衆多鬼子誘進了一個山凹凹裡，他們在山上推石頭下去，也幹死了不少鬼子兵……」說到這裡，谷大生停了片刻，聲音悲楚低沉：「人啊，生死在天，都是命。三弟他們完成任務，也可離開交戰火線了，偏偏一顆子飛來，其實也沒擊中他，子彈打到了岩石邊上，擦著反彈過來，擊中了三弟的左胸口。」

谷大生慢慢站起身來，取下掛著的帆布包，從褪色的黃書包裡，拿出層層紙包的一張照片，照片上染著一塊血跡。鏡空接過照片，默默看著谷三生一家三口的合影，照片上谷三生西裝筆挺，妻子一身繡花旗袍，兒子海軍藍水手裝束，綻開著天眞純淨的笑容。鏡空法師緩緩回過神來，眼簾下垂，像是喃喃自語，連著輕聲說：「可惜了，可惜了。」

夜色裡，那盞放在桌上的手提油盞燈，玻璃罩內的火苗，好像也有心靈感應，慢慢燈光暗淡下來，過了一歇，又慢慢恢復到原先的亮度。鏡空凝視著火點，他的視線越來越模糊，在火苗裡慢慢映出谷三生的音容笑貌。鏡空在一時間裡，彷彿覺得自己坐在一善寺的大殿裡，一會兒跟穿著對襟藍衫的他在絮叨，一會兒跟穿著僧衣的他在談禪。漸漸地，谷三生微笑著輕盈的在火光裡走來，還是那樣的沉著堅毅，那樣的機警灑脫。鏡空側過臉來，視線又回到了現實，眼光盯著谷大生，問了谷三生落葬經過，輕輕對谷大生說：「過幾天湊你方便，你領我去，到谷三生的墳前，看看他。」

第十三章　心繫茫茫蘆葦蕩

鏡空和尚

幾天後，走了三十里路，谷大生領著鏡空法師來到了谷三生的墓地。

那地方，天目山西的一個朝東南方的高地，懷抱在翠竹綠樹之中。然而，即使走到跟前，也無法知曉這裡埋著一位抗日戰爭中的英勇抵抗者。沒有墓碑，沒有墳頭，一片萋萋荒亂的草叢裡，靜靜地長眠著一個衛國而死的身軀。路上，鏡空摘了一把臘梅枝條，那枝條上的臘梅結滿花蕾，含苞欲放。到了墳前，谷大生向墓地跪下叩頭，他自己是看山人，不便明火點香，於是手持三根清香，輕輕插入了泥土。鏡空手捧一把臘梅虔誠的放上，雙手合十，輕聲念經。

谷大生慢慢抬起頭來，對著搖曳的枯草，彷佛在跟親人拉家常：「三弟啊，鏡空大師來看你了。人世間，有人念記你的，有許多人記得你的。你在那邊好麼，日本人趕走了，勝利了，我知道你開心的。我也知道你這麼多年來，可能覺得冤屈，我家，你二哥家的子女，對對，你的侄兒侄女，不敢說起你，不敢填表時候寫上你，包括我和你二哥，也是一樣，從來在人前不敢提起你，我們也是無奈啊！」說到這裡，谷大生抑制不住內心的積鬱悲憤，失聲痛哭，邊哭邊訴說著，語音嘶啞，含混不清。谷大生斷斷續續的話語，被哭聲撕成碎片，猶如無形的紙錢，愴然淒涼的灑落一地。

人非草木，聽著谷大生泣訴，鏡空心裡也是難抑感傷。谷大生用當地土語說話，說得急切，又在哭泣，鏡空也沒有聽全每一句話。鏡空回想在來的路上，谷大生一直沉默不語，偶爾東一句西一句的扯著話題。谷大生說起，他困惑，他弄不明白，爲啥國軍將士抗日戰爭犧牲，不算烈士？一樣爲國抗敵，八路新四有光榮名分。而國軍呢，卻成了壞人，連親屬也抬不起頭來？

「三弟啊，郎朗日頭，忠義昭天！」谷大生口齒慢慢清晰起來：「我家，對對對，我們姓谷的，谷氏家族上上下下，嘴裡不說，心裡明亮，谷家有你這樣的子孫，長志氣，有臉面，光宗耀祖呢！族譜上有你的名字，雖說如今族譜不能留，燒掉了，三弟啊，他們不認你，谷家認你。會有那一天的，雲過天青，天目大山作證，國家給你應該有的名分榮譽！」

上完墳，鏡空法師朝西走，谷大生默默送了一段路。在離開谷三生墓地時，谷大生蹲下身子，刨開泥土，看著埋在地裡的墓碑依然完好，才放心的站起身來。鏡空法師見此，語音長長的唸著「阿彌陀佛！」谷大生也是雙手合十，念了一聲「阿彌陀佛！」然後，語氣堅定的說：「三弟啊，總有一天，墓碑正大光明的，會豎起來的！」在岔路口，谷大生叮嚀鏡空，一路上小心。

「路途遙遙，隨遇而安。老衲會走走歇歇，放心吧！」鏡空對谷大生說著，一再致謝他這麼多天的照顧。鏡空的想法，在冬天大雪封山之前離開，去向江西境內。這些天還將在山裡走走，他想去看看抗日戰爭時被日本飛機炸毀的禪源寺，順道去昭明峰下，那地方有個太子庵讀書樓，相傳梁代太子蕭統，曾在那裡生活讀書，領著一群文人，編撰了《昭明文選》。鏡空極目望去，清風疊翠的襯映下，仙人頂依稀可見。雲垂萬山，冬來不覺寒；溪流千壑，縹緲若入禪。

鏡空慢慢的走著，腦子裡的畫面一再重疊閃現。一善寺蓮花山的山脊輪廓，跟蒼蒼茫茫的天目山山際，多麼相似何其親切。年少時，跟著師父來過一次禪源寺，記憶中的那個尚未炸毀的古刹，天王殿、韋陀殿、藥師殿、大澍閣、樓雲軒，多麼巍峨恢宏。那數十排僧人誦經的場面，那氣場梵音，那洪亮的鐘聲，當年的影像畫面，如今彷彿還在滿山間悠悠揚揚，清晰的閃現閃回。

七架日軍飛機，盤旋在禪源寺上空，輪番密集地向下投彈，頃刻間，寺院火光衝天，黑煙四起，千年名刹，毀於一旦。那天的場景，鏡空遠在蘇南，沒有親眼看見，二十多年後來到這裡，依舊感受到戰爭給寺院帶來的毀滅感，頹牆碎磚，橫樑焦木，連片的廢墟上已經長上了雜草野藤。鏡空久久地站著，對著滿目殘毀的廢寺，雙手合十，長時間的念經。念畢，他又久久盤桓，不捨離去。他坐在一塊石頭上，不經意間，想起那年頭，日軍飛機對蓮花山下古城的轟炸。

「不好了！不好了！師父，日本飛機轟炸了！你看城裡，濃煙！」亦智慌慌忙忙，指給鏡空看。這聲音，回憶起來，就像在耳邊響起。他記得，他、亦智、鏡轍，還有衆僧，站在蓮花上的御道高處，朝著城裡默默眺望，誰也沒有說話。三架飛機投彈後，呼嘯著猖狂地向東飛去。

戰爭初起，時常有難民上山求助。一善寺也時常臨時接濟路經的逃難者，時常燒著大鍋的米粥，救濟那些可憐人們。鏡空見城裡被炸，連夜召集衆僧，分成兩撥人馬，一部分人手留在一善寺，騰出禪房，接待安頓上山的難民。一部分禪僧跟他進城，去遭難民宅工廠做安撫慈濟。

鏡空來到了倒塌的廠房與民居前。他不明白，爲什麼日機選中一家私人絲廠轟炸，累及了周邊的住宅。後來衆僧紛紛議論，覺得這次轟炸也沒有什麼特定的軍事含義，猜測要麼附近有地下抵抗組織的機構或電台之類，要麼這裡離城市繁華的商業區距離較近，可以起到威懾民衆心理的戰略目的。絲廠老闆娘帶著四個孩子，在廢墟中發瘋似的尋找，丈夫遲遲不見人影，顯然凶多吉少。附近被炸民居倖存的人們，哭聲一片，瀰漫著悲涼淒慘的氣氛。鏡空及衆僧一家一家安撫，建議他們先上山，到一善寺暫住。

一時間，山門前進出的人多了起來。城裡的各類民間慈善團體，紛紛捐助。鄉紳、廠家經理、小店老闆，香客、普通市民、附近農民直接上山，帶來了糧油、被褥、各種生活用品，問候暫住廟裡的難民。

那一天，鏡轍急急匆匆走來，找到鏡空後輕聲耳語，說是城裡商會會長苗一兮差人來報，擇日上山見鏡空大師。差人帶來苗會長口信，說見面選一個寂靜旮旯，方便兩個人說話。鏡空馬上領會話中意思，會面談話完全無須旁人，只在他與苗會長之間進行，地點要遠離人們視線。鏡空思襯，苗會長往常上山進寺，後面跟隨幾人，或是家眷，或是手下僱員，敬香過後，盤坐個把時辰，與鏡空法師談天說地，從來不避開任何人。專程派人關照，可見這次會面機密重要。

鏡空對師弟鏡轍說：「就定在我自己的寢堂會面。到時候煩你把他領進來，定下日子後，茶水、茶几先要準備，苗會長腰椎不太好，椅子選有扶手的，靠背墊別忘了一起放上。」

「明白，師兄。我會在外面察看，你們放心說話就是了。」鏡輸說著，心想抗戰至今，苗會長經營的遠東飯店、麗亞絲廠、五洲南北貨鋪，常常率先發起動員社會募捐資軍。城市被日軍佔領後，他們只得轉入地下進行資助。日軍搜索盤查日趨嚴厲，一旦發現即以通敵罪逮捕鎮壓。苗會長親自上山，跟鏡空大師密商，必然是大義之事。

苗會長乘一頂兩人抬的小轎，走小路上山。鏡輸在齋堂邊上的小門口接應。倆個轎夫由亦智接引去小歇喝茶。苗會長跟著鏡輸繞過齋堂邊的柴房，走小徑直接穿過一個圓洞門，拐過幾株天竺映襯的小廊，逕直走向鏡空的寢堂。鏡空已經在門口等候，與苗會長寒暄幾句後，一起進去。

「大師，此次上山我是來向您求助的。」苗會長開門見山，直奔主題。

「戰亂之中救眾人於水火，俗界佛界有責任之擔當的。阿彌陀佛！」鏡空應道。

苗會長大體說了，他的遠東飯店，地處水路交匯要道，成了各路抵抗武裝的一個地下交通站了。忠爺也好，挺伯也罷，或是廿八小兄弟，或是蘆蕩新四軍，他們的交通員、傷員、臨時調動赴前線的指揮員，常常落腳在此，短則小住一兩天，長則十天半月。陽澄湖蘆葦蕩裡，有數十個新四軍傷員，急需藥品與糧食。當地農民，自己口糧十分吃緊，吃了上頓沒下頓，已經竭盡全力了。以前救助，苗會長跟城裡士紳私下裡多次募集藥品糧食衣被，通過村民搖船送了過去。近期日軍風聲鶴唳草木皆兵，各城門加了崗哨，盤查嚴厲。年輕的男人，幾乎都無法順利進出，反復查驗良民證，莫名其妙扣押關起來，等待地保出面指認。新四軍有兩個特派員，來市裡籌集物資，在遠東飯店已經住了半個多月了，他們急需歸隊，還有我們購買募集的東西，也急需運到蘆蕩，外面風聲這麼緊，想了許多辦法，想來想去要麻煩一善寺了。

鏡空法師默默聽著。苗會長提到的民間的叫法，忠爺自然是指忠義救國軍，鏡空及一善寺的衆僧冒著風險，救過這個抗日武裝的人。挺伯是挺進軍，廿八兄弟指國軍廿八軍，都是抗日軍隊，如今新四軍傷員，堅守在茫茫蘆葦蕩，有困難，需支援，不管何黨何派，理該一視同仁。鏡空心裡跟苗會長一樣萬分焦慮。

鏡空急切說：「外面風聲確實緊張。大街小巷貼滿佈告，甚至於貼到了我們一善寺的外牆上。蘆葦蕩裡所需物資，肯定要籌好送到。苗會長來，想必也有自己的籌劃方案？」

「初步設想，方案是兩線並行，蘆蕩會合。」苗會長品了一口茶，壓低聲音，把自己的設想，和盤托出。「苗會長自己乘四人抬的轎子，出北邊城門，跟隨幾個挑夫。兩個新四軍特派員，或是扮作轎夫，或是扮作挑夫，具體身份由他搞定良民證，冒充持證者。替代者必須記住原件人的生平親屬姓名，無一破綻後，再做確定。他籌集的藥品醫療用品，放在轎子的座位底下。他畢竟是城裡的頭面人物，一般情形下，日軍還不至於叫他下轎，拆開底座檢查。

鏡空法師點頭接應：「明白了。這是你的一條線，主要送藥。我們一條線，考慮送糧。」

「大師就是大師，我不用多說，你立刻知曉。」苗會長會心一笑，滿滿的欽佩語氣。

「城裡轟炸後，你派人不斷往山上送糧，我就尋思著你可能有別的資助計劃。」鏡空一邊手持念珠，一邊說著：「一善寺對外的粥棚救濟，用的社會各界捐助的大米麥片。苗會長差人送的，我們堆放在庫房。這次援助新四軍，好派用場了。」

苗會長微微笑著說：「我也是從長計議。日軍對民間糧食看的緊，各界送物資到廟裡，一般不太會引人注意。糧食囤在城裡不安全的，夜長夢多。」

鏡空聽著，心裡還是想早些知道，糧食怎麼運過去。苗會長像有心靈感應似的，馬上說了：「我家祖籍在東田涇，我的堂叔前些日子過世了，要做五七，僱船請您和衆僧去超度。到了那裡就是新四軍的地盤了。就是這事情不單單是做道場，給你帶來很大的險情。」

「我清楚了。」鏡空堅毅說著：「苗會長放心，糧食藏在船上，隨我們一起帶過去。城裡出去，水陸都有關卡。我這裡出去，走水路附近遇不到水上崗卡。但我知道，田涇離新四軍游擊區近，有水陸卡子，盤查比較緊的。」

苗會長肯定的說：「田涇有水陸卡子的，水上也有汽艇巡視。好在卡子往外望去，一片連一片的蘆葦蕩。崗哨建的高，天黑的話，行船不升桅桿，也看不清的。」

鏡空替苗會長斟茶，坐定說：「本寺常年顧的船不大，一般也不升帆。兩個船夫對蘆葦蕩熟悉，偏僻的航道，人家不知道，他們駕輕就熟。這麼說，在時間上，我的船過田涇，要等天黑。」

「我的人馬過田涇崗哨，也要正好天烏澈澈，看不清人影的時候。」苗會長說著：「這天，洋行鄭老闆的兒子滿月慶典，人家四十多歲，正室沒有生育，娶了個妾，喜得貴子，自然要在老宅基大擺排場慶祝。城裡頭面人物，少說也要有二十幾條船經過田涇，像我乘轎子去的，也要幾桌人馬。這麼多人前去賀喜，都要經過日軍關卡，他們就十來個人檢查，這個時段裡，要忙死他們了。」

「苗會長做事周密啊！」鏡空心裡明白，這個資軍計劃，落實下來，苗會長費了許多心血。他在等待，等待一個時機，好神不知鬼不覺的把人員送出去，物資又好平平安安抵達蘆葦蕩。謀事在人成事在天，看似機緣，無謀則無機，心誠則天成。鏡空覺得，成人之美，亦是佛之本義，自有佛祖保佑。在那個水天暗下來的時刻，他的船，與苗會長、以及衆多前去吃滿月酒的客船客轎，同時經過田涇的水域。他走蘆葦蕩內的偏僻航道，在蘆葦和夜色掩護下，逃避崗哨檢查，直抵東田涇，那裡就有新四軍人馬接應了，然後再去苗會長堂叔家做道場。不用苗會長細說，鏡空也能猜測，他們那些前去田涇賀喜的人中，肯定苗會長也作了安排，混雜知情可靠人士，叫他們在關卡崗哨檢查的時候，盡力拖延時間，或製造小事端，吸引日軍注意力放在湖邊岸上。

再仔細考慮，鏡空法師覺得好像還有環節要銜接，就問道：「那你帶的醫療藥品，要在到田涇之前轉移到我們船上。兩線並行，還要約個地點先匯合。」

苗會長有自己的預案，說：「陽澄湖西岸有個小灣，三面柳樹，緊靠羅漢堂，這個灣口叫羅漢灣。碼頭很小，外人只當是農家淘米洗菜用的，一般想不到這裡能靠一艘船。到了那裡，不僅把藥品轉交給你，兩個新四軍特派員也交給你了，上你的船。」

「阿彌陀佛！」鏡空思索片刻說：「本寺佛祖祖傳的跌打療傷散，我也帶上。蘆葦蕩裡的傷兵用得著的。我也備上兩套僧衣，兩個特派員上船後，做幾個時辰的小沙彌，以防萬一日軍突然出現。」

苗會長補充曰：「做船夫也行。其中一個戰士，入伍前是浙江海邊的漁民，搖船撐篙非常內行。讓他們自己選擇，扮演起拿手的角色，不易看破。」

出發那天，天陰沉沉的，湖面上也是灰蒙蒙的。苗會長一行出城門，沿著湖邊走。鏡空的船，一路上順風順水。兩隊人馬在預定的傍晚時分會師羅漢灣。交接後，苗會長起轎，繼續朝田涇方向趕路。鏡空他們一行，則把船駛入茫茫蘆葦蕩，沿著蕩內航道，繞過田涇崗哨站，向東進發。

兩個新四軍特派員，在上船前跟苗會長話別。感謝他的掩護，感謝城裡各界父老鄉紳，冒著生命危險支援抗日部隊。他們言語樸素，神情眞摯。苗會長回應說，抗日不分你我，用得著我們時儘管講。望著他們站在船頭，遠遠的還在揮手，苗會長站在岸邊，抱拳舉過頭頂致意，心裡淌著暖流，那是做了一件善事後的愉悅舒適感。更讓苗會長心頭熱烘烘的，他們說的一句帶著溫度的話。他們說，在蘆葦蕩裡聽首長說過，抗日是全民族的抗戰，這次進城執行任務，切身體驗到了，民衆的力量巨大啊。苗會長覺得，他就是全民族中的一份子，出力衛國，無上榮光，哪怕腦袋繫在腰帶上，押上自己的性命，去做這一切，值得。

苗會長見船駛入茫茫蘆葦，才返身進轎。想著剛才出城門時的險情，心裡還是驚魂不定。當時，他們一行被日軍崗哨攔住，厲聲盤問轎夫，翻開挑夫的衣服，仔細檢查他們擔子裡的禮品。苗會長在轎子裡靜靜看著，他擔心兩個新四軍特派員露出破綻，他在出發前，一遍遍叮嚀，萬不得已，不要開口說話，話越少越好。他把視線投向翻譯，看到現場有兩個翻譯，一個是日軍自帶的，一個是華人翻譯。轎夫機靈，往日籍翻譯那邊靠去，苗會長心裡稍稍安穩些，他知道，日方翻譯是無法細膩的區分吳語方言的，那兩個戰士是浙江人，都說吳語，但畢竟在語音上跟此地的方言發音有差異。住在遠東飯店的日子裡，他倆基本上每天做的事，就是模仿當地城裡話，常用語的方言，學得大體可以蒙混過關了。苗會長見他們遞良民證，好像日方兵士問了幾句，他們流暢回答了，沒遇上什麼麻煩。

苗會長見一個小頭目似的日軍走過來，馬上遞上了自己的名片。名片用日文印製，標明自己的身份。苗會長用蹩腳的語音，吐出幾個日語單詞：佐藤大尉、友達，私たちは友達てす，意在向檢查官說明，他是佐藤大尉的朋友。這個日本軍曹，上上下下打量了一番，見苗會長一副紳士派頭，向他微微點頭致意，好像還用荒腔走板的日語說了おはようこさいます，你好之類的禮貌語，目光慢慢從頭移向腳下。苗會長也跟著他的目光悄悄朝轎子座位下邊看去，這一看，嚇了苗會長一大跳，他馬上保持鎮靜，用腳踏住了兩粒白色的藥片。日本軍曹顯然看到了苗會長的這個動作，至於有沒有看見藥片，苗會長心裡不清楚。

日本軍曹盯著苗會長的臉，眼睛不眨看了少說十秒鐘。這十秒鐘，對苗會長而言，就像站在懸崖邊，一個霹靂就會墜入深淵。苗會長極力放鬆面部肌肉，眼簾下垂著用餘光打量對方，在對方死死盯住自己十幾秒鐘後，那軍曹嘴裡嘰咕，聲音提的高高的說了幾句，顯然是說給其他軍人聽的。苗會長一句都聽不懂，有個單詞他聽明白了，那是日語「友達」。還沒等苗會長回過神來，軍曹右臂橫向，手掌朝上做了放行的動作。

這時候，苗會長心裡的石頭落地，但心中的餘悸，久久驚顫。出了城門，苗會長的心還是噗蓼噗蓼亂跳的。如果日本軍曹看見藥片，也許會徹底搜查他的轎子，也許會用刺刀挑開他轎子的底座，也許會在搜出他底座內藏的一包藥及醫用小器械後，兇狠地搧他耳光，日軍蜂擁而上，立馬把他逮捕。他不敢繼續想下去，他覺得如果事情眞的暴露，他把一切罪過自己攬下，只認自己想走私賺幾個錢，是一樁生意買賣，想在赴宴期間物色買貨的下家。他被逮捕坐牢，或者其它處置，也只得認命，可那些藥品不能到達蘆葦蕩，他心裡深深的惋惜。還有，兩個新四軍的特派員會處在極端危險之中，他也想好了，他會向檢查的日軍提出，他人留下來，他不能去參加洋行鄭老闆的喜慶宴，那挑夫以及抬擔的禮品懇求放行。到了這份上，苗會長覺得，眞的只能聽天由命了。好在一場驚恐過去，他心裡暗自慶幸。那麼奇怪的是，那藥片怎麼會從座位下的隙縫裡漏出來呢？他怎麼會這麼大意呢？他記得匯集的藥片，有瓶裝的，許多確是散片，那些張家大爺李家嫂子，那些販夫走卒士農工商，那些店主經理老闆，通過各種渠道，省下自己的用藥，悄悄支援前線。在苗會長的社交圈子裡，他就收到檀香扇作坊小老闆駱老先生送來六片阿司匹林，說是他夫人產後醫生開的，她不捨得用，叫他找路徑送給抗日的將士。苗會長在家裡，跟家人一起，用牛皮紙把藥片包了兩層，包了好幾個小包，一般情況下也不會破損。轎子走出城門二三里地光景，苗會長仔細檢查了底座，發現確實有木刺洋釘裸露，刺穿布袋與紙包後，藥片從座位小指寬的隙縫裡滾了出來。

苗會長暗自慶幸自己反應快，見到底座踏板上白色的小東西，他幾乎不假思索用腳踏住了，成功躲過了日軍的眼光。隨著他慢慢回憶，一個細節一個細節的回放，他又突然想起，他發現地下白東西的時候，那個軍曹的頭顱已經伸進了轎子的窗框，他竭力喚醒起當時的場景，那個軍曹的眼光顯然也是朝下，朝向了苗會長腳板周圍。這麼說，那白色藥片，日本軍曹應該先於苗會長看到。想到這裡，苗會長背心發涼，身上冒出冷汗，腦子一片混沌，越想越害怕了起來。他輕輕挑開轎子的窗帘，看看後頭有沒有追兵。遠遠望去，古老的城牆逶迤蒼莽，或隱或現。後面路上行人寥寥無幾，他才慢慢的，心裡的塵埃落定。他又再次挑開小窗簾仔細觀察後面，看了幾分鐘後，心裡還不怎麼相信，難道這場險情就這麼過去了？他迅速彎腰掀開座位，把刺破的布袋子，洞口上挽了一個結。又脫下馬褂，塞進了布包與木板之間。重新坐停當後，心跳才悄悄地慢了下來。他又想，也許他多慮了，那個日本軍曹看來壓根兒沒見到地上面的東西，當時他忙著客套打招呼，軍曹也回應點了點頭，注意力也許不知不覺中分散了。苗會長的感覺中，細細想來還覺得，那個日本軍曹的臉好像在哪兒見過。思索了半天，想了起來，南京汪偽政權出版的報紙上，肯定見過這個人的大照片。照片上的這個日本軍人抱著一個這裡的鄉下孩子，臉上露著歡喜的笑容。

鏡空法師從蘆蕩返回一善寺，苗會長專程再次上山。品茶之時，苗會長把路上經歷敍述了一遍，說的慢悠悠的，鏡空聽著覺得心裡驚恐萬分，心跳急遽。好在一路還算順趟，倆人幾乎同時說了句：「菩薩保佑啊！」苗會長懇切說：

「此次行動，多虧了大師幫助，萬分感謝一善寺衆僧啊！」鏡空雙手合十，臉色莊重：「苗先生客氣了！俗人僧人，皆爲炎黃子孫。民族危亡之際，救人救命，也是本寺份內之事。你難道容易嗎？明面上要跟日僞周旋，暗地裡募捐募藥援軍衛國，自家的飯店成了交通站，掩護各路抗日人士。稍一不愼，後果難測！你是把自己的身家性命都押上了啊！」

苗會長淡淡一笑，說：「也沒想那麼多！人在做，天在看，不昧良心就是了。」

「別人不知，天知地知，佛祖在上，亦知！不昧良心，亦如頓悟本心，卽爲佛性，今生後世，定有好報。」鏡空法師眞心說道。苗會長又說，一路上沒有打岔出事，完全是菩薩顯靈。表達誠心謝意，他送了三只新做的功德箱，還認了一尊菩薩供養。說著，叫手下跟班先付了一年供養香火費。鏡空也叫了寺內管賬僧人，做了記錄，擇日公佈施主姓名與款項數目。

第十四章　跟隨佛祖慧能大師的足跡

鏡空的記憶，穿越到了二十幾年前的抗日烽火歲月。回過神來，發覺自己還是坐在西天目的大山上。眼前的禪源寺，礫瓦碎磚，殘壁焦柱。野藤的葉片風中抖動飄零，料峭的冷氣裡，瀰漫著廢敗毀棄淒曠的荒涼。他緩緩起身，不經意間腳被什麼東西絆了一下，看地面上好像露出些許鐵片。他又彎下腰，輕輕撥開泥土，見到燒焦破碎的背包，周邊灑落的日記本紙片與泥土黏爲一體。他輕輕翻了一下，見到了幾枚鐵製的、銅製的學校畢業證章，幾片碎布的下面，還有一張殘缺不全的大一點的紙片，上面印著青天白日徽記，仔細分辨字跡才知道，那是一份抗敵自衛團司令部的委任狀。鏡空覺得，那些紙片證章，猶如一個個魂符，殘留著主人身體的餘溫，黏附著幽幽的氣脈。他深深吸了一口氣，念了一聲「阿彌陀佛！」，十分虔誠地，小心翼翼地，用周圍的泥土，重新把見到的東西覆蓋住，不願驚動那些逝去的魂靈。

西北風穿過大山的肩頭，一陣陣凌厲地吹拂，撲面冰冷。鏡空解開了一個布兜，裡面放著一雙棉鞋和一雙布鞋，那是谷大生臨別時送給他的。他取出一雙布鞋，圓口平底，鞋底還用車輪胎橡膠釘了掌。鏡空穿到了腳上，匹合舒適，挺結實的。心裡想著，但願這雙鞋可以穿到小池鎮的長江渡口不破損。他的行腳路線，從天目下山，走皖南，沿贛北的鄱陽湖，直達湖北黃梅。多少年來，鏡空心裡一直有個心願，去黃梅東山，拜謁天下禪宗的發源地。在那裡，五祖弘忍說法揚道，六祖慧能承繼衣鉢，那是一片巍巍禪林，那是禪宗佛徒心靈的故鄉。

一路上，鏡空風餐露宿，卻精神矍爍。對俗人來說，餓一頓飽一頓，又要長時間的行走，顯然是一種淒苦的經歷。鏡空自開悟後，近似辟穀的閉關修行，漫長的禪定，清心潔身，念佛吃齋，怡然見性。結束閉關後，鏡空覺得，他對口慾、飢飽的體驗有一種升華，經得起外界任何的誘惑，半飢半飽，或者空腹，也能承受飢腸轆轆身寒餒凍。一路走，在平原上，他步履矯健。走近鄱陽湖時，在一條寬大的土路旁，他遇上了一條大狗。那狗高高的，瘦瘦的，全身黃色的皮毛，眼睛明亮又柔和，遠遠盯著他，十分安靜的守候，彷佛在等一個熟悉的親人。鏡空走近，它站起來奔過來，圍著鏡空搖尾，然後朝一條小路走去。鏡空見犬，突然想起年少時在學政大人家後院，他脫口誦了一首吟犬詩，衆人交口稱讚。

他心裡明白，小詩討巧之處，恰恰吟的不是眞實的犬，那是脫形的意象。眼前的這條犬，活生生的，渾身充溢著靈氣。鏡空想起了一位香客，一個研究動物學的大學教授曾經告訴過他，類似這樣的犬只，學名叫中華田園犬，跟華夏文明史幾乎同步進化而來，土生土長地地道道的本土狗。那條黃狗見鏡空繼續朝前走，又回過來繞著轉圈，然後又向小路小跑。鏡空法師突然明白，那條狗是在向他表示，不走大路走小路，示意他跟著狗狗走。鏡空轉過身來，跟著黃狗，一前一後，沿著鄉間小道走去。

不遠處，泥土打了一座土牆。院落中孤零零的一座房，似乎裡面有人站著或跪著。跟著黃狗，走近了，鏡空從裡面傳出的哭泣聲判斷，這戶人家在辦喪事。果眞，從裡面出來一個五十來歲模樣的婦人，頭戴素花，腰束白帶，臂上繫著黑紗，見了黃狗，對著黃狗叫「小和尚，小和尚，」，又朝著黃狗數落說：「半天不見人影，你跑哪兒去了？」鏡空跟在黃狗後面，聽婦人叫小和尚，吃了一驚，回過神來，才知老婦在呼喚狗狗，原來黃狗的名字叫小和尚。

老婦人抬起頭，見小和尚後面跟了一位老和尚，先是愣了一下，繼而趕快請鏡空進屋。對著白布蒙住的逝者大聲說，你好福氣，如今哪有和尚不請自來？

鏡空安祥地聽著絮絮叨叨，老婦人跟鏡空說，逝者是她的男人，莫名其妙成了漏網富農被批鬥。男人好面子，想不開投了湖，等衆人救上來，人已經沒用了。說著泣著，邊上逝者的兒子女兒也一起哭了。子女們也對鏡空說，父親一生心善信佛。常年吃素，沒想到就這樣走了。鏡空法師默默盤腿坐了下來，取出木魚，輕輕念經，敲槌爲逝者超度。那條黃狗通人性，不吃不喝，無聲無息，陪伴在鏡空身邊，和家裡人一起，靜靜地守靈。拂曉，鏡空要趕路，逝者兒子執意開了機帆船相送，穿過鄱陽湖湖面走弓弦路，不走陸上的弓背路，好讓鏡空去黃梅的路走的近些，人也省力些。黃狗不聲不響，一路跟在後面。見鏡空他們上了船，它沿著湖岸，一路跟隨奔跑，直到湖岸斷頭地方不能再奔了，黃狗站立在那裡，依依不捨地凝視著船只遠去。逝者兒子對鏡空說，那條黃狗跟著他父親主人，也是從來不吃葷的東西，一直吃素。吃素的狗狗是不會叫的，他們也從來沒有聽見狗狗叫過。狗狗通靈，主人拜佛敬香，它永遠跟在邊上，默默仰視，像主人一樣的虔誠。

鏡空法師坐在船頭，朝岸上黃狗站立的方向，雙手合十，唸著「阿彌陀佛」。他這時明白了，那家人叫黃狗的名字「小和尚」，還眞是十分的貼切。

湖面波浪輕揚，船兒顛簸著行進。鏡空一眼望去，水勢浩渺，迫擊船幫的水聲，韻律起伏，自自然然，幾無雜音。湖面上沒有其它船隻，給人以一種荒蕪之感，岸邊的蘆葦也是稀稀疏疏，遠沒有陽澄湖那邊的蘆葦蓬勃茂密。鏡空不由想起了那次去蘆蕩爲新四軍送糧送藥，他的船借著夜色在蘆葦叢中行駛，生怕發出一絲聲音，一路上提心吊膽的。又聽苗會長說了他那邊差一點出事的險情，細細想想也是捏了一把汗。這些事，隨著抗戰勝利，也漸漸淡忘了，鏡空深知苗會長爲人，做事低調，他不會向新政權邀功請賞。

五十年代初，鏡空萬萬沒有想到，憑空牽出了別的事端來。兩個穿著列寧裝的幹部模樣的人，進了一善寺，一副嚴肅的面孔，不理任何人直接找住持。鏡空看了蓋著紅章的介紹信，才知道來人是軍管會的。鏡空急忙請兩個幹部進了客堂，落座後，他們就開始盤問抗戰時候的事。鏡空靜靜聽著，專心回答每個提問。漸漸地聽出了眉目，他們是在調查苗會長。鏡空如實說了抗戰中苗會長做得點點滴滴善舉，詳敘了一遍他與苗會長一起冒險援助新四軍的經過。從對答中鏡空感知，他們其實知道苗會長暗中支持抗日武裝的許多細節，兜著圈子在找苗會長跟日本人之間的關係。鏡空法師心裡慢慢警覺起來，覺得他們來者不善，自己要說好每一句話。鏡空靜氣地端坐著，偶爾抬起眼簾看看對方。無意之間，鏡空覺得他們中的一位，戴著軍帽下的眼睛面孔，似乎在哪兒見過。鏡空在腦中追索，馬上回憶起，他不正是新四軍的特派員麼？曾經扮著挑夫跟苗會長出城，後來又上船跟鏡空一路到了蘆蕩。鏡空見他一本正經，一副幹部的派頭，全然沒有抗戰年代靈活憨厚的小戰士影子，彷彿從來不認識鏡空似的。鏡空心裡愈加明白，公事公辦，按照他們的指示，端莊寫上書面證明，仔細校看後，鄭重的寫上法名，還按印了指紋。

兩個幹部走後，鏡空久久坐在那裡，暗暗替苗會長擔心。山下風雲變幻，鎮反運動方興未艾。城裡那些頭面人物一個個關押審查，張三李四奮起揭發，大會小會推波助瀾，鏡空在寺裡也時有所聞。出家人慈悲爲懷，鏡空法師爲衆生，尤其爲那些熟識的香客，默默念了《觀音經》。願衆生皆得，解脫羅刹之難。推落大火坑，火坑變成池；飄流入巨海，波浪不能沒。願天下太平，衆生安寧。鏡空一遍遍，念了無數遍的「南無觀世音菩薩！」

苗會長就像在地球上消失似的，不見人影，也沒有任何消息。有些跟苗會長熟識的香客，上山來敬香，鏡空偶爾問起，或者一臉的懵懂，或者諱莫如深。

五六年的隆冬，天色漸黑，西北風凌厲吹刮。鏡空法師站在殿前的台階上，看著弟子們準備關上山門。忽而見來人裹著棉襖，步履蹣跚地慢慢走進來。鏡空心想，這麼晚還來寺裡，香客一定遇上了難事，來敬拜菩薩保佑。鏡空不由自主地迎上前去，來人顯然認出了鏡空，朝著鏡空微笑，雙手合十：「鏡空大師好！阿彌陀佛！」

聲音很熟，眼神很熟，來人戴著棉帽，帽簷壓到了眉際，鏡空無法跟記憶中的哪個熟人聯繫起來，出於禮貌，鏡空急忙雙手合十回禮：「施主好！阿彌陀佛！」

來人見鏡空沒認出自己，就脫下帽子，凝視著說：「大師認不出我了？」說著，兩手搭著帽子端放在前身，臉上露出澹然而又拘謹的笑容。

「苗會長！」鏡空瞬間認出了對方。鏡空心裡驚訝，眼前的苗會長，動作遲鈍，面黃肌瘦，頭髮稀疏飛白，身體有點兒佝僂，彷彿縮小了一個圈。鏡空往前迎上去，一面招呼亦智攙扶苗會長，自己忙說：「苗會長，天冷，先去膳房吃些東西，暖暖身體！」

鏡空法師陪著苗會長，倆人各自吃了一碗素交麵。鏡空說，不夠的話，再添。

苗會長忙擺手說：「夠了夠了。一善寺的素交麵還是原汁原味的老味道，想來已經好多年沒吃了。」眾僧見苗會長來，都圍過來問寒問暖，大家說了些吉祥祈福的話，像是事前約定似的，沒有一個問苗會長這幾年怎麼人不見了。鏡空關照亦智，去客堂爲苗會長準備睡鋪，鋪好乾淨的被褥枕頭。這麼晚了，天寒地凍，苗會長年紀大了，留他在寺裡住下。鏡輸見師兄想跟苗會長敍舊暢談的樣子，急忙去搬了兩張椅子，他沒忘記，苗會長腰椎不好，特意拿了一個棉靠背墊子。

眾僧見狀，悄悄退了出去。鏡輸泡茶，一隻茶壺，兩個杯子放好，熟練地斟了茶，也輕輕把門掖上，站到了外面。亦智做完事，勸鏡輸法師回房就寢，自己站在外面替班。燈影下，苗會長品茗，掀開茶杯蓋子，微微吹了口氣，香味直衝鼻腔，慢悠悠說：「好茶，新茶！今年的碧螺春啊！」鏡空覺得，苗會長這時候說話的語氣，還有舉止表情，又回到了以前，溫文敦厚，雍容雅緻。

鏡空法師替苗會長斟茶，自己也一邊品茶，一邊說茶葉是自己種的，半山腰的一塊地，濕度正好，那個地方出的茶口感上佳。苗會長說些陳年舊事，彷彿回到了幾十年前時常上山來，帶來城裡許多新聞。坪門鋪了方石新馬路，南寺塔邊開了郵電局。張老闆的絲廠在青龍河畔開業，李老闆的火柴廠公司在萬年橋邊掛牌。苗會長歎了口氣說，若是日本人不來，大家的日子過得一天比一天好。日本人來了，苦日子就沒有斷過。鏡空了解苗會長，捧上茶杯，他會慢慢打開話匣子。鏡空聽著，偶爾插一兩句，也不打斷他的思路，讓他盡興說。

話題轉到了抗戰年代，鏡空大師說，那些年頭苗會長不容易。城裡辦粥棚救濟難民，開工不足，還要收留些人就業。暗裡援助各路抗日武裝，明裡還要應付日僞當局。眞是心眼吊到了喉嚨口，步步驚險。這些事，佛之知見，積德積善。正念本心，修福亦修道。鏡空法師說到這裡，加重了語氣：「所以啊，苗會長，好人還是有好報的。今天你能來，足見佛祖在上，蒼天有眼！」

「阿彌陀佛！這麼說，眞的感謝佛祖！」苗會長虔誠的低聲說：「我關進去，身邊一個個拉出去槍斃，想想驚心肉跳。我能倖存下來，得感謝三個我幫救過的，現在還活著的新四軍軍人作證，如今他們做江浙的縣鄉一級的幹部了。沒有他們作證，我這把骨頭就不知在哪裡了。」

「人，還是有良心的！」鏡空法師回應道。

苗會長感歎，人被關了五年，出來了，一點也趕不上時代潮流了，許多新名詞的含義不懂，大會小會上不知道怎麼說話，搞也搞不清什麼叫思想檢討，什麼叫公私合營。仔細琢磨，眼看自己的店鋪、絲廠、大飯店一個個合營成了大集體，慢慢頭腦也開竅了，原來這就是所有制改造。資產本是身外物，留條命在，活著就好。說到這裡，苗會長順手拿杯子抿了口茶，鏡空見他的手在哆嗦，像是患了帕金森病。苗會長顯然知曉自己的手在顫抖，稍有不慎茶水會潑在棉襖上，他遲緩地用另一個左手搭住茶杯，才平穩的再喝了一口。鏡空法師了解他，幼時讀四書五經，做了一輩子的紳士體面人，如今還是極力撐住自己，不給人留下失態的印象。想到這裡，鏡空對苗會長又是同情又是悲憫。

鏡空法師看著對方，關切的問：「苗會長下來還有什麼打算？」

苗會長淒然一笑，說：「也沒想好。要麼去做點小生意糊口，聽說以後跑單幫也不允許，那只能走一步看一步了。當務之急先要去房管所申請住所，我的那些房產被他們收去了，回不去了。這幾天住在二女兒家，也不是長久之計，自己總要有個容身之處。」

鏡空提議苗會長先在寺裡住下，等身體硬朗些再回城。苗會長沒有接受，住了一夜，第二天就急著要下山。鏡空法師送到山門口，又沿著御道走了一段，苗會長站住腳，堅持叫鏡空法師留步，雙手合十，輕聲告辭。苗會長走了幾步，突然想起了什麼，又回過來對鏡空說：「大師盛情，我苗某人眞心眞意謝了！我會常來一善寺的。下次見面，大師千萬不要再稱呼我苗會長了。他們說，現在是新社會，不許叫老爺少爺先生小姐，只能叫同志。新社會也沒有會長董事經理，只叫書記廠長。你就叫我老苗就是了！」

聽苗會長這麼一說，鏡空立馬反應過來，確實再這麼稱呼，可能對他，對自己，都會惹上麻煩。那就叫他苗同志吧，想想不對，苗會長不是組織裡的人。苗會長自稱老苗，小苗老苗這麼稱呼，鏡空也覺得不妥，苗會長畢竟過去是城裡的頭面人物。鏡空略一停頓後，接著說：「苗會長，那你下次來，我就叫你苗老！」

苗會長聽罷，卽刻懂得其中的涵義，心中一陣溫情，眼淚差點奪眶而出。

鏡空一直站著目送，苗會長慢慢走遠。鏡空眼中，苗會長以前的背影挺直偉岸，眼下佝僂著彷彿縮成一團，像一團墨點漸行漸小，直至消失。苗會長這次走後，多少年沒見再來，杳無音訊。鏡空向上山的香客打聽，有人說苗會長吃安眠藥死了，也有人說是突然暴病死去的。苗會長下山時的身影，那一團沉重移動的墨點，成了鏡空最後的記憶。那一句「苗老」的稱呼，再也沒有機會叫他了，竟然成了絕唱。

想到這裡，鏡空法師望著茫茫無際的鄱陽湖水，不禁悵然歎息。坐在船頭，他如一尊坐佛，雙手合十，輕聲念經：妙音觀世音，梵音海潮音。勝彼世間音，是故須常念。念念勿生疑，觀世音淨聖。……慈眼視衆生，福聚海無量，是故應頂禮。經聲悠悠揚揚，水聲擊擊蕩蕩。世事來去，皆在波濤聲音中。鏡空覺得，水天一色，肉眼天眼慧眼法眼佛眼，化身觀大千世界，皆見衆生世相，諸相非相，即見如來，則無則空則忽然音色皆靜，無相無音。抬眼再看，船已靠在一個小碼頭，船主靜靜坐在另一頭。

船主動作麻利地擱好跳板，小心地扶著鏡空法師上岸。鏡空致謝他的相助，船主憨厚的連連說，是鏡空幫了他家，當今如何能請到法師替家父做佛事，實在是機緣巧合，也是家父的善緣福分。家父健在時，有時跟著念念《金剛經》。家父常說砍柴擔水行船渡人，也是修行，皆能成佛。能送大師一段路程，前世修來的福分，小事一樁，菩薩心不應住色佈施。

鏡空心想，人人皆有佛性。剛才那個開船人的話，清澈如水，直至本心，自性覺悟即時近佛，法身清淨即是如來。如來者，無所從來，亦無所從去。自性般若之光，觀照修行之人，點燃智慧之火。鏡空法師上岸後，走田徑上公路，走過一個個指向黃梅的路碑，步履穩健，一路向西，一路觀相體悟。遠遠地，望見了黃梅東山，走了一個時辰，抬頭視線中的東山禪寺，巍峨高大，參差坐落在半山腰處。這一刻，鏡空法師悲喜交集，猶如濤聲拍岸處，心如不動，如來而動，亦露亦電，如夢如幻。一瞬間，見惑煩惱思惑煩惱無明煩惱，風捲殘雲，悉聽之處靜無聲，雲蒸霞蔚，風和日麗。

鏡空大師頓覺這裡曾經來過，周圍的景色親切熟悉。他站在東山禪寺前，再次確認肯定來過。回憶起來那是一場記憶淸晰的夢。細細想來，還是他未出家前，一個名叫文顯允的他，長跪在文家祠堂，累了睡著了，當時做的夢境。少年的他醒來時，也覺得奇怪，他只去過一善寺，夢境裡的山脈、樹林，半山處疊疊層層的寺廟，完全是另一個地方陌生的佛門聖地。五十年後，怎麼會想到夢裡的場景，絲毫不差的再現眼前？就連現在，從山上沿石級而下，踽踽獨行的一個人影，看不淸臉龐，像僧人模樣又不穿袈裟，那一舉一動步履身影，也跟夢裡的一模一樣。現實與夢境在多少年後的邂逅，驚歎之時，鏡空還感受到了似乎總有一種看不見的神秘力量，在夢裡、在機緣巧合裡，暗暗推動著演繹著再現著奇妙的世間萬象。

坐地日行萬里，眨眼穿越千年。鏡空大師遙望著白蓮峰，思緒徘徊到了禪佛大興的盛唐時代。一千多年前，那個唐高宗時的二十一歲的青年，偶爾一次賣柴的機緣，聽得店客誦經，豁然開悟，決心去湖北蘄州黃梅，禮拜五祖禪師弘忍。這個年輕人以驚人的悟性，得到五祖秘傳授衣，遂成禪宗六祖慧能大師。鏡空想，當年的慧能也是走這條古道石級路上山的嗎？從嶺南到黃梅東山，慧能走了三十多天。自己從蘇南到這裡，走了三年多。跨越了千年時空，那是歷經滄桑修得的佛緣，逾越了山河大地泉源溪澗，宛如白駒過隙，在日月星辰裡的相會。當年，慧能北行求佛拜師，瞬間的立志，百折不回堅定皈依，這力量來自於內心的直覺。鏡空自己呢，風餐露宿千里行腳，決意拜謁禪宗祖源地，不也是發心的體現直覺的推動？阿彌陀佛！直覺告訴他，他只能走，把殘垣斷壁的一善寺裝載在心裡，他在，寺廟在佛也在，他無愧面對禪宗佛祖。他突然覺得，他來到這裡虔誠的崇敬膜拜，更是莊嚴的慈航護法。他想著，青少年時的看破執著，離家上山，拜師學佛；中年時的不斷開悟，淨心參禪，慈悲眾生；老年了，又辭寺行腳，一路修行，追尋先知。世事無常，紅塵多桀，然而他從來沒有任何的算計，用世俗語言表達，沒有念思過任何的利慾。他只是在自己的內心之處，不斷地悟，時時悟，處處悟。佛猶覺也，開覺，示覺，悟覺，入覺，直指知見。佛的知見，就在本心。鏡空瞬間頓悟，在走向大徹大悟菩提的道路上，開示悟入四門，莫向外求，不一無二。那麼在入世與出世的門口，沒有天性的直覺，怎麼進入四門？沒有進門後的一路直覺參禪，又何來開佛知見明心見性？他悟得，直覺便是頓悟，便是思維的閃電，驅迷的塔燈。佛就在其中，心中向善把握的一剎那間，指引渡向彼岸。鏡空覺得，慧能在這裡剖柴、踏碓、舂米八個月，便是在勞作中，爲法忘軀，不離自性，自心常生智慧。五祖弘忍大師杖擊石碓三下，慧能立刻領悟，便是直覺的閃現，無上的般若。沒有直覺，沒有頓悟，便不會有夜半三更袈裟圍燈方丈堂內的五祖說經，就不會有慧能言下大悟領受頓教衣缽的奇蹟。那一個三更夜，微明燈火，傳遞到了慧能，禪宗的智慧之光閃亮，從此流佈江河湖海，閃耀千家萬戶，至今生生不熄，不動不搖，觀照著恆河之沙一樣多的靈魂本性。

鏡空三天三夜徜徉，東山禪寺內不見一個人影。廣大的殿堂，逶迤的長廊，一片寂靜安寧。山門前的幾棵古朴樹，虬枝抖峭，默默無聲。鏡空就像自己滴入了時間的流裡，一樣的沒有聲音。這幾天沒有太陽，他也沒有影子。偶爾聽見遠處鵓鴣的鳴叫，間或頭頂划過幾隻撲翅的喜鵲，他滿心的歡喜。在時間的流裡，他似乎看見了神秀自書南廊壁間的偈：「身是菩提樹，心如明鏡台。時時勤拂拭，勿使惹塵埃。」字跡端莊，禪意眞誠。依此偈修，免墮惡道；依此偈修，有大利益。兩天後，還是在南廊之壁，在此偈旁邊，慧能也作了一偈：「菩提本無樹，明鏡亦非台。本來無一物，何處惹塵埃。」慧能不識字，此偈由江州別駕張日用代爲書寫，書畢，心中暗暗吃驚。衆僧見此偈，無不嗟牙驚歎，視慧能爲肉身菩薩再現。唯有五祖弘忍，此時此刻，在衆僧驚怪的眼神下，用鞋擦去了慧能的偈。後來慧能解釋：師父怕有人加害於他，遂作此舉。鏡空覺得，五祖確實在默默保護慧能。同時，五祖又何嘗不是一樣在呵護著神秀？鏡空知道，神秀的偈，其實是有〈無相偈〉題名的，而慧能的偈是否同名或亦有別名，無從考證。神秀的偈，爲什麼五祖當衆讚賞，而不把衣缽傳給他？慧能的偈，五祖爲什麼當衆擦去說「亦未見性」，而把衣缽秘傳給他？鏡空在長廊踽踽而行，想著悟著，在想著五祖擦偈動作的剎那間，鏡空忽然大悟：五祖不是用自己的言行，暗喻了慧能的偈才是眞正的無相？直指本心的無相頓悟，才是禪宗的眞諦！神秀的無相偈，名爲無相，還是有相。身心俱相，勤拭勿怠。依神秀之偈，有相修行，可向善遠惡，可求利來益。禪門一宗，亦可自成流派。慧能的偈，無名可考，樹台無物，一概無相。擦去字跡，實虛內外，隱去本偈亦無相。依慧能之偈修行，一切萬法，不離自性。無相修行，直指本心。頓悟識本心，自性即見佛。禪宗正脈，慧能承傳，如萬川歸江，遂成主流。

風吹過來，這風拂過魏晉南北朝的煙雨樓台，似乎一直等候慧能的呼吸。在時間的流裡，鏡空在寂靜的寺院中，仍然感受到來自盛唐的智者的氣息。那明亮的眼，充滿悟性的睿智。那日月星辰，鐫刻著慧能的大徹大悟光芒。禪宗佛學，一代一代相傳，在慧能心的福田，成熟壯大，枝繁葉茂，流光璀璨。鏡空站在山上，俯瞰東山宛如鳳凰，這鳳凰從古至今，便是凝固的智慧，永恆的涅槃。鏡空撫摸著蘇軾手書「流響」的石刻，細細體悟那穿越唐宋的曠古佛音；鏡空小歇於聽泉亭，感歎五祖的直覺慧眼和膽識。後人紀念五祖的真身殿，大門緊閉，封條在寒風中蕭瑟飄抖。鏡空法師只得在門外，雙手合十，長跪不起。

鏡空法師就像回到熟悉的故土，虔誠的伏拜中，周身感受到了：落在山頭樹梢，草叢溪水，山門佛殿之間的，往日鼎盛的香火，繚繞的鐘聲。這裡，他就是朝聖者，向五祖請教，跟六祖問禪。佛祖猶如他心靈的明鏡，觀照著自己內心。

他是那個鏡像中的鏡空法師麼？是，又不是。行走的是肉身，佛陀的徹悟無形無語，不斷的頓悟從直覺走向自覺。他念佛、抄經、打坐、閉關，多少年來沒有片刻的懈怠，即使世間刀光劍影風雲變幻，他堅守一方淨土，他只順從佛的旨意。面朝禪宗祖庭之地，他心如純水，問心無愧。他心中溫暖，崇敬知足。

山澗的水，汩汩流淌。匯聚到白蓮池，水波溫柔，平靜如鏡，須臾間安逸休息後，又向山下奔騰。鏡空法師聽著水聲由小變大，慢慢跟著水流，往山下走去。快到飛虹橋的時候，橋下的流泉與澗水交融，發出激越的聲響，在山谷迴蕩。他要向祖寺告辭了，他要跟隨慧能大師的足跡，繼續遠足行腳。鏡空在飛虹橋上盤桓，忽然想起，不知哪朝哪代哪個大師，也不知從哪座橋上走過參悟說「人從橋上過，橋流水不流。」心裡如如不動，瓦屋石橋，乃是淸淨之物，宛如入定，何來流水之動？一眞一切眞，萬境自如如。那麼，橋的凝固亦是虛幻，怎麼可能是靜止的？無上菩提心，見自本心，不生不滅。鏡空悟得，從古至今，不變的是本心，今人與古人共參佛性，無障礙，不自縛，心不住法，那跨越的橋，豈不是在心裡流動的橋？千里迢迢，來到東山寺，與五祖六祖靠近，跟眞佛敬近，佛的道路是流動的，常離諸境，他隨著兩位大師的腳印，走向般若波羅蜜多。

那個秘傳衣缽的深夜，五祖當卽決定送慧能離開禪寺，來到江邊，一葉小舟，漂流南去。五祖親自把櫓搖船，對慧能何等的器重！慧能堅持請師父坐自己搖櫓，又是何等的自信自渡！迷時師度，悟了自度，慧能一席話，映入濤濤長江茫茫夜空，此時此景，他的襟懷坦白自識心境，他的毅然搖櫓沉靜灑脫，他在五祖明亮的眼光注視下，他在水聲韻動的音律中，不緊不慢，似急似悠，渡過了江，到達了南岸。這場景，本身是個隱喻，由色入空，慧能到達了本心的彼岸。那一去，就是十六年的隱遁，歷盡艱辛，修成正果，眞正接過衣缽，跨進六祖參禪講經的時代。

黃梅小池，橫壩頭渡口。鏡空見到的水，似乎是唐朝的水；見到的船，就是那艘慧能搖櫓的船。江還是那條江，水還是那奔騰的水，換了人間，不變的是拍擊堤岸的觀世音。鏡空靜靜坐在江邊，任江水在腳底湧動，浪花裡，時空中，他隱隱聽到弘忍與慧能的對話，聲音越來越清晰，親切而凝重。

五祖弘忍叮囑：「好好行腳，努力向南。以後的佛法，要由你傳播大行。」

慧能點頭答曰：「蒙師傳法，今已得悟。謝師恩！師父，你也要多多保重！」

弘忍臉色平靜說：「我老了。你離開後，我估計三年時間也要逝世了。」

慧能立即說：「不會的，不會的！祝福師父長壽！您說的，佛法的興起傳播是很難的事，我會按照您的囑咐，這幾年不會馬上說法。有您在，一枝一葉，皆爲世界；一花五葉，尙需時間。佛祖會保佑您的。」

鏡空覺得，慧能的語氣，淸澈而眞誠。南渡後的歲月，證實了慧能的先覺與大智。五祖眞的長壽，暗暗保護著遠在嶺南的慧能，讓他的一枝一葉，慢慢枝繁葉茂，到他十五年後圓寂，南方禪宗佛法蔚然成林，普利衆生。鏡空還是坐著看著，一艘艘渡輪航班駛向南岸。時空重疊交錯，色還是原色，空還是原空。他要等天慢慢暗下去，他要等最後的一班渡輪，他要像弘忍與慧能一樣，在深深的夜色裡，身與靈度到彼岸。鏡空邁著堅毅而又穩健的步伐，悄悄登上了最後一班渡江輪船。他選了一個靠窗的座位，面向窗外的星空。輕輕地，搖著心裡的船櫓，跟隨著佛祖一起南渡，一樣的江水，一樣的悟道，一樣的櫓聲撥波。船艙裡稀稀落落幾個人，有人在打盹，有人在發呆。鏡空座位的不遠處，母子倆人的對話，傳入他的耳際。孩子依偎在母親懷裡，奶聲奶氣說：「媽媽，媽媽，什麼時候我們渡江不再乘船，等長江上造了橋，我們從橋上走，多好多快啊！」母親又像喃喃自語又像對孩子說：「快了快了，馬上造橋了！」

想起剛才在江邊行走，鏡空看見灘塗豎起了吊塔，連片的簡易倉庫堆滿了鋼材，人們在工地上一片忙碌。他知道要造橋了。又想起在東山禪寺飛虹橋上的所思所悟，當下聽得一對母子的的對話，鏡空法師突然頓悟，橋流水不流，馬上建的長江大橋，不正是一座禪意中的流動的橋？

第十五章　梅子熟時梔子香

船靠南岸，汽笛長鳴，劃破茫茫夜空。

鏡空法師一刻也沒停留，在黑夜裡他想找一家農戶過夜，或者找一個廟宇打坐，唯獨沒想過向廬山行進，找一個山洞安頓。他抬頭望著不遠處的五老峰，在茫茫夜空裡就如一堆墨團，完全看不清參差的山峰。鏡空少年時幻想，聆聽白鹿洞書院的讀書聲，到三疊泉洗塵，去牯嶺街行走，登漢陽峰山頂。歲歲年年過去，鏡空忽然感悟，這座山這些年演繹了太多的世俗大故事。天地如蓬，人生如寄，自己是一個行腳的孤僧，既然五蘊皆空，無永恆本性，那座山在鏡空心裡，是山是色，俗政染然。翻手爲雲，覆手爲雨，貌似重如崑崙，在他看來則輕如鴻毛，虛空無測，無重量，亦無高度。這座山，是山不是山，是非之山不是山，癡迷之山不是山，迷亂之山不是山，不執著於外相色境，念念無相，即時離相，方乃自由自在。

幾天後，鏡空步履快捷，廬山隱去了景色，已經在地平線的那頭。幾年裡，鏡空走遍贛湘的山山水水，似乎在等待一個佛緣，從從容容翻越南嶺，去寶林寺，再續跟隨慧能大師足跡的曠古佛緣。在水一方，有塘，有河，有江，水波的拍擊聲，浪花的翻騰裡，鏡空沿著堤岸走，灌水燒茶，濯足洗面。河面有時會飄來一大片野生小菱，翹角如芒，香甜爽口，鏡空會慢慢咀嚼，在菱葉浮漂的河灣邊靜靜地坐上半天。一個仲秋季節，他糊里糊塗走偏了路徑，等他再返回，前不著村後不著店，化緣來的食物也正好吃完了，體力似乎已經到了極致。走著走著，一灣水塘邊，他欣喜的發現了成片的水稻，孤零零的生長在那裡，周圍沒有任何田地，只有蘆葦、水草以及雜亂的灌木，鏡空斷定，那是一片野生的稻。大自然彷佛知道他斷炊，突然的慷慨地給與他生命的能量。

幾乎每一條水道，它的側翼，它的邊遠，與它鄰望的，那是無際的南方丘陵，秀氣的逶迤山脈。鏡空行走在山山水水，偶爾出現幾塊平原盆地，灑落在連綿的山嶺間，常常有幾縷炊煙，幾戶人家。小村莊的人見到他，先是驚奇，繼而熱情淳樸，給他飯糰，遞他山芋，送給他山裡的種種土產。

傍晚時分，莊稼漢會說：「老和尚，你看天快黑了，山裡趕路危險，就住下吧！」天雨時刻，老大嬸會喊住他：「老和尚，進屋吧，這麼大年紀，怎麼經得起風吹雨淋？」雲和日麗天氣，那些山裡的兒童，也會蹦蹦跳跳圍著他：「老和尚，老和尚，你從哪裡來，你到哪裡去？先別走，先別走，跟我們講講山外好故事吧！」智者親水，仁者近山，禪者慈悲，山水皆在性空之中。鏡空會像講經一般，端坐在石頭上，面容慈祥，如數家珍。童子們會圍著他，拍著手嚷嚷「老和尚，老和尚，快快說，快快說，我們聽著呢！」鏡空法師微笑著，慢慢說起了《九色鹿》的佛經故事：「很久很久以前，離這裡很遠很遠的印度恆河邊上，無憂無慮生活著一頭漂亮的鹿。那頭鹿，頭上的角是銀白的，像玉像水晶。身上有九種顏色呢，像披著彩霞一般的美麗。那天，一個名叫迪奧達的人掉到了河裡，眼看被湍急的水流沖走，他抱住一根木頭呼救。九色鹿見狀，毫不猶豫跳進了河裡，拼盡全力，馱著救起了落水人。」

小朋友們聽到這裡，一齊拍手。一個個像麻雀般的嘰嘰喳喳，有的說九色鹿真勇敢，有的說九色鹿心真好。扎著沖天辮的小妹妹單手舉起說：「大家靜靜，大家靜靜。故事還沒完呢，聽老和尚繼續說。」鏡空雙手合十，輕聲念：「阿彌陀佛！」見大家靜了，接著把故事說下去：「迪奧達感謝九色鹿的救命之恩，願意做奴僕來侍奉。九色鹿說，我救你不是圖你來做我奴僕的，早點回家吧，家裡人等著你呢。九色鹿又說，你不要跟人說起我，也不要告訴任何人我住的地方，就是對我知恩圖報了。迪奧達發誓，恩人放心，我不會告訴任何人。背信棄義的話，會渾身生瘡嘴裡流膿。」

鏡空講到這裡，略略停頓。童子們一齊催著問鏡空：「後來呢？後來呢？」鏡空賣了個關子，反問小朋友們：「迪奧達能守信用做到嗎？」大家有的說能，有的說可能做不到。放牛小哥斜著眼，歪著臉，舉手說做不到，臉上一本正經肯定的神色。鏡空問放牛小哥：「你說說，爲什麼？」放牛小哥說：「假如有人出好大好大的價錢，給好多好多的金子給迪奧達，他就可能心動。」小朋友們一致譴責，對鏡空讓道，老和尚，老和尚，別聽他的，放牛小哥經常像做夢，想把一頭牛賣三頭牛的價錢，然後再買一頭回家。鏡空對孩童們說，放牛小哥猜對了，迪奧達爲了貪戀好多好多的金子還有半個國家的土地，出賣了九色鹿。

「啊！」聽到這裡，童子們齊聲歎息。鏡空娓娓道來：「這個國家的王后，夢裡見著了九色鹿，她要九色鹿的皮毛做衣裳。國王順她依他，下令在全國找九色鹿，許諾誰找到，就賞他半個國家的土地和許多許多金子銀子。」

沖天辮小妹妹插嘴說：「我知道啦，我知道啦，迪奧達爲了貪財，向國王告密啦！」大家擺手，叫小妹妹別嚷嚷，聽老和尚說。鏡空接著說：「小妹妹也猜對了！迪奧達告了密，還帶著國王和軍隊去抓九色鹿呢！九色鹿見迪奧達帶了軍隊包圍它，立刻明白了怎麼回事兒。九色鹿很勇敢，不慌不忙，向國王訴說了它與迪奧達的約定。衆人知道了眞相，都說迪奧達忘恩負義。這時候迪奧達突然渾身長瘡嘴裡流膿。國王心裡明白了，下令全國不准傷害九色鹿。從此以後，這個國家風調雨順，五穀豐登，鹿群們在恆河邊自由自在生活。」

小朋友們紛紛說，那國王有沒有感到受騙糊塗而愧疚呢？那迪奧達有沒有受到處罰呢？鏡空法師順著孩子們的提問，回答：「國王知道了眞相，心裡很慚愧啊！他斥責迪奧達恩將仇報，一個見利忘義的小人！」放牛小哥和沖天辮小妹，這時候幾乎同時大聲嚷嚷，那國王應該嚴罰迪奧達。衆童子盯著問鏡空，故事完了嗎？鏡空和善的點點頭。大家立卽像炸開了鍋，一齊說，老和尚老和尚，爲什麼國王只是罵罵迪奧達呢？故事的結局裡，爲什麼沒有重重處罰迪奧達呢？

「那大家說說，爲什麼呀？」鏡空法師把問題輕輕拋給了孩子們。個頭高高瘦瘦的帶頭哥說：「我說國王太仁慈！如果我做國王，像迪奧達這樣的壞蛋，關他幾年，叫他好好反省。」另一個肉嘟嘟的胖妹子不同意，她說：「國王心軟是個好國王。迪奧達身上長瘡嘴裡流膿，也是受到了懲罰，大家知道他是壞人！」沖天辮小妹支持胖妹子姐姐，也說國王是好人。沖天辮小妹補充說：「如果我做九色鹿，我才不會去救迪奧達這樣的壞人呢！」鏡空法師微笑著專注地聽著童子們的議論，見放牛小哥在思索，還沒說話，就對放牛小哥說：「大夥兒都發表了看法，你也說說你的高見呀？」

放牛小哥撓撓頭皮，讓道：「叫我說呀，誰也不要跟迪奧達玩，大家永遠不理它。以後遇見這樣的人，大夥兒也不要去幫它。誰叫他的心眼兒那麼壞呢？」

眾童子紛紛表示讚成。大家又一齊對鏡空說：「老和尚，老和尚，我們說的對不對呀？好人幫好人，好人不幫壞人！」

鏡空看著，笑著說：「幫人還分好人壞人呀？你怎麼知道他是好人壞人呀？」

眾小夥伴們瞪大眼睛，一齊盯著鏡空，急切的想聽老和尚怎麼說。鏡空露出柔軟的眼神，那親和的話語，猶如一顆顆種子，播撒在眾童子的心田：「待人呀，不管別人善與不善，自己要心善。做事呢，不管別人好還是不好，自己要做好。處世啊就是生活就是過日子啊，不管別人對的還是不對，自己要選對。」

「懂了，懂了，老和尚爺爺，我們先做好自己！」小夥伴們拍著手，一齊說。

「那就再回到《九色鹿》的故事上來，」鏡空緩緩說道：「每個人聽了這個故事，都會有自己的感悟，也有各人不同的心得。在老和尚爺爺看來，這個故事呀還在進行中，九色鹿以後還會去救人。對對對，救過壞人依舊要救人，見過不善良依舊要善良。」

衆夥伴把鏡空老和尚講的故事回家跟大人說了，長輩們都說講得好。老和尚在一個早晨要離開村莊趕路了，帶頭哥率領村裡的小朋友，圍住鏡空，拉著手依依不捨。大夥兒想多留鏡空幾天。放牛小哥仰著頭問：「老爺爺和尚，你什麼時候再來？」鏡空點頭說：「會來的，會來的。」沖天辮小妹妹說：「老和尚爺爺，明年梅花開的時候來哦，等梅子熟了，我們採給你吃。」鏡空彎下腰笑著說：「好的，好的。梅子熟時梔子香，留香之處皆佛緣。」鏡空拄著拐杖，一步三回頭，頻頻跟衆童子揮手，又深深地向孩子們鞠躬，雙手合十，默默爲孩子們祈福。

鏡空的身影慢慢在衆童子的視線裡朦朧，漸漸淡化而去，消失在遠際的綿綿山嶺之中。鏡空依舊徜徉在水山草林，徒步于溪澗荒徑。華南數百里上千里的丘陵山脈，無數的小廟宇，時常是他的棲身之處。幾年的雲遊，他憑瞬間眼光的掃描，從蜿蜒上山的參差倒伏的野草小路，便可大致判斷寺廟的遠近。密佈的岩石後面，他也可憑山風間歇的呼喚，看樹林灌木的搖曳，找到藏身的洞穴。那些荊棘草叢遮掩的山洞，更是他安全打坐的禪房。

層林疊嶂，灑滿陽光。金色的深秋季裡，凡是有廟宇的地方，就有高大挺拔的銀杏樹，遍地金黃色的扇形銀杏葉，風吹拂過去，捲起深黃或者淡黃色的微波，時而也會飄飄揚揚起來，又輕輕盤桓落到樹的周邊，彷彿不願離開大樹的懷抱。鏡空靜靜打坐，坐久了，他就沿著大樹，慢慢地悠悠地轉起圈子，猶如在法輪轉經，節奏勻稱，步履緩健。他立刻想起一善寺，每到這個季節，也是遍地的金黃，不遠處鐘聲繚繞。然而現在，沒有木魚聲，沒有鐘聲，只有無限的空寂。前些日子，鏡空佇立樹下，看著樹上的果子紛紛掉下，他一一收集起來，放入缽中，用手把果子外的軟皮搓去，露出一個個潔白的銀杏果。

鏡空把銀杏果鋪在地上陰乾，放入袋子中。他出去化緣，常常帶著它。施主給他米麵雜食，他也時常熟練地從袋子中掏出扁圓的銀杏果，握在手中，還贈給他們，手掌攤開，往往不多不少九顆。施主在欣喜之餘，笑納收下，一聲「阿彌陀佛！」後，把老和尚給的銀杏果，誠虔地莊重地放入空空的神龕中。這時候，鏡空的臉上泛起溫暖安然喜悅的笑容，周邊洋溢著祥和的氣息。

回到小寺，剛坐下，鏡空發現環境有哪兒不對勁。想了一下，發現還有一袋子的銀杏果不見了。矮矮的供桌腳邊，靠近他天天打坐的蒲團邊上，用報紙裹著兩個白饅頭。顯然，饅頭不是供品，是有意留給鏡空的。以後幾天，鏡空發現，他坐的地方，或者放著半塊燒餅，或者放著一個米糰，或者放著幾個芋頭。

鏡空默默接受著食物，吃在口中，謝在心裡。他用餐前，莊重地雙手合十，無數次的默謝那些不會謀面的施主，願菩薩保佑好心人。他得繼續趕路，風塵僕僕，走了幾十里，走了三五百里，一個奇蹟始終跟隨著他：住小山洞，山洞里會出現留著餘溫的饅頭大餅；逗留破落的廟宇，廟裡會放上一碗水幾片餅乾。有時尷尬，前不著店後不著村，鏡空就靜靜地半躺在山崖下。即便如此，晌午後等他醒來，山崖下神奇的多出了半碗麵條，一雙竹片削成的筷子恭敬的放在他的面前。

這麼說，有人一直在跟著，在做著隱形的施主？鏡空想著，那爲什麼這個人要躲著他，不讓他看見眞實的人呢？鏡空慢慢起身，緩緩地吃了麵條，那麵條帶著熱度，施主顯然十分用心，在某個地方燒熱了送來，還對鏡空起居規律十分熟悉。想到這裡，鏡空心裡暖暖的，但還是不甚明白，那個施主爲啥如此盡心盡力呢？鏡空極目遠望，又對四周細細視眺，他覺得，那個神秘的施主不會走遠，似乎就在附近，在一叢灌木後面，在幾塊巨石下邊，也可能在連綿的翠竹深處。他突然想起，那個人會不會躲在樹上？鏡空朝向樹的枝頭，眼前是成片成片的野栗子樹，樹不高，一眼望到樹梢，一顆顆毛茸茸的栗子掛在樹枝上，隨風柔柔地搖蕩。幾隻松鼠，快捷地前後左右跳躍，一會兒又從上往下蕩鞦韆。一隻體態碩大的松鼠，彷彿老道的鑑賞家，專挑由青泛黃的大栗球，用它粗蓬的尾巴掃貨，片刻功夫栗球紛紛落地，松鼠們敏捷的跳下樹來，把裂開的蹦出的栗子，雙手捧住，送進嘴裡咀嚼，那一連串的動作，歡暢流利，憨態可掬。

萬物皆有靈啊，鏡空心裡感歎。秋陽暴曬下的栗球，成熟後自然從樹梢上落地，黃色的帶刺的外殼失去了盔甲的功能，露裸出一顆顆肉粒。鏡空想到，這遍地的野栗子，收集起來，眞是天賜的食糧。想到這裡，他匆匆回到大崖石下，取了一個袋子去栗樹林間，撿起一粒粒的野栗子，放入口袋。

片刻功夫，拾了一袋子。鏡空慢慢走回崖下。他坐著整理，把一袋野栗子分成兩小袋，中間晚了結結，便於跨肩背著。正要起身，見麵碗底下壓了半張紙，學生用的練習本撕下的紙上，分明寫著幾個大字。鏡空拿起紙條，見上面寫著：「危險，速離！」鏡空看畢，心裡一驚。他環顧左右，看不到也聽不見一絲危險的跡象，他又下意識的用鼻子聞聞，似乎空間瀰漫著不可名狀的戾氣。紙條上的字，一看便知報信者練過書法，橫豎點捺筆力遒勁，卻在匆忙中寫就，隱隱透露出情形的緊急。

來不及多想，鏡空迅速離開大石岩。他判斷，遠離人口稠密的縣城，遠離公社所在地的小鎮，就多一分安全。如果紙條上情形屬實，在眼下這個地方，也須遠離大型的村落。以往的日子，一路上鏡空遇見年長的施主，常常好心提醒：「老和尚，小心點，那些戴紅袖章的人，會抓你的。」鏡空回禮，也常常說：「謝謝施主！老衲孤身一人，跟人無冤無仇，他們犯得著這麼做麼？」人們臉上神態急切，勸道：「老和尚，還是小心爲好！你是什錦菜，抓你去陪斗，台上就成全家宴了。假如再誣你什麼事，你這麼大年紀了，折騰不起的。」鏡空憑著直覺，回憶來到這地方，這個縣的地盤上，隱隱約約瀰漫著肅殺之氣：不像其他地方的人，見著他發自內心的禮貌或者敬意。這裡的人，見著他冷漠的避開，生怕惹上什麼腥氣似的。好幾次，在鄉間的小道上，他躲進樹林，避開迎面走來的人群，那些人常常捆綁著押著一個人，一邊抽打，一邊押送，那些個被打者，不知被押去何方。

鏡空向樹林茂密處進發。要跑得快，他只得把一袋子野栗，找了一個樹洞安放。他稍稍站定，辨別了一下方向，決定朝南的大方向不變，還是沿著山脈走，多走些偏僻的小徑。走了半個時辰，他覺得不遠處的山下有嘈雜的聲音傳來，而且伴隨著急促的嘶厲威脅的調門。鏡空視線迅速檢索，周邊幸好草木茂盛，不遠處有一大塊一大塊的巨石。以他的經驗，那些巨石的後邊會有容身的空隙，萬不得已，可暫時找個藏身之處。鏡空繞過一塊塊石頭，走到一塊不顯眼的緊靠山體的石頭後邊，他發現縫隙雖小，擠進去後，裡面空間大，人可以站著坐著。他決定就選擇在這地方躲避，用洞裡的石片，堆砌堵住進出口。

凌亂的腳步聲越來越近了，那些人嘴裡高叫著：「不讓他跑了！」還有人在罵罵咧咧：「那個老禿子，剛才還看到，死到哪裡去了？」鏡空法師這時明白，這群人確是衝著他而來。他喘著氣，等平息下來，就靜靜坐著，會不會被人發現抓走，也只能聽天由命。外面聲音十分清晰，幾個人在爭論，要往哪個方向追擊；議論著，這個和尚禿子，年紀大腳力挺厲害，跑的眞他媽的快。正說著，一個粗嗓門高叫：「看看，西北邊有人，竹林在搖動，不是風動，肯定人在裡面走動！」邊上人靜默了幾秒種後，紛紛讓讓，確認那裡藏著人，於是朝西北方向追去。鏡空心裡豁然透光亮朗，那個人搖動竹林，分明是在吸引那群抓人者，把危險導向給自己。這樣做，毫無疑問在暗中掩護法師。鏡空進一步推測，這個人，也許就是那個常常暗中送食物並報信的施主。鏡空想到，至今都不知道他是誰，不禁唏噓感慨，萬千謝意。鏡空雙手合十，默默念經，爲那個不相識的人，祈願菩薩保佑他平安無事，脫離險境。

鏡空法師稍稍打了個盹，半夜時分，就悄悄離開山洞。他加快步伐，沿著一條大河，走到天慢慢亮了，估摸著走出了這個縣的地界，鬆了口氣。幾天以後，他渡河，再走小路，距廣東愈來愈近，山嶺又多了起來，鏡空還是找偏僻的山間小寺或者崖洞安身。令人驚異的事情又發生了。那天，鏡空回到山洞，看見那裝著野栗子丟棄放在樹洞的袋子，靜靜豎立在眼前。鏡空明白，那個神秘的施主跟來了。

第十六章　曹溪之畔

夕陽的餘暉，慢慢在天幕上抹去。鏡空一步步邁上石級，沿著梅嶺古驛道，登上了庾嶺梅關。極目看去，成片的梅樹，枝頭點點花蕾，含苞欲放，預示著春的來臨。再往前去，嶺南粵地，踏上這片泥土，鏡空心裡湧動著喜悅，無法言喻，只得用心去體會。隱隱覺得，華夏先得春之氣息之地，引領凡間煙火之萬象，大地包孕，佛祖有靈。不然，禪宗怎麼會發祥淵源於此？

年幼時候，鏡空在古籍中讀過記敍梅嶺的篇章。這條通衢大道，曾經商賈販夫文人墨客，布衣百姓錦緞朝官，熙熙攘攘，南來北往，人聲鼎沸。還有嶺南諸國的朝貢使臣，也經此路進京。如今，古道上石級斑駁，關樓滄桑，山風過處，杳無人影。昔日步履匆匆的場景，早已經掩沒在歲月的塵埃之中，唯有岩峰夾峙穹形樹枝，葉片漏下的點點碎光，似乎在尋找著那些殘留的足跡。過了山嶺，鏡空覺得面前一股暖流襲來，跟北邊的氣候宛如兩個季節。

南華寺就在前面了。鏡空加快了腳步，溫暖的空氣裡充溢著草的沁香，樹葉散發的芬芳。亞熱帶闊葉林圍繞的靈照塔，顯得格外敦厚又安寧。看慣了古道山路兩旁的梅樹、馬尾松、羅漢果樹，稀稀落落的老桂花樹，見到撲面而來的濃濃樹蔭，鏡空感到這裡彷佛曾經來過，連樹上跳躍的天空飛過的鳥兒，那聲音那劃過的翅膀，也是那麼的熟悉。從剃度的那天起，他早就想到這裡來，朝覲慧能大師做住持的地方。他想捧一把泥土，泥土裡含著慈善雋永的記憶。他想虔誠的拜謁六祖眞身，敬重那跨越千年的佛性相通。藏在心裡的夙願，歲月輪迴步履遲遲，眼見馬上要實現，鏡空的內心裡，如沐佛光，微瀾泛波，煙暖香馨，淨性化身。

菩提樹下，鏡空雙手合十盤腿而坐。他輕聲念經，十天裡他慢慢地念了一遍《六祖壇經》。夕陽西沉，鏡空緩緩而行，穿過寶林門，繞著靈照塔，一圈又一圈。然後，眼簾低垂靜靜地站在六祖殿外，向著眞身坐像方向，雙手合十，跪地長拜。讓鏡空意外的是，他全身匍匐拜謁，他靜坐，他念經，邊上會多一位白髮老者，跟他一樣，準時的到來，虔誠的膜拜，也是紋絲不動的靜坐，輕聲念經。多少天，他們彼此誰也不說話，似乎邊上的人消遁於無影，又彷佛彼此早就熟悉，只是在共同踐行一個心靈的默契。

星光闌珊的夜晚，還是在菩提樹下，白髮老者輕輕問道：「客僧來自一善寺嗎？是鏡空大師嗎？」

鏡空微微一驚，站起回禮：「貧僧是也！請問先生，何方人士？」

「南華寺衆僧之一也，做過維那。」白髮老者回應，停頓片刻，繼續敘道：「衆僧走散後，我獨自留了下來。如今俗不俗，僧不僧，徒生一頭煩惱絲。四十年前，我跟師父虛雲大師去過一善寺，那時您做知客，還是您領我們進殿的。大概上兩年吧，亦賢法師來過，跟我說起您。我知道您會來的。」

「哦，亦賢已經來過。」鏡空自言自語。接著，鏡空問了一個久藏在內心的問題：「世事如此之亂，我最想知道慧能大師的眞身，是否保住，未受褻瀆？」

白髮老者雙手合十，低聲喃喃：「阿彌陀佛！六祖的眞身已經秘藏。劫後之身，絲毫無損！」

聽到這裡，鏡空鬆了口氣，也輕聲連連念了幾遍阿彌陀佛。

從那晚以後，鏡空大師與白髮老者常常在一起坐而談禪，時而也說及現世。白髮老者回憶起跟隨虛雲大師重建南華寺的歲月，化緣、規劃、土建，歷經了千辛萬苦，嶺南名剎，再現祥盛。南華寺大致完工後，虛雲大師又駐錫雲門寺，也重新修建了殿堂。談及雲門寺，五十年代初鏡空只知出了事，詳情不甚了了，便隨口問道：「聽說虛雲大師那個時候，橫禍罩身，生死危殆？」

白髮老者低頭沉思，臉色悲哀，半晌無語。然後，語調輕緩，斷斷續續說了當時氛圍。起因看似寺產糾紛，謠言指向寺內藏有電台武器。一群持械者以謠言為據，將寺團團圍住。是時午齋，僧眾百餘人正在齋堂用齋，被控不得離席，禁止出入。來者搜遍寺內角角落落，上至瓦蓋，下至地磚，佛祖尊像，法器經藏，反復搜檢。擾攘十日，終無所獲。遂遷怒虛雲大師，移禁一室，門封窗閉，逼他就範。其餘眾僧各自被隔離拘禁，遭受毒打，斷臂致殘，或死或失蹤。虛雲大師閉目不視，緘默不語，入定之狀，靜穩如山，但還是慘遭暴毆。

鏡空見白髮老者微微顫抖，聲音淒悽，說不下去，也不禁一聲歎息。鏡空想緩和一下，就說道：「虛雲大師燃指供佛，明志昭心，他們該住手了吧？」

「燃指者不是虛雲大師，外界可能誤傳了。」白髮老者擺擺手，說：「燃指者是佛源和尚，幸虧他，某夜佯稱解便，如廁後翻牆逃走，密赴北京報信，驚動周總理，嚴飭地方妥善處理。」

「阿彌陀佛！」鏡空雙手合十，念道。

「這一劫，虛雲大師差點過不了。」白髮老者沉浸在回憶中：「那些人見虛雲大師閉口不語，先用木棒，繼用鐵棍，連毆四次，大師頭面流血，肋骨折斷，倒臥撲地。想想當時虛雲大師已經是百餘歲老人了，又是數天反復棍毆履踏，衆以爲必死無疑了。大師漸漸作吉祥臥，猶如臥佛一尊，侍者以燈草試鼻孔，全無動靜。經晝夜，大師微微呻吟，扶之起身，顏色怡然，端坐如故，堅毅安詳，似如禪定境界。」

四周一片寂靜。鏡空輕輕說：「佛祖保佑！魔威難避，棍棒不畏。身心濟世，得佛法利。善惡自分，結果菩提。」

「確是，確是！」白髮老者回應：「虛雲大師即使養傷臥床，水米難進，亦是毫不退怯，蓮開泥水，苦海慈航。危急時刻，他還是唸著衆生，作偈云：唯冀衆生皆成佛，那時了願遂心腸。」

鏡空連說：「善哉！善哉！我聞虛雲大師去香港弘法，時人勸其留下勿返。大師說，他倘留港，內地數萬僧尼則少一人爲之聯繫護持，恐艱苦益甚，於心不安，必須回去……」

月光透過菩提樹葉，落下點點碎片。白髮老者身體稍稍前傾，專注聽著鏡空聲音，輕輕點頭。鏡空接著說道：「達摩東來，只爲尋一個不受人惑之人。佛學之法，亦是在參悟中，解除煩惱，不迷不惑。開啓知覺，做一個良善不惑之人。虛雲大師自身去做了，以一己之力，庇護衆僧；以一己善念，護法至終。」

白髮老者頷首應道：「想當年，慧能大師對法達說，自在心中，常開佛之知見，佛猶覺也！誦經久不明，心悟才是轉經。口誦經文，內心行義，乃眞諦也！慧能大師、虛雲大師，都是身體力行，止惡行善，自開佛之知見。」

「說的是。」鏡空點頭說著：「所以，當時法達啓蒙，感歎：經誦三千部，曹溪一句亡。慧能大師雲，佛法在世間，不離世間覺。覺，就是莫向外求，與佛無二。虛雲大師面對世間紛擾、迷糊、折騰，亦是經意分明，卽是出世，堅守本心。您等南華寺衆僧，無愧虛雲大師之弟子，劫難之時，大智大勇保護善藏慧能大師眞身，此乃眞正的大成就，功德無量啊！仰止在佛陀，完成在人格，人成卽佛成！請接受我的大敬意！」

說罷，鏡空起身，雙手合十，虔誠躬身，向白髮老者致大禮。白髮老者也起身，急忙回禮。菩提樹葉微聲簌簌，月光輕柔，不遠處的禪房顯得格外端莊寧靜。

鏡空說，他將繼續南行，先向老者做個告辭。白髮老者說，他走不得，他要守護。念經、等待、護法，他們都走在修為的路上。守在這片佛地，密守慧能眞身，逆境之時，信受奉行，方顯功德。鏡空覺得：白髮老者的守，便是行。秘護六祖眞身，行自己之良心，行無朽之佛性。

鏡空大師連續南行，身後的碎石、樹林、河流、星辰，便是路程的碑標，時光的印記。他一路走來，翻山越嶺，揖舟渡水，遇過飢餓困頓，避開蒙蔽者追蹤羈縻，心中至佛，卽是光明。他悟道，苗會長盡忠報國，蒙冤無怨，大義眞彼岸；阮工程師悟覺擔當，橋通建信念；天目山中谷氏弟兄，眞摯謙卑，自我犧牲，默默行善，堅如磐石的信仰，以心傳心，何嘗不是一種靈的涅槃？他們的德行，一樣鼓舞鏡空的前行，千里行腳，猶念萬卷經書，如泣如訴的塵世之曲，悠長悠清的木魚之聲，衆僧衆徒的念經之音，在鏡空耳邊隱隱傳來，輕輕地，有時重重的；幽幽的，間或急促的，彷佛是混聲，那不是混聲，大音無聲，至隆無形，頓悟之中，一切的一切，化為無聲無影的般若。

從剃度之時起，鏡空內心時時想到南華寺去，衆僧也都把去南華寺拜謁六祖眞身，看作今生今世必做功課，得到六祖的加持，更趨功德圓滿。鏡空記得，師父在世時，堂內單獨聽經，在師徒的問答之間，他曾向師父表過心跡。師父微笑著只說了兩句：「見與未見，皆是因緣。肉身眞身，法身在一切處。」想到這裡，鏡空突然頓悟，他千里迢迢，風餐露宿，能利利索索康康健健來到這裡，乃是一種莫大的福報，也是佛緣里六祖大師暗中巨大的加持。紅衛兵當衆侮辱六祖眞身，衆僧人冒死救護秘藏，大災大難後，鏡空知六祖無恙，跟眼見到一樣，心中充盈著光明祥境。慧能在，便是山河在，山河與慧能相連一體，那是生命的相續，也是諸佛的相續，鏡空大開悟：佛，還將在華夏大地不息不滅；菩提，還將枝葉繁茂善果累累。

鏡空爲自己在茫茫夜空裡的突然大悟，心悅不已，信念更堅。師父常說，處處悟，時時悟，前世有開悟，無師亦開悟，念佛通悟，不念佛也可通悟。不在一切處，不離一切處，做像一個僧，方成一尊佛。鏡空一邊走著，一邊思一邊悟，猶如從瀰瀰漫漫的霧裡走向本心，盡可顯示自己的坦坦蕩蕩，不必掩藏缺點不足，不用隱去醜陋遺憾，種種人間的缺失與痛苦，乃是一個走向佛的通道，見山翻越百折不撓，遇水趟過千浪不懼，路在腳下，岸在船舷。抵達善處，便是抵達你的靈魂，抵達你的本心深處。時間會體驗一切：細膩的皮膚會在歲月裡漸漸粗糙，閃亮的眼光會隨著年老慢慢呆滯，靈動的雙腳會在徒步中悄悄僵硬，但你依然是那個心境，你只做你自己，走過了，就是近佛；通透了，便是菩提。此岸彼岸，不是在長長路上，而是在須臾瞬間的悟性動感之地。

曹溪的水默默流去，默默記憶著往日南華寺的鐘聲、木魚聲和念經聲。鏡空靜靜盤腿而坐，任水流在耳畔輕輕的有節奏的韻響，他覺得那聲音無比的熟悉，彷彿由遠而近，從唐朝走來，從寺院的深處走來，伴隨篤篤悠悠木魚聲，一節節，一字字，如夢幻泡影，如露亦如電，一切有爲法，應作如是觀。溪水的倒影裡分明映出鏡空的身影，在千年的如如不動中，隱隱地映出六祖的安詳影像，那是跨越時空的如是知、如是見、如是信解、如是梵音，經久不息，擎蒼穩重，千折百迴，穎慧星空。鏡空的聽覺還是保持著靈敏，他聽得到孔雀展翅的氣流，他分辨得清一善寺每個僧人的腳步聲，他能在寂靜的夜裡驀然聽見谷三生翻牆落地的震動，連神龜晃悠悠來到大堂，小爪劃過地磚發出的窸窣聲，也能微微撞擊他的耳膜。他分明聽得見六祖跨越千年傳來的念經聲，那樣的祥和清朗，那樣的氣定神閒，慢慢的，入定在曹溪的水流聲中，如光華凝聚，如彩石爍金，傳出《金剛經》的抑揚頓挫。經文揚揚，流水湯湯。世音、佛音皆在這水音，鏡空覺得，一善寺蓮花池的微瀾細波，太湖邊的捲浪撲岸，眼前月光下曹溪的汩汩水花，水水相連，通向大海；水水相容，皆成大海。此音彼音，皆是觀世音。

想到這裡，他覺得心裡嚮往大海了。

第十七章　南海觀世音

南海，廣渺浩瀚，波湧拍岸。蒼穹下，茫茫海面，船影皆無。一個老僧踽踽行走在蜿蜒的海岸邊，身影投在沙灘礫石，映出長長彎彎的腳印。獨日吊頂，光線隨雲浮現，暗，暗不透；亮，亮不明。蒼白，無精打采，一派了無力氣的光景，映襯出來他心境更加孤寂與蒼涼。鏡空心裡記著，從南華寺到海邊，悠悠地前行，靜靜地打坐，或行或坐，或眠或誦，大約已經是九九八十一天。他常常如岩石般一動不動坐在岸邊，一坐常常一整天，一坐有時一整夜。他雙手合十，視海水潮漲潮落，聽濤聲起起伏伏。浪中蘊紅塵，等閒擊虛空。他深知，慧能這一宗南禪，發源於江北五祖寺，光大於嶺南南華寺。悠悠歲月裡，綿綿延延經久長存，那廣袤無垠的南海，那濕潤熙熙的海風，孕懷著包容著哺育著，禪宗扎根於此，廣傳南粵，根深葉茂，遂成參天大樹。挺拔的椰樹，華雍的榕樹，多姿多果的菩提樹，海風吹過，猶如誦經聲的拂拂傳送，鏡空的心裡，那樹的枝幹，那樹的每一片葉子，如是佛的婆娑，經的光照，升耀起廓然無垠無量相的靈輝。

鏡空微微抬起眼簾，目光搜索海面。他想搭船去印度。他記得在一善寺的講經堂，也曾經跟師父說起心願。師父怎麼回應，多少年過去，記憶有些模糊。師父肯定讚許，然後問他若去印度，想走陸路還是海路？慢慢想起來了，那時鏡空也不知哪來的底氣，說是走海路。年輕時的一句話語，時間打轉，神奇的把他送到了海邊，他也突然醒悟似的想去實現，那種時間換空間的履跡，似乎證實了世間萬象冥冥之中自有安排。他內心念想，佛陀誕生古印度，自有他的土壤與慧根。悉達多捨棄榮華富貴，走出煌煌宮殿，年復一年，兩千多個日日夜夜，靜冥參悟在菩提樹下，豁然開悟於珍貴瞬間。那裡，一粒恆河沙，一個菩提果，銘刻著王子禪定到覺悟成道佛陀的修行印記。鏡空想去迦毗羅，想跟隨佛陀的腳印，走進芒果園，走向恆河邊，經書中常說的恆河沙，無窮的無量的，那恆河長長的岸畔無窮的人們，深信聖水無量的佛力。托缽的流浪者，清純的熱戀中的男女，買賣精油香料的走販，虔誠禪定打坐的小沙彌，人頭俗身一望無際，看似沐浴狂歡的場景裡，迸發對信仰發自內心的喜悅，親水就是親智慧，經過柔軟的純潔的恆河水的洗滌，照顯五蘊皆空，成就阿耨多羅三藐三菩提心。鏡空彷彿親臨河邊，恆河上的空氣裡，瀰漫著從沒有聞到過的氤氳，像咖喱味，像香精味，也像檀香味，神笛流出的樂音從天際飄來，他也輕輕捧起一掬河水，仰脖入口，直覺心田溫暖。剎那間，鏡空又彷彿看見了一個黝黑高聳的身軀，一個親切熟悉的臉龐，毫無疑問，他是佛陀。他光明淳厚，圓滿溫和；他那莊嚴寬容的微笑，永恆博大的神情，清晰的再現在恆河水中，又隨著水波慢慢隱去。鏡空抬起頭來，遙見密密麻麻的連綿的人，遠處人群裡影影倬倬又見到他，人們簇擁著他，側身敬仰傾聽著他，誠心伏地膜拜著他，鏡空覺得自己也彷彿慢慢走向佛陀，努力靠近他，雖然距離還是遙遠，無法遮蔽他雙眼皓亮溫暖的光芒，也無法隔斷他端莊安詳的笑容。

海風輕輕吹拂，不知不覺，鏡空臉上淌下了渾濁的淚水。淚水暖暖的，滋潤著他皺老滄桑的雙頰，慢慢在南國的氣溫裡乾涸。他隱隱覺得，體力似乎遠不如以往，眼力更是時而模糊，走路迎風，常常會雙眼自然流出淚水。他沿著海岸線，多少天裡見不到一艘輪船，也看不到漁家的片甲舢板。他開始懷疑自己老了，視力出現了問題，但老了眼睛散光應該看得更遠，不該如此茫茫沌沌。他安慰自己，覺得自己還能分辨顏色，南海的海水湛藍湛藍，遠遠望去一片墨藍。他去過舟山群島，去過普陀山，那裡的海水顏色要比南海淺淡許多。鏡空不知不覺走著，走到前頭的小山地，生長著一片綿綿的小樹林，他走進去找了塊石頭歇息，朝南看去，隔過海面，望得見對岸朦朦朧朧的岩石和樹林。他忽然意識到，對岸不是此岸，對岸就是那個常有人拼著性命想渡過去的地方。出家人不駐是非地。他想立刻離開，但畢竟老了，腿有點兒不聽使喚，還是想稍作停留就返回。他無聲無息打了個盹，喝了口水，正要離去，覺得坐的石頭有點鬆動，他瞥了一眼，又見地面泥土與石縫間似乎有一角塑料紙。鏡空多少年的習慣，一路走來，見道路上有玻璃碎片，鐵釘銳瓷，塑料袋片，他都俯身拾起。他微微挪動石塊，本想拾掉塑料，沒想到提出一個袋子，裡面還裝著一個小泥塑。鏡空提起來對著陽光，仔細看清楚了，那是一個泥塑的小哪吒。太熟悉了，那不是和坊街「軋神仙」廟會上門店攤頭常見的民間小工藝麼？那麼誰把它千里迢迢帶到這裡？他沉思片刻，還是把塑料袋包好的哪吒小泥塑，輕輕的鄭重的重新放到了石頭下凹進的土裡。

鏡空沿著海岸往回走。天色灰暗下來，海風越刮越大。往回走，意味著離開印度越來越遠。他慢慢走上一條土路，離開海岸線也越來越遠，那也意味著他無奈地放棄了：剛才想去佛教起源故鄉的念頭。他等了許多天，沒有等到一艘船。黯黯覺得，卽使有船把他送到外洋的海輪上，他的體能似乎也撐不住遙遠的路程。也許是長途跋涉積下的勞累，也許是在海邊的日曬雨淋，他周身有些發冷，額頭隱隱約約作痛，雙腳明顯乏力拖地，眼睛又飄來一層薄翳模糊了起來。鏡空開始尋找安歇之處，一邊走，一邊又不禁想起那個哪吒泥塑，想起自己出生的城市，想起一善寺斷垣間與白雨虹的最後一次見面。雨虹向他討教向他問禪，在留還是走之間彷徨，他無法回答。白雨虹強烈暗示，他要去南海，從此岸渡彼岸，他立刻明白真實的含義，那完全是一場無法預測的搏命，鏡空更是緘默不語。他前些天路過珠江，看見春寒料峭中，江中居然綻動著無數的黑黑的人頭，許許多多年輕人在學游泳，那些不太會游的人，胸前套著充氣的汽車內胎，有人把十幾條自行車內胎纏在腰圍，也有人把幾十雙塑料拖鞋，幾百個乒乓球圍成幾圈，凡是有浮力的東西在這裡魔幻般的都做成了救生圈。岸邊站著的那些上了年紀的人，默默看著珠江裡人頭隨波湧動的場景，一個個屏聲斂氣，緊綳著一臉的肅穆，還帶著一絲詭異的神情。鏡空剛才坐在靠近紅樹林的小石頭上，望著對岸，把珠江裡的千百顆人頭與眼前大海畫面重疊了起來，他頓時彷彿聽到海浪的緩緩撲岸聲，那聲音低沉凝重哀婉，時而夾雜著短促的某種外力擊下的絕望慘叫，一波一波撞擊，一波一波的退去，冉冉露出海礁亂石，退去的海水帶走了混重的聲音，捲走了渡者的體溫與靈魂。鏡空走著，想到這裡，也怯怯地減緩了步履。他明白，白雨虹凶多吉少。

兩個晝夜後，鏡空醒來，發現自己躺在一座不大不小的廟裡。他回顧四周，空空蕩蕩的，摸一摸身邊，好像是麻袋，再下面墊著稻草。一個原先佛像前的小供桌，被挪到了他的右手邊。桌上放著一個碗，還有兩粒白色的小藥片。他想了想，這廟宇怎麼看也不像是佛寺，像是民間祭祀關公或者媽祖的地方。他也怎麼想都回憶不起來，他是啥時候躺在這裡的。他側向小供桌，桌面的邊沿掛著一個布袋，顏色諳熟，布料心悉，雖然沒有裝東西，他斷定它裝過野栗子，曾經丟在了樹洞裡，後來又出現在將進嶺南前的山洞裡。這麼說，那個神秘的施主還是跟來了。鏡空暗想，他不會走遠。那麼這個人究竟是誰呢？鏡空想著想著，不知不覺間，又沉沉睡去。等到再度醒來，已經到了半夜時分。他想睜開眼，但眼皮沉重，似乎還有睡意，耳邊又響起一陣陣大海的濤聲，節奏時而勻稱從容，時而狂飆突進，他清醒記得那是個夢境，而且是剛剛做過的夢，那畫面上，巨型的橫著滾動的白色的浪，衝向海灘，又漸漸退去，海灘上留下一只塑料袋。在夢境裡，居然他心裡知道那是一個哪吒小泥塑。鏡空覺得奇怪，那隻小泥塑再度藏在了石頭底下，怎麼會出現在大海裡呢？怎麼被海浪送到了岸邊又被他看到了呢？他有點兒糊塗了。鏡空彷彿聽見鍋蓋瓢勺的聲音，空氣中聞到了煙火味兒，他腦中激靈，立刻判斷，一路上，那個暗中跟著他的神秘的人，肯定在廟裡，就在他身邊不遠處。他極力睜開眼睛，映入眼簾的昏黃的燈光，搖搖曳曳。他漸漸適應了周圍的光線，眼前的景象慢慢清晰了起來，他看到了一個人的背影，那個人在自砌的小灶邊添柴燒火。

片刻，那人從鍋裡舀了一碗粥端向鏡空，放在桌上。鏡空的手支撐著身體想坐起來，那人趕忙過去扶正，一聲不響地幫鏡空披了一件衣裳。鏡空借著微光扭頭一看，心裡暗自一驚，這不是人稱「小啞巴」的少年麼？幾年過去了，這個少年好像長高了些，但個子不高，身子大了一圈，落成一個青年的模樣了。鏡空從來不跟著別人叫他「小啞巴」，而是叫他「小施主」。鏡空知道他生活在無聲的世界中，但還是眞誠的輕聲說：「謝謝你了，小施主。老衲拖累你了，阿彌陀佛！」

認識小啞巴，是在過了廬山後的一個小城裡。鏡空的習慣，人多的地方一般避而遠之，或者乾脆繞道而行。那天天悶熱，在一個空曠的街邊人行道，類似商場大門前的小廣場，人們圍著一圈，在看著什麼。鏡空見圍的人不多，人鏈斷斷續續的，便走了過去。近了一看，見一個少年在騰空魚躍似的翻跟頭，連翻了七八個，動作乾淨利索。接著換了個方向，又朝後翻了七八個。少年接著朝著眾人拱手繞場一圈，打了一套少林拳。邊上有幾個上了年紀的人，在輕聲議論。鏡空聽得明白，他們在說這賣拳的少年，從沒說過話，是個啞巴。又歎息著說，這少年在街上表演被人打過幾次，小小年紀身世飄零。聽得出來，圍觀的人都同情他。這時，鏡空目光看到了地上一個骯髒兮兮的鋁製飯盒，裡面空空如也。鏡空默默走過去，從衣兜裡掏出一角錢，放了進去。周圍人見狀，也掏出一分兩分的硬幣，小心的投了進去。人們投的都是硬幣，一分兩分五分的，只有一張一角的紙幣，在飯盒裡翹角突兀的隨風微動。少年向大家鞠躬致謝，面無表情，但鏡空敏銳的發現，賣藝少年的嘴角，還是露出了那種年紀的純淨的笑意。

那少年退後了幾步，取出了三節鞭，手中飛舞了好幾圈，然後騰空單手翻轉，或左或右，揮灑自如。正目不暇接時，只見少年一個騰空，手中的的三節鞭在後背上快速旋轉，幾秒鐘的瞬間，像一架直升飛機懸浮停頓下降，定格在場地上，眾人情不自禁地發出喝彩聲。鏡空聽得出來，人們的聲音明顯是壓抑的，連拍手也是想使勁，還是猶猶豫豫的立刻打住了。大家似乎在擔心著什麼。鏡空再往周邊望時，見三四個工糾隊員，戴著紅袖章，提著小木棍，已經站到了人圈邊了。那幾個人一臉怒氣，眼閃凶光，想馬上進去呵斥少年，又見少年魔術不像魔術，唱戲不像唱戲的表演，手擼了幾下臉，一會兒變出一個黃色孫悟空，一會兒是紅色的，一會兒是黑色的，他們有點兒看呆了，沒有馬上衝進去。回神過來，他們團團圍住了那個少年。衆人見狀不妙，忽的散開了。鏡空沒有走，他明白那少年攤上事了，這些年，個人的街頭演出是禁止的。猶如做買賣就成了投機倒把，一樣犯忌的。街頭表演罪名更重些，還有宣傳封資修的嫌疑。

小啞巴見提著棍子的人走過來，急忙俯身把地上的鋁飯盒拿起，抱在懷裡。領頭的戴著柳條帽，鼻樑上嵌著一道疤痕，瞪了小啞巴一眼，舉起木棍，一棍子打在小啞巴的手上，頃刻，飯盒打翻在地，裡面的錢幣滾了出來。鏡空見狀，急忙蹲下身子，收拾地上的錢幣重新放入，蓋緊蓋子，緊緊把飯盒夾在胳膊裡。見柳條帽還在劈頭蓋腦打小啞巴，又見小啞巴雙手抱頭躲著木棍子，頭上臉上淌下了鮮紅的血，鏡空迅速用自己的身體擋住小啞巴，讓他躲在身後，免遭繼續挨打。聽那些隊員稱呼柳條帽爲隊長，鏡空雙手合十，說：「隊長息怒，隊長息怒！」柳條帽見狀，瞪大眼眶，用小木棍指著罵道：「老禿驢，老不死的，你找死？」鏡空口中連連輕聲唸著阿彌陀佛，回應道：「隊長息怒，衆生慈悲爲懷！孩子小小年紀四處流浪，演藝爲生，也是萬不得已。若有高就，何至於此！請各位高抬貴手，積善積德，給孩子放條生路！」那幾個工糾隊員，面面相覷，沒想到這和尚橫在中間，神情溫和堅定，大有一夫當關萬夫莫開之勢，一時反應不過來。乘間歇，鏡空疾速把飯盒遞給身後的小啞巴，那孩子也是聰明人，接到飯盒一溜煙飛跑進商場大門，等工糾隊員反應過來，小啞巴已經不見了蹤影。幾個敏捷的隊員，疾步飛快衝進商場去追小啞巴。柳條帽沒走，邊上還有個隊員也沒走，拽著隊長手臂，催著快去追小啞巴。那柳條帽左手甩掉隊員，一臉怒氣向著鏡空，眼球突破了眼眶，拔腳跑路之前，用木棍直戳鏡空的額頭，見和尚被擊倒在地，嘴裡叫囂著：「老禿驢！你給我待著，過會兒再收拾你！」

那幫人走後，鏡空回過神來，就像什麼事都沒發生，正正身子，端坐在地，雙手合十，默默念經。片刻，他緩緩站起，額頭傳來一陣疼痛，便取出隨身帶的自製的跌打療傷散，敷了傷口，跨步快速離開……

想到這裡，鏡空見小啞巴默默坐在跟前，似乎在等著他從回憶中回到現實世界，鏡空朝他點點頭，自言自語說著，老了，老了，麻煩人了。小啞巴敏捷地站起來端起桌上的碗，遞給了鏡空，又拿過小勺，想幫忙餵粥。鏡空微笑著，溫婉地擺手，自己慢慢地喝了，漸漸覺得身上有了力氣，想挪動身體，起來走走。小啞巴見狀，打了一盆熱水，細心地幫助鏡空把小腿的綁帶，慢慢解開，一邊用眼神示意，一邊把鏡空的雙腳泡進熱水裡。

小啞巴執意幫鏡空洗好腳，又扶著鏡空在小廟裡走了十幾圈，見鏡空慢慢恢復了健步的姿態，自己不禁拍手鼓掌，手舞足蹈起來。鏡空看著，溫婉的笑了，又靜靜地回到草墊子上，打坐了起來。小廟裡立刻寂靜無聲，油盞燈光下，鏡空投到地上的影子，顯出四周流溢著一種寧靜，淡散出祥和靈韻的氛圍。小啞巴則忙碌起來，從打補丁的軍用挎包裡，取出皺皺巴巴的練習簿，掏出幾支鉛筆頭，看得出來，這些長短不一的鉛筆都是撿來的，用小刀片一一削尖，然後身子趴在供桌上，認眞寫起字來。

約莫一個時辰，鏡空打坐起身，見小啞巴頭枕伏在手臂上睡著了。鏡空想叫醒他，又一想就讓他趴著睡一會兒吧。怕他著涼，去草墊上拿了衣裳，披到了小啞巴身上。鏡空見桌上攤開了一本舊練習本，上面的字寫得既剛勁有力，又秀氣雋永，那字體，與他少年時代的字十分相似，心裡暗暗稱奇。再把本子輕輕拿起一看，見上面寫著：親愛的舅舅，您好！十幾年沒見到您了……，鏡空看到開頭，見是小啞巴寫的私信，就不再看下去，輕輕合上本子。封面上，鏡空看到小啞巴畫了一雙合十的手，還配了一段文字：如來者，無所從來，亦無所去，故名如來。鏡空心裡明白，這是《金剛經》原文，按照昭明太子編目，乃是第二十九品〈威儀寂靜分〉中的經典。那麼，小啞巴怎麼知道這個經文的呢？

小啞巴瞌睡醒來，見鏡空已經就寢，自己在灶邊打的草鋪上睡了。多少天來，確切說多少年來，沒有像今晚這樣，坦坦然然定定心心的安睡了。自從在那座小城與鏡空邂逅，這個老和尚幫他解圍逃過一劫，他暗暗發誓要報恩，也要以微薄之力保護老和尚。他那天逃進商場大門，這家大型百貨商場的各個出口，顧客門、太平門、貨運通道、升降機廂，都是他熟悉的逃亡路徑，他選擇了走二樓的消防小鐵梯，攀援至邊上一家影劇院的牆角，然後從輸運道具的小門外出，成功突圍。他在外牆攀援時，瞥見老和尚向南方走去。那時起，他就緊緊跟隨著老和尚的步履，翻山越嶺渡水盤桓，風餐露宿歷盡艱辛。漸漸地，小啞巴熟悉了老和尚的起居行腳大致的規律。老和尚很少投宿施主之家，打坐就寢或者在破廟，或者在山洞，有時也會駐留山崖下，困頓在橋洞裡。一次，他運氣好，多討了幾個錢，買了一袋饅頭大餅，又買了一大包榨菜，想放在老和尚的棲身處，卻有十幾天找不到老和尚去向了哪裡。即使如此，小啞巴還是憑著他的經驗，憑著他的眼力、嗅覺，在二十天後，在一個人工開鑿又被廢棄的供佛山洞裡，找到了正在打坐的老和尚。小啞巴自己也覺得這是一個神奇的緣份，他往南走，想去廣州，想去見他的舅舅，想去看看珠江的嫻靜嫵媚，也想看看南海的浩蕩波光。老和尚跟他居然也是一路，向著南嶺，向著大海，小啞巴理解老和尚爲什麼躑躅在南華寺，可他不理解爲什麼老和尚久久徘徊在海邊長達幾十天。

老和尚暈倒在海邊的堤岸上，那是小啞巴想不到的。等他反應過來，背著老和尚走了幾里地，安頓在小廟裡，他的心跳才慢了下來。他摸著老和尚的額頭，沒發高燒，微微有點低熱，又貼著老和尚胸口，聽著心臟勻稱的跳動，小啞巴憑著一路上自己患病的經驗，判斷問題不大，也許老和尚歲數大了，體力不濟了。等到老和尚醒來，喝了一碗粥，慢慢恢復了元氣，小啞巴懸著的心才放了下來。他睡得很香，沒有一絲雜念，沒有一片夢境，以至於第二天醒來，彷彿換了一個人似的，精神抖擻，頭腦猶爲敏捷。老和尚也起來了，早餐過後，在他的皺皺的簿本上，老和尚寫字跟他交流，他對答如流。

鏡空的字蒼老遒勁，問：「施主何方人士？姓甚名誰？」

小啞巴的字剔透玲瓏，答道：「大師的故鄉，也是我的家鄉。我父姓歐陽，我母姓阮，我大名：歐陽阮牧。小名：牛文童。」

「牛文童，藝名吧！莫不是越劇團那個從小登台演出的小武生？」鏡空寫道。

小啞巴大吃一驚，回應寫上：「是的，大師你也知道？我也知道你，你是一善寺的住持，鏡空大師。阿彌陀佛！」

鏡空朝小啞巴微笑起來，心裡想著，越劇武戲不多，大多是過場，偶爾也要發個聲音，當然過場不發聲音的場景也是多多如是，鏡空念慈，不覺心生一個問題，牛文童是不是從小就不會發聲？鏡空屈指可數的幾次下山看戲，全都是官方舉辦的大型慶祝活動，他是佛教界的應邀代表，非出席不可的。名角的名字好記，小武生的名字不會印在劇情簡介的節目單上。他在《觀音得道》的妙善公主去桃花島一路上的驚險劇情裡，見到扮演蝦兵蟹將的小武生的精湛演技，領頭的那個小演員，那不停的騰空翻的身手，眼下想起，跟他見到小啞巴賣藝時的表演一模一樣。紅色風暴開始，大揭發大字報洶湧澎拜，鏡空被押去市郊體育館看大字報大展覽，見到一篇大題目〈小武生批倒大導演〉的專欄，上面就貼了署名「牛文童」的揭發大字報，控訴父親歐陽導演，編導封資修的才子佳人戲，站到剝削階級立場，是可忍孰不可忍，云云。想到這裡，鏡空的文字自然只能這麼問：「那你一個人出來，你母親呢？」

小啞巴寫字的手停頓了一下，眼圈紅了，接著文字回答：「父親關押了，不知去向。媽媽被鬥死了。」

鏡空見著，大吃一驚。雙手合十，一聲「阿彌陀佛！」他神色凝重，本想提筆繼續問細節，後一想，就把筆輕輕放下，凝視著小啞巴，不再對話。鏡空不願意碰觸小啞巴悲傷的心靈，深知那種回憶是痛苦的。僧者慈悲爲懷，豈能撕裂衆生苦楚之傷口？鏡空也在須臾之間，接通了記憶的節點，默默知道了小啞巴的母親，就是那個妙善公主的扮演者，那個劇團的頭牌花旦，她是名角，她的死，是當時的大新聞。鏡空依舊靜靜地注視著小啞巴，見他低著頭，無聲無息地用手緩緩地一遍又一遍的撫平那褶皺的本子，然後抬起頭看了一眼鏡空，擦了一下眼角淚水，默默地朝廟外走去。鏡空見本子的封底朝上，上面畫了開闊的海灘，由遠而近卷過來的海浪，模模糊糊起伏的峰巒山脊，或疊堆或散落的岩石，猶爲清晰的坐落眼前。這畫面，就像鏡空在海邊見到的景象，不僅僅像，幾乎一模一樣，猶如照片的定格，它比照片更生動，蘊含著大自然的浩蕩，透視出人眼裡的溫文悲情，瀰漫著鮮活的生命氣息。

鏡空緩緩走到草墊上，盤腿而坐，雙手合十。他慢慢安靜下來，紙上畫的景，現實便是境，參禪即是色。波濤漸漸隱去，景象悄然化去，天地人似乎合爲一體，四周已經諳無聲息，悠悠進入禪定的境界。他輕輕念經，這一次，他念的是《大悲咒》，願得衆生，近見生靈，離障難，成就一切善根，遠離一切怖畏。九十九億恆河沙，觀世音菩薩，安樂衆生，即時應願，身生千手千眼，佛身藏、光明藏、慈悲藏、妙法藏……，常生好時，常得豐足。觀世音勅一切善神，金剛密跡，長隨護衛，不離其側，如護眼命。唵悉殿都，漫多囉，跋馱耶，娑婆訶。

第十八章　幡動？風動？還是心動？

小啞巴走出廟門，漫無目標在街頭、田埂、河邊徘徊。

剛才與鏡空和尚筆談，無意間，碰觸了那段心酸的記憶。多少年了，小啞巴把它埋在心地的深處。流浪歲月裡的無數個夜晚，母親辭世前的那雙眼睛，常常會忽然顯現出來。那是劇團裡最漂亮的眼睛，舞台上，她婀娜多姿水袖長舒，掩不住眼神的嫵媚閃耀，明眸轉盼如靈，柔光傳神銷魂。生活中的媽媽，那眼神寧靜平和，矜莊有度，笑意脈脈。在媽媽身邊，有一種溫雅又淡定的力量，即使大去之時，她眼瞼蒼白，也沒有一絲恐懼與不安，依然淡淡的孤虛中透著靜默與清澈。媽媽拒絕認罪，她說她扮演的，都是藝術的角色，跟什麼封資修扯不到一起。一輪輪的批鬥、暴打，她堅持這麼說著，直到她氣若游絲，再也無法大聲說話。小啞巴無數次懇求造反派送媽媽去醫院，回應的是禁閉間的栓門聲。媽媽輕輕抬手，小啞巴耳朵貼近媽媽的嘴巴，媽媽死前只斷斷續續說了一句話「孩子……去……去……找舅舅去……」

微風習習吹拂，小啞巴捋了一下頭髮，眼前還是映出媽媽說完最後一句話，遲遲不合上的眼睛。那雙眼，直直的望著天花板，清亮的神采慢慢散去，猶如漸漸暗淡的燈光，她似乎還想訴說，寧靜中透出極力的抗爭；又流露出只有兒子看得懂的，羸弱的趨於熄滅的光亮裡，含著不捨和擔憂。小啞巴的手，柔柔地慢慢地把媽媽的眼睛合上，那場景，撕心裂肺的痛，他一輩子都忘不了。在那一刻，他突然明白，媽媽爲什麼帶他連看了三次新聞紀錄片，這紀錄片，拍攝了革命前一年廣州進出口商品交易會的場景，熙熙攘攘的人流中有個拉近的鏡頭，不足一秒鐘的閃過。每次畫面出現穿方格襯衫者，媽媽都提前提醒他，童童，看好，鏡頭快來了，右邊的是你親舅舅啊。

一路向南，小啞巴要去找舅舅。媽媽說，春暖花開季節，香港的舅舅會出席廣交會。小啞巴就這樣，踏上了南下的行程。他一遍遍回憶紀錄片裡舅舅的模樣，到了廣州他急急忙忙趕到閱江路，他把展覽館周圍的大街小巷走了一遍，哪個旮旯可遮風避雨，哪個轉角視野開闊便於觀察，他通通爛熟於心。他曾經好奇的問過媽媽。舅舅做什麼生意的？舅舅怎麼會去香港的？媽媽說，舅舅比她大九歲，抗戰勝利後自己一個人去闖蕩了，五十年代到過一次劇團看妹妹，以後常有通信，再以後通信不便了。媽媽說，她也不清楚舅舅開了什麼公司，反正是做轉口貿易的，進出口電器之類的商品。多少天後，小啞巴明顯感到廣州跟內地的城市不同，沒有人驅趕你，也不見工糾隊之類，市民常常會有意無意的呵護他，他的人字形拖鞋，他的遮陽帽，都是那些叔叔阿姨給的。他每一次的演出，會收到比內地多的錢幣，那些硬幣攥在小啞巴手心裡，感到軟軟的，暖暖的，他覺得廣州是一座充溢著人心溫度的城市。

小啞巴還是緊跟著老和尚的步伐，跟著他繞過白雲山，走過珠江大橋，匆匆間，來到大鵬灣。去年秋天，在海邊的小村，他安頓好鏡空，又獨自到了廣州城裡，天天在街頭的報欄看廣交會消息，目不轉睛的注視交易會的大門，辨認一個近似舅舅模樣的人。他心裡揚起希望的風帆，日出月落，時光悠移，直到秋季會閉幕，小啞巴也沒有等來那個銘刻在腦海裡的身影。冬去春來，再過幾天，春季會即將開幕，小啞巴癡癡的凝望天邊的晚霞，面朝遼闊的蒼穹，心裡陡然冒出了深深的祈求，祈禱蒼天，敬拜菩薩，保佑他及時遇見自己的舅舅吧！

回到小廟，小啞巴見鏡空和尚已經早早就寢。桌子上，放了一串香蕉。他又見鍋裡冒著熱氣，盛了碗飯吃起來。大青碗裡有萵苣，葉是煸炒的，桿莖是用鹽醃過的，切成小斜塊，還有一個白煮蛋。小啞巴心裡明白，鏡空和尚不吃雞蛋，那是特意留給他的。小啞巴推斷，白天又有附近的農民來看望和尚了，帶來了這些食物。那些淳樸的鄉親，對鏡空和尚，還有他，充滿著種種好奇，一直把他看作老和尚的徒弟。早些日子裡，人們偶爾進廟搭幾句話，順便解開心中的題目，問道和尚來自哪裡？法名怎麼稱呼？漸漸熟了，善男信女就常常來拉家常，世俗的家長里短，婚喪嫁娶，講給老和尚聽，也想聽聽老和尚的見解。鏡空一如往常，端坐著默默傾聽，神情專注而親切。聽畢，和言善語向鄉親做解答。鏡空和尚娓娓道來，常常說一個佛經故事，立馬使人釋然開悟。近些日子，村民常常帶來欣喜消息，自留地種什麼，可由自家做主了。家裡養兩三頭豬，飼幾十隻雞鴨，沒人斬你資本主義尾巴了。省吃儉用餘下的農副產品，也可以去集市出售，不再擔驚受怕了。進出小廟的人們，臉上開始舒展笑容，一股股暖暖的春風，撲面而來。那個晚上，小啞巴做了個奇特的夢，夢見城裡看《甲午風雲》電影裡的鄧大人翩然而至，電影院裡無數人站立起來歡呼鼓掌。

次日起床後，小啞巴忙著挑水，洗菜、燒飯。還出去買了一大袋大米。安頓好，他提筆在紙上寫字，告訴鏡空和尚，他要去城裡，時間或許長一點，請老和尚保重。鏡空接過來看過，微微點著頭，眼神詳和，在紙上寫道：「去吧！定定心心辦事。我這裡別擔心。」大約過了四五天，小啞巴突然回來了。鏡空獨自在縫補上衣，小啞巴逕直走到他跟前鞠躬，雙手合十，口中念出：「阿彌陀佛！」

鏡空和尚大吃一驚，小啞巴開口說話了？鏡空怕自己耳朵聽錯了，出現幻聽了，眼睛注視著小啞巴的嘴巴，似乎在求證這聲音確實是從小啞巴嘴裡發出的。鏡空尚未反應過來，小啞巴又說話了，他的語速明顯遲滯，口齒含混不清，儘管語音輕重失措，可意思表達簡短而明瞭：「鏡⋯空⋯大師，我⋯我⋯找到⋯舅舅了！」說罷，小啞巴神情既欣喜又悲傷，眼淚順著面頰流了下來。鏡空見狀，趕忙回應：「歐陽阮牧，慢慢說，慢慢說⋯⋯」

歐陽阮牧把在廣州找到舅舅的經歷敍述了一遍。他對鏡空說：「大師，我要離開你了。舅舅這幾天幫我抓緊辦手續，要帶走我去香港了。舅舅說，不能耽擱時間，我打算明天就走。老和尚，不，鏡空大師，你好好自己照顧好自己⋯⋯」

好久不說話的歐陽阮牧，一開始吐音組詞疙疙瘩瘩，講順了，慢慢開始語句流暢起來。鏡空聽著，知曉了他家裡的種種變故，甚至無意中得知和坊中學創辦校長，還是阮牧的外公。阮牧說，媽媽為了演好《觀音得道》旦角，體會劇情人物的內心情感，熟記了《金剛經》，慢慢也每天念經，成了虔誠的佛徒。阮牧說，他也能背誦。說著，正了正身體，雙手合十，臉色莊重地念了經文：一切有爲法，如夢幻泡影，如露亦如電，應作如是觀。鏡空聽著，微笑了起來，說：「阮牧心誠，菩薩保佑！去了香港，讀書、做工，或是跟著舅舅做生意，做世俗一切事，都要用心，一心一意。砍柴擔水，皆能成佛。老衲這裡，你不用牽掛，你看我好手好腳的，佛祖在上，我還可盡力呢。說來，還要好好謝謝你，這一路上對我的暗中保護。天下諸事，皆有因果。你如此良善，必有善果。」

阮牧聽鏡空這麼說，輕輕點頭。他欲言而止，想了片刻，還是把話說了出來：「鏡空大師，你知道我爲什麼裝啞巴嗎？我恨我自己！」鏡空看著阮牧，一時不清楚他爲什麼恨自己，就示意他坐下慢慢說。阮牧有點兒犟勁，沒有坐，而是接著剛才話頭繼續說：「大師，我做了件大壞事，我不該貼大字報揭發父親！我害了爸爸，我……我……是個壞人！如果我不聽那些人的話，不上台跟爸爸作鬥爭，爸爸不會被抓起來吧，不會至今杳無音訊啊！我恨我自己，我……我恨我這張嘴！媽媽去世，我突然懂了許多，我決斷少說話，一路上流浪，也不想說話，成了啞巴了。眞的，我心裡眞想做啞巴呢！」

鏡空法師全神聽著，看了一眼，輕聲說「那又是爲什麼呀？」

阮牧斬釘截鐵地說：「我要懲罰我自己！心裡永遠記住，禍從口出。大師，你說，我做的這事兒佛祖都看著吧，佛祖會怎麼看我呢？」

鏡空和顏悅色地說：「阮牧也別太責備自己。時代的灰塵，頭上的大石。你本無惡意，也推不掉落下的石頭。你只是裹挾而行，暫時被蒙蔽至愚。剛才你那些話，實爲幡然而醒，還得本心，卽時頓悟，已經識得自性，一悟卽至佛地！」

「這麼說，大師，我還要不斷的悟，洗涮身上的污點，離佛才會更近。是不是？」阮牧雙眼明亮，語氣謙和眞切。

「悟解心開，卽爲智者。」鏡空語調緩緩，和藹說道：「阮牧你將來的路很長，無論在哪裡，無論做何事，還須不斷自悟。三世諸佛，佛經諸部，在人性中，本自具有。邪迷妄想，自見觀心，以自心知識自悟，亦可隨時救得。」

阮牧點頭稱是，忽又想起說：「鏡空大師，我會時時謹記的。但我腦子裡還是不能原諒自己，這念頭趕也趕不走。」

鏡空耐心釋經解道：「世相萬千，衆人參差。走出執念，無關是善是惡，都莫思量。一念不開，還是蒙蔽；一念卽開，是爲知見。心不染著，是爲無念。老衲少時學佛，也時常困頓於此。般若三昧，卽是無念。用大白話說，智慧入定便是無念。如果念念相續不斷，那是自我束縛煩惱所在了。有相而離相，有念而離念。六根見聞知覺，若你堅持做到不動心念，以無念爲宗，那還有什麼外力境相可以撼動你？還有什麼念頭賴著住著？」

阮牧雙手合十，誠心誠意地說：「大師佈道，懂了一二，我會慢慢領悟。」

鏡空走到草鋪前，從褡褳裡取出一個碗狀物件，遞給阮牧說：「你要走了，這個黑釉瓷盞，送你作個紀念。」

阮牧接過細細端詳，見盞色青黑滄桑，盞中一片菩提葉，如飄水中。留白之處，宛如天空。聽著鏡空如數珍寶娓娓道來，阮牧知曉了瓷盞乃宋代燒製，鏡空師父留下的瑰寶。大風暴過後，鏡空從一堆垃圾般的毀棄法器中，發現了它，盞身除一個微小磕瓷外，算是劫後餘生。行腳路途中，鏡空帶著它，用作日常喝水之杯。阮牧本想推辭一番，見鏡空情眞意切，也就恭敬不如從命了。他從自己書包裡，拿出一個玻璃球，裡面是個泥塑小哪吒。阮牧把這一個工藝品送給鏡空。鏡空看著，心裡暗暗吃驚，這物件跟他在海岸石頭邊見到的一模一樣，怎麼會到了阮牧手中呢？阮牧見鏡空沒接，便敘述說：「這小哪吒是我在海邊的石頭旁撿到的。像是我們家鄉手工做的，我在和坊街軋神仙廟會上見到過，我敢肯定。江南姑蘇傳統工藝品，怎麼會千里迢迢跑到廣東的海邊來了呢？能見到拾到它，是難得的緣份，估摸著裡面還有故事。把它留給大師做個紀念，也是命中的緣份啊！」

鏡空接過哪吒小泥塑，端詳片刻，點頭肯定了阮牧的判斷。鏡空謝著說道：「有緣皆是大概率，無緣擦肩不相識。我會帶回去的，你緣，我緣，他緣，皆是佛緣。你走後，過幾天我也要離開這裡了，春天來了，形勢開始清朗，我也要回一善寺，重修禪寺了。願佛光再現，佑衆安泰，阿彌陀佛！」

阮牧聽著，心中高興，接著說：「鏡空大師，我將來如果能發財，我一定會給一善寺善捐，盡我力量。最起碼，我要供養一尊菩薩。」

「有此發心善心，善哉善哉！阮牧會有前程，菩薩保佑！」鏡空連連回應。鏡空停頓了一下，對阮牧說：「此去香港，老衲想托你一件事……」

「沒問題，大師請說！」阮牧不等鏡空說完，馬上承諾。

鏡空緩緩道來：「想請你打聽一個人，不知境況如何？他姓名叫白雨虹，住和坊街太平巷。高中畢業，趕上文革沒法考大學，又不想去上山下鄉，去了你將要去的地方。那時候，要去那裡，泅海衝關，都要以性命相搏。算一下，也要十來年了，也不知他有沒有順利到達彼岸，若到了那裡現在可安好？」

阮牧問：「那白雨虹是世俗佛徒，或是居士？」

鏡空說：「他並非居士，也不是世俗意義上的佛徒。一個特立獨行的人吧，對佛學有天生的感悟力。我是看著他從小長大的。他臨行前，還專程到一善寺問禪。」說著，鏡空把白雨虹的家境、身世、經歷，如數家珍一一道來，阮牧聽得仔細，頭微微傾斜，臉上透著誠意，像一個成熟的男人決意擔當的那種神情。阮牧發表了自己的看法，他說白雨虹在那裡的話，大體的職業或與文化界相關，可望這個方向去尋找。實在沒有音訊，還可以登報發尋人啓事。只要一有消息，會及時告知鏡空大師。

夜晚，阮牧談興正濃，絲毫沒有睡意。鏡空也說上了精神，本是打坐的時間，想著明天一早阮牧要走，且這一走不知何時再會相見，也是順其自然，回憶起許多往事。鏡空說起，家父與阮牧外祖父的友誼，雖不是同榜秀才，亦是私交甚好的詩友。阮牧靜靜聽著，充滿好奇，興致盎然，彷彿恍若隔世。鏡空提起少年時代，想去阮秀才創辦的新式學校讀書，遭到家庭的阻攔，阮牧心裡唏噓不已，萬般惋惜。又聽鏡空在行腳途中，見著了小舅舅阮寅，十分意外欣喜，親情溢於言表，對鏡空說道，會把這個好消息帶給大舅舅。阮牧也跟鏡空說了自己年幼時在劇團的見聞，誰誰誰與母親爭花旦A角啦，招待外國人看戲，把《梁山伯與祝英台》說成中國的《羅密歐與朱麗葉》啦，鏡空也是靜靜的傾聽，從不插話。阮牧還說劇團原來在上海組建，也一直自認爲歸屬上海的劇團，五十年代初，上頭突發文件規定，文到之日，劇團當下在那裡演出，就地歸屬那裡管轄，不得回歸原創地。聽到這裡，鏡空心裡覺得也解開了一個困惑，明明江浙一帶的越劇，以吳語演唱，觀衆也是吳語地區的人們，怎麼會在遙遠的西北，北方語系的寧夏，也有一個銀川越劇團，原來是如此這般，令你它鄉爲故鄉。

不知不覺，廟外傳來雄雞唱啼。天漸漸亮了。阮牧要去趕頭班車，起身與鏡空大師告別。鏡空執意要送他一程，阮牧堅決請大師留步。鏡空送到廟外，目送阮牧漸漸走遠。走了一段路，阮牧轉過身來見鏡空大師還是站著，他也立刻朝鏡空方向跪下，默默磕了三個頭。再慢慢起身，含淚趕路。

鏡空在小廟又住了兩天。兩天裡，他把鄉親們找來的各種報紙雜誌，認眞翻閱，一一檢索自己關心的資訊。各地恢復宗教活動的新聞報道，往往放在報紙的邊角，但鏡空看得十分仔細。按照這麼多年來的經驗，往往消息刊登在不引人注目處，文字越是簡短，眞實性越大。第三天，他決意起身回一善寺，雖然路途相隔兩三千公里，對鏡空來說，這北歸的距離就像近在咫尺，一念之間，須臾便可歸得。心裡，他還想辦兩件事，一是去廣州城裡光孝寺，二是順道浙江境內去天童寺。

鏡空趕到廣州城裡，街上燈火闌珊。凌晨的時刻，見不到一個行人。走近淨慧路，鏡空沿著光孝寺的周邊馬路，走了一圈又一圈。那廟宇的大頂翹簷，瓦脊上的小雕塑，在晨曦中展現朦朧的輪廓，是神是人是獸是物，在這個蒼茫的色境中，能留下來已經是一種神跡。唐朝的乾明法性寺，至今的光孝寺，一千多年香火延綿，斷而再續，熠熠不熄滅，經聲穿時空，那是堅固無摧的本性佛心的永恆照顯。那時候的慧能，告辭五祖，發足南行，一路風餐露宿，至大庾嶺又遭遇數百人追蹤奪鉢，危在旦夕。闖過一劫，在曹溪又遭惡人尋逐，避難于獵人隊中十五年。彷佛五祖顯靈，又或慧能頓悟，時當弘法，不可終遁，慧能來到了這裡，如今鏡空也來到了這裡。鏡空知性，那是佛性穿越千年的感召。也許佛運的契合，萬闌寂靜的夜空裡，讓他親切地聆聽佛祖的原聲聖音。他似乎看見印宗法師端坐在那裡，嘴唇微微而動講述著《涅槃經》，法會上慧能的出現，也如孤星落山，毫無光亮。眾僧激烈爭辯那飄拂的幡，究竟是風動還是幡動，嚷嚷嘈雜的聲音裡，一個孤寂而堅定的聲音似乎從地下傳來，音響輕微但彷彿如雷如電：「不是風動，不是幡動，仁者心動！」雷響閃電過後，眾人駭然、欽佩、驚訝、頓悟，只是在這時，人們突然發現大師就在身邊，傳說中的黃梅依法南來，已經顯現眼前。鏡空覺得，卽使慧能不當衆出示衣缽，衆僧也會在自然的頓悟之際，毫無爭議的認可六祖大師的存在，同種善根，合令淨心如是。

鏡空見廟門微開，正想進去，卻見門後走出小沙彌。幾乎同時，倆人立刻互相致禮。鏡空一步一趨，靜靜地走過長廊，在風幡堂前駐足，他似乎見到慧能那端莊的面容，神情澹泊鎮定，雙眼明亮睿智。越過千年時空，慧能的發聲在寂靜的晨空裡無比的清晰。六祖殿前，巨大的菩提樹枝繁葉茂，見證了鏡空的虔誠拜磕，久久跪拜不起。不是在塵埃裡，不是在菩提葉間，慧能大師的聲音，彷彿從雲層裡傳來：佛性非善非不善，是名不二。鏡空聽得眞切，大師的語氣如此舒緩，音調坦然親切。來到實地，長拜之時，鏡空悟得：風動幡動，是爲心動。然而，仁者心動，奧義還在不由文字。就如基督之於愛，孔子之於仁，愛與仁，愛與不愛，仁於不仁，善於不善，無二之性，卽爲佛性，明佛性乃佛法不二之法。犯禁逆罪者，販夫走卒，達官貴人，五蘊十八界，佛性皆在，悉存於芸芸衆生呼吸之間。鏡空慢慢起身，抬頭望見：陽光在晨曦中噴薄而出，生活或許被黑暗所屏蔽，但佛性還是會永恆的閃亮在人的心頭。你信他信，陽光自在，佛性自在。那麼，對鏡空來說，現世留給他的時間扳指可數，冥冥之中，風動幡動，他須心動。道須通流，何以卻滯？鏡空瞬時頓悟：佛性，不正是自悟己覺的動態的使命？

第十九章　忽如一夜春風來

鏡空覺得：黎明時刻，他該回去了，去重建一善寺。

平生第一次，鏡空感受到了腳力的費勁，體力的不支。歲月的滄桑，深深刻印在他蹣跚的步履之中。他老了，路走長了，開始氣喘了。幾千公里，再走回去，他覺得已經力不從心了。他在廣州火車站買好票，隨著人流登上了北歸的路程，他的心，似乎已經回歸到了蓮花山。一路上，車廂裡坐著的站著的，衣著體面的，或是襤褸卑微的，滿頭白髮的老者，或是活潑的天眞孩童，對他，這個穿著樣貌完全迥然不同衆人的老和尙，大家都投去友善的目光，分享給他食物與飲水，十年前的那種鄙夷鬥爭他的境況，已經恍若隔世。鏡空心裡明白，世道眞的變了。善意的空間裡，時間會覺得很短。當他在火車上遠遠望去，模模糊糊中，隱隱約約裡，見到一善寺塔的身影，那種百感交集，匯成汩汩的眼淚，無聲無息的緩緩地在臉頰淌下。

鏡空抬腿跨下車廂小梯，慢慢走在月台，覺得身體有點兒左右搖擺，頭也有點兒暈乎，那種似乎在輪船上風浪中搖晃的感覺。他站定，定定神，穩穩心，稍作停留後繼續向出口處走去。鏡空走出了火車站的出口大門，豁然光亮刺眼，然而眼前又一陣昏黑，像無數飛蚊亂舞旋轉，身子也在搖擺，他想找一根柱子或者牆面靠一下，不讓自己倒下，但還是腿腳一軟，昏倒在地上。

等到鏡空醒來，睜開眼，模模糊糊見到的是掛杆上的輸液瓶，還有雪白雪白的牆頂，周圍散發出濃濃的藥水味兒。鏡空意識到，他躺在了醫院裡。見鏡空醒來，邊上人紛紛說道：「師父醒了，師父醒了……」。這時鏡空轉頭望見，亦賢正雙手合十，凝望著鏡空，低聲唸著：「師父醒了。阿彌陀佛！阿彌陀佛！」鏡空也想雙手合十，無奈左手插著針細管纏繞，就右手單手致禮：「阿彌陀佛！」他慢慢看淸站在亦賢邊上的亦智、亦良等衆僧，輕聲問道：「大家可好？」亦賢俯身回應鏡空：「都好，都好！師父！大家都回來了。」

鏡空的眼神在亦賢臉上停留片刻，疑慮的說：「鏡輸法師也回來了麼？」

「沒有。」亦賢垂下了眼簾，答道。

鏡空又閉上了眼睛。衆僧見狀，以爲鏡空又昏迷過去，急切呼喚著師父。鏡空緊閉著眼，抬起右手輕輕擺了擺，大家立刻安靜了下來。鏡空直覺，鏡輸法師不會回來了，師弟年齡也大了，能在押解下逃走已經是萬幸，也許也許……，他不敢再想象下去，他心裡一陣悲涼。

亦賢想安慰鏡空，說著：「師父，鏡轍師叔雖然沒有消息，但我這次行腳，在鄞縣見著鏡證師伯了。他說他進了山，山山皆是寺，他不再出山了。還再三叮囑我，多多照顧你，祈福你平安康健。」

鏡空閉著眼，微微點頭。他這次回來，曾經在寧波下車，轉載去了鄞縣天童寺，看望師兄鏡證。當地俗僧告訴他，鏡證在山裡。至於哪一座小寺，他們也不甚明瞭。鏡空也往山裡走了幾十里，每到一處，得到的音訊都是鏡證來過，前幾天走了。心裡急著回一善寺，便也沒有駐留多久。聽亦賢說見著了師兄，心中稍稍寬慰。

打滴掛完，護士過來拔了針頭。鏡空也慢慢還過神來，輕聲說：「我沒事，大家回去吧！過些天，我也回寺了。」

眾人走了，亦賢沒有走。見師父精神好些，把近來寺裡的日常大致跟師父說了。鏡空默默聽著不語，半晌，讚許回應說著：「亦賢諸事處理得體。你比我早回來三年，辛勞你了！法堂、寢堂先修繕完成，念經安身爲先，你考慮周密，善哉善哉！周邊長廊庭院大家也齊心協力，煥然一新，功德可銘。半塌的大殿，破敗的山門，看來要重新起建，尚須時日。重塑佛像，購置法器，整修配殿，都需費用。我們假以時日，慢慢化緣積聚，順其自然，有多少力辦多少事吧！」

亦賢微笑著說：「情形可能比師父想的好些。前些日子民宗局派幹部幾次來寺裡詢問師父何時回寺，他們說等你回來，便可以商議重建一善寺之事。說上頭有政策，會撥資金支持恢復廟宇。附近的百姓，城裡原來的居士，眾多善男信女，近日來紛紛上山，捐錢捐物，願爲重建一善寺出力。」

「阿彌陀佛！善哉善哉！」鏡空臉上也露出笑容，接著說道：「眞是忽如春風一夜來啊！」

鏡空回一善寺，早有一個人佇立在山門前等候他多時了。來人三十多歲年紀，神采飄逸，留著長髮，穿著挺括合身西裝，遠遠注目衆僧推著坐在輪椅上的鏡空走近，臉上始終掛著微笑，那是一種小字輩見到長輩後常常會露出的，帶著恭敬又羞澀的笑容。鏡空也遠遠看見了他，近了，一眼認出了他：「是小駱駝啊！小駱駝啊，你那樣子還是跟小時候一模一樣啊！」

小駱駝急忙合十回禮：「鏡空大師好！佛祖保佑，大師無恙。阿彌陀佛！」

鏡空從輪椅上自己慢慢走下，邊上人想扶他，他輕輕擺手示意自己能夠獨行，也雙手合十，說：「謝謝小駱駝！那天老衲暈倒在火車站大門口，你及時看見，出手相救，才會有今日之轉危爲安。願佛祖保佑你，萬事順利。阿彌陀佛！」

小駱駝擺手忙說：「隨緣而遇啊，上海辦畫展正好閉幕回來，一下車就見到大師，天意安排，佛祖顯靈！」

鏡空請小駱駝到寢堂用茶，亦賢忙著去操辦寺裡大小瑣事，亦智留下來爲小駱駝燒水沏茶。忙完，又爲師父安頓桌椅，鋪就被褥。小駱駝見狀，起身也想幫忙，鏡空忙笑著說，不用忙，不用忙，那些事兒他們做的又快又熟悉，你握筆繪畫才是行家裡手，俗世之事，天意分工。鏡空回憶起小駱駝跟母親來寺裡敬香的歷歷往事，不禁唏噓歲月如梭，恍如孔子水邊之歎，感慨逝者如斯夫。小駱駝也回憶起油畫創作的瞬間喜悅，體會到類似修禪中的激靈頓悟之感。須臾，又談及在太湖邊勞改服刑的種種遭遇，即使在最艱難時刻，困頓、飢餓、繁重的勞作、被侮辱被毆打……，他在忍受中堅持默默念經，佛經給了他力量，給了他坦蕩面對人生的苦難，說到這裡，小駱駝回憶道：「大師，我母親來探望我，帶來你的問候，我一輩子感激您！您的二十八字偈：『是劫是禍命了去，是運是福明了來。畫像本是心境現，度過混沌佛光開。』我一直在悟，體悟過程，慢慢明白，我思故我在，即思即明，即是近佛啊。謝謝大師，阿彌陀佛！」

提及小駱駝母親，鏡空忙問駱師母境況。小駱駝眼圈一紅，說道：「母親一向身體康健，沒想到六年前得了婦科腫瘤，動了手術後，醫生說還是惡性的，發現晚了，已經擴散了。本想瞞著她，她好像心知肚明，反過來安慰我們：患癌是個劫，躲也躲不了。參禪信佛，任憑風浪船自渡吧。」

「阿彌陀佛！」鏡空緩緩說著：「駱師母吃素、打坐、參禪，爲人慈悲厚道，樂善好施。塵世劫來，她如此無畏無懼，坦然面對，心願她會安然度關，如意康復。」

「大師吉言。」小駱駝感慨說：「母親出院後也不把病情當回事，做了一次化療，身體不舒服，後來乾脆不去做了。她說想出去走走，那時候我也正好被釋放回家，就帶著母親北去了白馬寺、五臺山；南到了百歲宮、普陀山。一路下來，見山見水，看雲看海，母親天天喜悅如常；每天一如既往，朝夕誦經，逢廟敬佛，走了兩年光景，回來再去醫院複檢，居然一切安好，奇蹟一樣的痊愈了。菩薩保佑啊，感謝佛祖！」

鏡空面露喜色，說：「種瓜得瓜，種豆得豆。一念是善因，終爲菩提果。」

小駱駝頻頻點頭，接著表意：「母親說了，等一善寺修繕好了，她一定要來的。」鏡空聽擺，緩緩說道，駱師母畢竟年歲大了，又是動過手術，還是要靜養。想來敬香，已是善念，如果走不動，在家敬香敬佛，誠心誠意，也是一樣的菩提心。

「大師，母親是母親的心意，我也有我的心意。」小駱駝停頓片刻說：「我也開了家藝術繪畫形塑公司，也有一個團隊。這次重修一善寺，我要出力的。補救被損的佛雕，寺裡要重塑的佛像，這些工作我來做。我們公司的人，聽我說爲一善寺盡義務，也一個個願意早日上山。」

小駱駝說，重塑佛像，他研讀了貴霜王朝史料，讓犍陀羅藝術，體現在佛塑風格上。他又與鏡空大師商量了一些細節，聽大師說上頭有撥款，就再三強調，他所作的全部工程，完全義務工作，不取任何報酬。鏡空大師站起身來，再三致謝，小駱駝扶著鏡空，虔誠說著，一善寺是他藝術生命的皈依。

不久，小駱駝公司的人員上山開始佛像塑形。而另一隊的人馬，由建築公司委派，也開始上山修復廟宇與山門。阮工程師就是跟著這支隊伍上山的。幾乎每天一大早，他要上工地仔細查看，及時反饋現場實況。阮寅前些年已經退休，一些小型的建築市場開放了，常有人請他做設計，他一一婉拒了。阮寅這些年，在家看書讀報聽電台，偶爾遠足旅遊，時常去公園晨練，更多時間放在讀經抄經上。他隱隱覺得還有一件大事等他去做，執拗地等待著那個時辰的來臨。那天與幾個同事茶館喝茶，聽到任職過的公司接了一善寺的工程，阮寅怦然心動，他意識到了這一天終於等到了。十年前在通善橋邊，他與鏡空分手告別，大師眼中充滿眞誠的願望，一善寺重建之時請他獻智出力，那畫面緩緩顯現眼前，鏡空的神情依舊溫和清晰。他向大師做過承諾，現在是兌現的時刻了。他回憶起越來溪寬寬的河面，那個波光粼粼的夜晚，他一步一步走向大河的中央，如果沒有鏡空大師的呼喚，如果沒有「擔擔虎，擔擔虎——」彷彿來自蒼穹的聲音，那麼，他現在在哪裡？救命之恩，永生難忘。阮寅想到這裡，又忽然頓悟，那個夜晚哪裡僅僅是生命的拯救，更是喚醒他心靈的救贖。他開悟了，物理力之上尋找向善的力，建築圖紙設計中蘊存情感的溫度，科技的頭頂閃耀人文的光芒。

阮寅默默工作，他深知，他只是一個以退休工程師身份，義務加入隊伍的建設者。然而，人們還是尊重他，他的建議得到落實，他發現的質量問題，得以及時糾正。他在內心，從通善橋回來的路上，已經煥然一新。他暗暗發願，將來生活的路徑，通往悟禪修身。讀《金剛經》，抄《金剛經》，成了他日常的功課。經典所在之處，即爲有佛。山巒古城，山有古寺佛塔，城內粉牆黛瓦。江南之山，實爲百米左右高的丘陵，綿綿延延，層層蔭綠，映襯出水墨畫般的天際線。水邊民居，次鱗節比，參差有致。假如在邊上突兀豎起一棟三四百米高的摩天大樓，不是假如，阮寅參加了設計聽證，他在會議期間，自始至終緘默不語，內心唸著阿彌陀佛。這位資深專家的態度，當然受到投資方的關注，至於此案幾個月後沒了下文，阮寅也沒去打聽，只是覺得本是一件自然事。佛，本是自然，山水與人文的和諧。我不見相，我不求聲。

鏡空一如既往，晨課、講經、打坐。偶爾，或坐著輪椅，或拄著拐杖，在寺院裡走走看看。鏡空不想多麻煩別人，輪椅遇上門檻、石階、高坡，常常要人幫忙抬起推行，能不坐盡量不坐，堅持著用拐杖獨立行走。他望著不遠處的上山御道，少年時候的他，幾乎是小跑步似，跳著蹦著走進山門的。遠處蓮花峰上的巨石影影倬倬，寺裡的佛塔依舊挺立，望鶴亭與山岩一線天遙相呼應，白馬溪水歡暢流過醉僧石，彷佛什麼都沒變，只是自己老了。鏡空回來後，衆僧的日常行住坐臥，交給了亦賢執事。工程隊有時通過亦賢，徵詢鏡空的意見，鏡空常常回應「善哉！善哉！」鏡空心如明鏡，工程事乃技術事，由專業人員發揮才智。一善寺乃名刹，以前拍過電影，各種照片資料俱在，原樣修建就是，無須自己變成工程師。鏡空幾次碰見到阮寅，見到他忙裡忙外，倆人有時一笑而過，有時站著交談幾句，鏡空也從來沒有具體過問。鏡空像有預見似的，他知道阮工程師會惜物，果然先前留下的舊木料舊磚頭，能用都派上了用場。有阮工程師在，還有什麼不放心的呢？

那是一個晴朗的早晨，陽光透過樹葉枝蔓柔柔撒在地上，松鼠忙著摘果，孔雀展翅歡旋，野兔罕見地悠閒散步，一改平日裡膽怯跑跳過往匆匆。一善寺在經年的修繕後，慢慢回到了往日的安寧靜謐。鏡空大師拄著拐杖緩緩行進，天藍雲淡，溪水潺潺，一如他的心境。幾隻孔雀，一善寺竣工那一天飛回來了，亦賢見到它們，歡喜滿心，笑容燦爛，忙走上去把一隻領頭的孔雀攬在懷裡。鏡空也是喜樂滿懷，想對亦賢說自己的見境感慨，最後還是沒說出來，只是把感悟留在了心頭：回來的孔雀，是替亦賢找回檀木手串的哪一隻麼？十幾年過去了，想必它已經作古，回來的是它的後代。生命的佛性，烙在遺傳裡，刻在靈魂中，善待萬物靈性，便有代代相報。

鏡空沿著御道前行，邊上阮寅時而攙扶著他。阮寅跟鏡空告辭，鏡空執意要送一程。他倆走的很慢很慢，阮寅顯然有意放緩步伐，還有自己隱隱覺得，這次下山後，也許會匆匆忙忙離開這片土地，去國他鄉。小兒子改革開放初去了美國，讀耶魯大學，又攻讀博士。如今在昆尼皮亞克海灣安家，幾次來信邀請父親前往。孩子出息，阮寅心中十分欣慰。又知兒子學的是生命科學，研究方向居然是人工智能與建築未來趨勢，這個課題對他一輩子搞建築設計的工程師而言，充滿美妙探究的好奇。兒子來信中談起那段崢嶸歲月，充滿悔意、自責與幡然醒悟，那種覺今是而昨非，知來者之可追的話語，把阮寅埋在心中揪痛的塊壘，頃刻間消融得無形無蹤。信中又說姐姐也考了GRE，去了加州大學，等父親來後，飛去東海岸相見。阮寅許多年沒見到兒女了，他想去看看兒女了，哪怕天高地遠，他的心，彷佛已經跨過了太平洋。遺憾的是，孩子他娘，離婚後命運詭舛，好好的一個人街上行走，幾顆流彈疾飛而過，中彈倒在了武鬥的槍聲之中。如果她活著，該多好！阮寅肯定會回去找她復婚，不管怎樣，阮寅這麼多年的經歷，這麼多年的讀經，他完完全全從心裡寬容了她，一切都已經釋然了。

鏡空拄著拐杖，一邊緩行，一邊聽著阮寅的敘述。時而點頭感言幾句，時而一起回憶諸多往事。鏡空對阮寅說道：「老衲知道，你和孩子他媽感情很好，那個時候，她執意跟你分手，也是無奈的選擇。她主要想保護讀中學的兒女，以免覆巢之毀。母女三人聯手批判你，也是時事驅使，潮流裹挾。學佛讀經，你已經大度包容，不再拘泥於恩恩怨怨。離相見佛，觀照般若。」

阮寅歎了口氣，說：「世事無常，人生多變。如今社會步入正道，卻又一家缺了一個。不然，倆老一起去看子女，該是多麼喜悅的事。」

「阿彌陀佛！」鏡空接著說道：「人世多不稱心不順意之事，亦多有如意如願之處。苦樂相間，喜憂參半。記得靈隱寺有楹聯雲，人生哪能多如意，萬事只求半稱心。」

阮寅點頭稱是，接著附應：「好像是弘一法師手筆。月有陰晴圓缺，人間大抵如此。下山後，想去一趟文學山房舊書店，託付江先生幫我尋覓明清以來的雕版佛經，我好請來好好保存，也帶點去美國，讀經還要繼續的。」

鏡空微笑著說：「想法挺好，物以緣歸，經藏無界。」

「緣起還是小兒子。這小子知我讀經抄經，居然也關心起佛學，還討教起佛教建築。」阮寅說著，自己覺得研究不深，無法滿意回答。

「想起來了，當年師父曾經感慨過，明清以來廟宇突破圍廊，與周邊山水融爲一體，佛在世間，猶如陽光普照。」鏡空回憶道。

阮寅突發奇想，說：「那麼，未來智能建築，是不是隱有禪的涵義？或者說，亦是佛的本意？人的居住智能化了，寺廟也會智能化吧，看上去是善意，那是不是應該離佛更近呢？」

鏡空凝望阮寅片刻，笑著說：「這倒是功課。你去彼國後，可以與兒子充分討論了。交流感悟，坐而論道。自性內照，開佛知見了。」

天邊的晚霞悄悄抹去，留下鑲在雲際的餘暉。鏡空站在下山的御道口，身後映襯著遠遠的山門，前方漸漸消失了阮寅的背影。鏡空心裡唸著阿彌陀佛，願他一路平安，願他在彼岸自性定慧，亦見如來。鏡空緩緩轉過身來，拄著拐杖，拾級步入禪院，又沿著放生池盤桓，水中映出他的臉龐，七八十年前他看到的是一張少年的臉，如今微波中蕩漾著一個佝僂的身影。歲月鑲嵌臉上，溝壑印頰，滿目滄桑。他感歎時空須臾而去，心中不禁悲涼唏噓。

鏡空和尚

第二十章　綠葉疏影，是春是秋

小和尚非聽在寺院內走了一圈，裡裡外外尋找師祖鏡空大師，一時想不起來，師祖會去哪兒。幾個師兄師弟癡癡笑他笨，一善寺就這麼大個地方，怎麼會找不到？師祖這麼大年紀，會去哪兒，不動動腦筋。聽衆人這麼一說，非聽一拍腦袋，靈光閃現，嘴裡說了聲：「啊呀，我知道了。」就急急忙忙朝半山腰走去，連走帶跑，氣喘吁吁。

遠遠望去，非聽見鏡空在新闢的苦瓜田裡勞作。非聽加緊步伐，耳邊的風呼呼而過，急急趕到了師祖跟前，見鏡空在用一根根竹子搭建架子，非聽上去幫忙，說著師祖你年紀這麼大，不必天天來田園打理，交給我們就是了。好奇心上頭，又問師祖爲何只種苦瓜不種其它？鏡空一面埋頭清理雜草，一面回復說，苦瓜既可做菜，亦可新鮮用，曬乾又可當作中藥服用，況且自苦不傳它物，品行高潔啊！非聽見了師祖，有一股自然親味兒，話越說越多，一會兒說小時候家裡也有塊地種花種菜，一會兒說讀大學去了太湖鄉村做社會調查。說著說著，興奮地講述起幾年前，一個人跑去韶關南華寺，參加了六祖大師金肉身回殿大典。也就在那裡，佛祖保佑，見到了亦賢師父，決定來一善寺出家。鏡空感歎，正是應了〈譬喻品〉，諸佛世尊，唯以一大事因緣，故出顯於世，彼此一念心開，是爲開佛知見了。非聽見師祖贊語，全然忘了亦賢叫他尋找鏡空師祖事情，滔滔不絕回憶起當年盛典的場景。鏡空自感年老體衰，派亦賢代表一善寺衆僧參加了典禮。那年鏡空沒去，一直心中遺憾。從非聽的神態裡，鏡空感受到了場面的氣勢恢宏，香火裊裊，鐘聲悠揚。誦經者匍匐膜拜，人群蜿蜒連綿不絕，無數信衆蠕蠕而行匯集成了虔誠的河流。

鏡空聽著，慢慢追憶起自己在南華寺的那個夜晚。今生能知曉六祖大師重見天日，心裡湧起無比的喜悅。他像一個俗人，向非聽問了許多細節，說著問著，自己也彷彿置身於當時的場景，猶如見到了噴薄著金光的祖師坐像，誦經聲聲，山谷輕輕回音，峰巒披上濃濃的彩霞，樹葉跟著佛樂的節奏微轉曼舞。一陣柔風飄過，鏡空在意念裡，感受到木魚的敲打節拍，如此的莊嚴隆重。他甚至分辨出鐺子與鉿子敲擊聲，有板有眼裡蘊含著衆僧衝出內心的欣喜。那些振鈴聲，也一樣舒心悅耳。鏡空感歎佛的廓然恢弘，無限靈光。卽使劫後歸來，還是完好眞身。縱然千般關鎖，禪佛不滅不減。鏡空沒想到，今世因見今世果，他能見證大善果，那是大慈悲，那是大如意，還有什麼事能比得上如此的大福大悅呢？

喜樂如潮湧動，一陣陣拍擊著鏡空的心房，但他的神情，一如既往的靜如止水慈祥安定。非聽見師祖遐想，手足利索地紮好了竹架，攙扶鏡空在田埂上歇息。

非聽雙腿盤坐，面向鏡空問禪：「師祖，我和師父見證大典，是爲盛事；又見沿途諸寺斷垣殘壁，是爲衰景。禪宗佛學至今，究竟是盛是衰？」

「見盛是盛，見衰是衰。百草枯榮，順時而生。」鏡空輕輕的說著，語氣親切：「大千世界，盛衰榮枯，是色非色，何況寺廟乎？一善寺經歷破壞，看似一敗不起，如今不是又具規模？假如浩劫連綿，能說寺不在廟不在就是衰落麼？」

非聽領悟疾快，何等明白，說：「師祖啓發，我知。師祖師父衆僧在，禪宗在菩薩在佛在。不以築境爲定義。」

「非聽啊，我聽你師父說過，你從小讀書好，跳了幾級。名牌大學少年班畢業，又有海外大學讀博全額獎學金錄取你，而你不去。你堅定選擇遁入空門，不會先想到佛寺的盛衰新舊吧！非聽，你是否覺得承擔使命，想拯救佛學於羸衰之中？」鏡空顯然出了道題目，讓非聽去悟。非聽仰面朝著師祖，眼睛透徹清純，瞳孔慢慢放大，更顯得靈動如赤子，撲閃更明亮。

非聽答道：「師祖，我覺得宗教、哲學、藝術、科學，非色亦色，至純之處，蘊含大數，即是俗語所說，心中有數。我時時在悟，此數有數，無窮無盡；此數非數，萬象有序。如此的話，師祖，哪來拯救之使命？」

鏡空點頭，微笑著鼓勵非聽繼續悟道。

非聽來了勁頭，語氣誠懇又稍顯急促：「我大學期間，天天泡讀書館，幾乎讀完館內的西哲藏書。不通之處，就查閱外文原版書考證。漸漸發現，西哲諸多觀點認知，竟然近似佛學，或者說，佛學與之相通。論證、邏輯、思辨，與開悟、漸悟、頓悟，大相徑庭，其實近禪，或者說，是禪的雙面繡。」

鏡空聽到這裡，豁然眼前出現了一個新的鏡像，心中暗暗驚喜。這個徒孫遠超普徒慧根，見解悟道獨劈蹊徑。幾十年的參悟，似乎也沒往西哲路徑去想。鏡空慢慢說著：「民國九年，那時我還年輕。英國哲學家羅素來華訪問，記得趙元任先生還為他演說做翻譯。大家對他先熱後涼，又多傳播他的情史，對他到底講了什麼哲學，似乎不甚了了。」

「那師祖，您知道他是一個和平主義者嗎？」非聽輕聲問。

「羅素反對戰爭，反對核武器，我後來慢慢知道的。」鏡空陷入了思索。鏡空與徒孫討論，西哲中反戰和平是不是看作一個元素，如是，佛教禪宗又何嘗不是如此呢？非聰闡發自己心得，羅素有些思想可以看做《心經》另一種註解：生，外面黑暗；死，內心也將黑暗。一切皆空。

非聰緊接著說道：「外部世界究竟是什麼？羅素的黑暗說，其實是不知道。這個觀念，西哲一貫至今。十八世紀，蘇格蘭啓蒙思想家探討過，還相互批判過。」

鏡空笑道，問佛不分長幼，參禪無有先後。分享非聰悟道，也是師祖一大福氣。非聰你儘管悟，充分參，頓悟之地，即是西天。

見師祖傾聽，非聰繼續悟之感言：「休謨持懷疑論，托馬斯·里德持常識論。有意思的是，不管休謨還是里德，都認爲感覺與現實物理世界不存在緊密聯繫。我們永遠不知道外部力量是什麼。」

「康德的說法，現實不是現實本身，只是表象。」鏡空從記憶中鉤沉，像是喃喃自語，又像是回應著非聰的話語。西哲哲人中，鏡空對康德相對熟悉，得益於有一位教授，也是一善寺的香客，送過他一本譯好的康德著作。可惜，那本書也焚毀與文革的熊火之中。

非聽暗暗驚喜，師祖也讀康德啊。他知道師祖閱讀廣泛，沒想到師祖僅僅孤零零一句話，萬川歸一，畫龍點睛。非聽馬上雙手合十，緊接著說：「是的，師祖。山峰在遠方的霧中，人們的認知本是模糊。如若用詞語表達，更是大相徑庭！康德已經發現，語言與事物對應的失眞。維特根斯坦獨樹一幟，認爲語言的邊界決定世界的邊界。師祖你看，這不就是禪宗的『不言』？」

「慧能大師不識字，物化的語言是字是詞，亦是相。不受相的幻界，反而更能參悟通透，一切言語道斷，便成就了祖師獨創南派禪宗。」鏡空慢慢說道，他看著非聽，覺得這個頓悟，開闢了一個新的佛境。那麼，維特根斯坦的不可言，與參禪的不言，是不是有殊途同歸之意呢？鏡空陷入沉思：語言在求佛的路上，又是怎麼樣的究竟呢？「貪」、「瞋」、「癡」煩惱三毒，慾望方向迷失，靜參語言本義，不是就撥開了迷障的塵染？倘若他是參悟者，不幸喪失了語言功能，是不是就停止思考停止感悟了呢？不可言的言外世界，是否更爲豐富？不言的那個境界，甚至不用tan、chen、chi的音節或者字形，就不能反思或者悟善棄惡了麼？

非聰虔誠地傾聽，聽師祖說起慧能大師的不言自悟，接著道：「言，可悟。覺、正、淨自性三寶，參禪中義念的自我認定，或許離開頓悟更近。語言字詞越接近本義，或許離本性越近。語言的歧義，會茫然走進誤區；語言詞彙的曲解或者偷換觀念，卽是刻意者自設孽障。那些無謂的爭論，其實不是在說事實本身，而是詞的爭議。」

鏡空點頭讚許，接著非聰的話音：「民國大學者胡適也有類似觀點，世上之爭義，乃名詞之所爭。事實不清，詞義混沌，雲裡霧裡。善，歸結於一個褒詞；惡，歸結於一個貶詞。或者詞義本無褒貶，卻賦予喜樂與恨怨，那更是離悟道十萬八千里了。語言詞彙會誤導佛徒的修行悟覺，不言，不可言，不借語言詞匯參悟，無念念卽正，法達卽是心達。」

非聰心裡暗暗欽佩師祖悟性的迅捷。他想說，詞不達意，義無詞表，參悟尚須超越語言詞彙文字的藩籬。突然記起佛經，於是他引經據典：「嗯嗯，師祖高禪。法達而不是言達。《維摩詰經》曰：文字性離，無有文字，是則解脫；解脫相者，則諸法也。言語可能描繪事物，但永遠無法表達事實。倘若新詞大詞當幌子，處以凌駕或獨尊之態，則是心魔作祟，與詐言妄語了無差異了吧！

依於義，不依語。佛祖悟道，何等智慧！」

鏡空儀態端莊，眼簾低垂，微微抬頭看著非聽，恍惚間，似乎回到了六七十年前。年少的他，來一善寺後，常常與師父對話參禪的情景。那個時候，他就像眼前的非聽，感悟中的點點滴滴，急於向師父訴說。歲月眞是輪迴，如今的他成了師祖，非聽剛才的參悟，他靜靜聽著，他的內心極爲喜賞的。西方人，東方人，世人皆具佛性。東方文化，西方文化，有容乃大無礙見性皆成佛道。非聽見鏡空不語，忽然記起剛才是來找師祖的，居然忘了乾乾淨淨，與師祖坐而參禪討論起不二法門了，於是啊呀了一聲，跟師祖說了，自己師父叫師祖回方丈室見客。

一陣煕煕微風拂過，架子上的苦瓜葉子隨風輕輕旋飄。鏡空「哦」一聲，對非聽說，他知道來客，也知道來客局領導見他的意圖，只是想讓亦賢先接待一下，有的話還讓亦賢來說方有回旋餘地。說著想起身，非聽說師祖慢著，他去推輪椅來。鏡空擺擺手。非聽見狀扶起師祖，攙著師祖手臂，跟著師祖緩緩向山坡上走去。鏡空說，我們到山門口等民宗局的領導出來，來而不見非禮也，我去送送他們。非聽說，師祖我見局裡幹部來過幾次了，莫非有什麼事發生？

鏡空沒有正面回答非聽的疑慮，而是問道：「這幾年，一善寺重建好了。如今禪寺，你覺得宜守常呢，還是宜變故？」

非聽扶著鏡空，想了片刻，邊走邊說：「這些天，香客帶來許多消息，寺裡衆僧也私下議論，說某公司規劃建景區，清理路邊攤，破牆開店，這恐怕不是空穴來風。那公司計劃起碼要上面默認，局裡一直來人可見十分重視。倘若一善寺成了景區內一個景點，豈不是香客都成了遊客？禪寺成了公園？公園也罷了，還要收取進景區門票。聽師祖問，宜守常還是宜變故，徒孫頓悟爲何師祖只種苦瓜不種其它了。苦瓜自苦不苦他物，宜守常還是宜變故，世見知見，已然含義。」

鏡空微微一笑，說了聲：「怎麼講？」示意非聽繼續敍述。非聽一氣呵成：「佛曰：苦瓜連概苦，甜瓜徹蒂甜。三界無著處，致使阿師嫌。瓜本苦瓜，不是甜瓜。若變甜瓜，破慧非定。串了味，離了性，直心何處是道場？」

鏡空心知，非聽最後一句在暗引《淨名經》，虛相安心處，實歸世俗地，也只有年輕人敢如此參悟，蘊現勇氣擔當，暗歎非聽性格中的剛烈。假如邊上是亦賢，萬萬不會果斷直抒，會是溫婉慢慢道來。鏡空覺得以亦賢柔弱的個性，留在那裡接待領導，不會情緒衝突，無有妄言僭語。倘若過於謙卑退讓，擔心被對方誤解誤讀。想到此，鏡空不由加快了步伐。

非聽扶著師祖慢慢走到了山門石牌坊前，鏡空喃喃的說：「非聽你看上山御道，這些天突然空空蕩蕩。小攤小販趕了個乾淨，這是我輩出家人萬萬沒想到的。販夫走卒，引車販漿，自古以來都是卑微而正常的謀生。香客上山請一把香，買一束花，購幾個水果，有個方便；家眷童子下山，買些蓮蓬、栗子白果、醃金花菜，或者泥人、飴糖、小玩具，也有佛意紀念。景區景區，成了商販禁區，為啥就不可留一點人間煙火氣呢？」

非聽見鏡空微微歎了口氣，神情無奈。本想接嘴說些什麼，見一群人簇擁著一個大背頭，從殿裡往外走來，便嚥下了話語，提醒師祖，他們出來了。不遠處的人，見鏡空許候在道口，也加快了步伐。鏡空尊稱西裝革履大背頭的領導「魏局長」，雙手合十致意。局長也是遵循佛門禮儀回禮，雙方互致問候，場面溫馨。局長讚美一善寺乾淨寧靜處處勝景，鏡空大師管理有方井然有序。順便表揚了一下站在邊上陪同的亦賢；心無雜念，定慧得體。鏡空謙遜道，還是局長關心，禪寺有福，阿彌陀佛！

魏局長舉手投足，十足的幹部派頭，用語習慣文件官腔：「改革開放，解放了生產力，形勢大好嘛，哈哈！蓮花山要搞個大景區，上頭正在協調各個局統一規劃。一善寺趕上了好時代，先在這裡搞個試點。鏡空大師德高望重，你的建議要多聽聽的，我黨優良傳統嘛，密切聯係群衆嘛！」

鏡空大師回應：「善哉！善哉！老衲靜心看了大景區規劃意向書，分批分期大致也需三四個五年計劃實施，太遠的的事，偶因突發，居多無常，不便妄議。這些天來，仔細研讀了一善寺景區藍圖草案，見清理御道，禁設攤位，由禪寺開牆設店，又見山門外人工築景再造亭台，引流遊客必經過購票處，再進入新築大廳堂，然後再拾級上山。老衲看法，佛寺淨土自有定位。請容謹愼斟酌，從長計議！」

「哈哈，請說，請說，請說——」魏局長笑著，本想用手拍鏡空肩膀，忽想到此舉不妥，把手縮了回來。

鏡空雙手合十，緩緩說道：「魏晉以來，一善寺高僧駐足，香火鼎盛。唐朝之後，建爲禪寺。遠有浙南蘇北善男信女虔拜，近有運河太湖姑蘇人家敬佛。文人墨客，參禪題詞；鄉紳漁夫，求保平安；觀音誕生日，法會隆重，爲信衆消災祈福；臘月初八時，架鍋施粥，念佛恩澤庇如意。一方水土一方寺，人傑地靈恆安樂。老衲愚見，恆者有長性，見微自悟遠；恆者利他人，不爲自性亂。恆，波浪海水皆無相，念經內照卽達善。恆也，佛性也。阿彌陀佛！」

「大師所言，回顧了一善寺歷史。完全理解！哈哈……」魏局長爽朗一笑，接著說：「我們呢，是唯物論者，不信鬼神。但是，宗教還是尊重的。我們的政策嘛，還是保護寺廟道觀淸眞寺的，大師盡管放心。四十幾年前，老媽生我之前，連生兩個姐，想得一個男孩，專程到一善寺求觀音，還眞的生下了我。母親常說，一善寺的菩薩挺靈的嘛！」

「善哉！善哉！」鏡空應道。本來田間勞作，鏡空有些疲倦，對著話，想著怎麼妥帖表達，一時也來了精神：「魏局長還是知根知底的。如今一善寺，香火大致恢復到文革前的景象。看著御道兩旁小商小販攤位多了起來，覺得大致接近民國時的樣子。附近農民市民，背靠江南名寺，御道兩旁擺一個攤，賣幾碗茶水，幾樣山貨，幾個泥人玩具，謀生貼補幾個小錢，方便了香客。若一刀切取締，說是爲了山區美景，老衲以謂大煞風景！從古至今，寺內宜靜爲修行，寺外連著世俗煙火氣息。不然，佛離衆生，無所從來，亦無所去，福德無實，如何菩提？」

魏局長聽著，指著邊上另一位穿西裝的瘦高個子，說道：「貝體細節，可與開發公司貝總經理協商。鏡空大師年紀大了，亦賢以後可與貝總多多聯係。」貝總頻頻點頭，忙從衣兜裡掏出名片，給周圍人發了一圈，非聽也收到一張。魏局長繼續說：「如今市場經濟，具體運作由公司操作，行政當局不會參與的。這個公司嘛，新生事物股份制的，發展旅遊，繁榮文創，這個大方向對得嘛，政府當然也要做好服務嘛。」

鏡空似乎沒有細聽局長的話，還是沿著剛才的思路說：「擺攤販貨互通有無，看似買賣，實爲行善。老叟無欺誠實經營，不是讀經，也是修行。慧能大師曰，砍柴擔水皆能成佛。老衲體悟，是爲眞經。倘若破牆開店，店堂貫通，寺廟如俗店，吆喝連誦經，旗幌廣告掩禪房，究竟是禪寺還是商場？另外，老衲見初步規劃，新景區大殿建在御道上山口，正向橫一棟新建築，香客如何直徑進寺？香客都要買票後才能上山麼？」

魏局長大手揮揮，說：「明白鏡空大師建言。大師就是大師，一言卽到位。確實，禪寺姓寺不姓店。這個嘛，貝總——，」他把目光投向貝總經理，繼續道：「鏡空大師說了，寺內建議不開店。貝總可以充分考慮調整方案。」他又回過頭對鏡空說：「改革開放嘛，百年大計。我們沒有現成經驗，摸著石頭過河嘛！鏡空大師，僧俗同在一片天下，佛教三皈依，我個人看法，我們還要共同皈依社會主義嘛！大局爲重嘛！」

鏡空大師回應：「阿彌陀佛！」雙手合十，目送魏局長一行漸行漸遠。魏局長臨走，還與站在邊上的衆僧一一握手，衆僧出於禮貌，被動地接受這份親和力與熱情，一個個不卑不亢。然後，他們以佛門禮儀回禮。大家久久站立，和鏡空一樣，神態安然，直到那一行人身影消失。鏡空感知，他們人影漸漸隱去之時，卻是耳邊彷佛傳來挖土機的轟隆聲，又好像陡然豎起一棟大殿堂，突兀的橫亙在道路中央。他知道，出現了幻覺。但他也清楚，這眞的不是幻象。如今城市尤其城鄉交界處，到處是建築工地，他每一次外出，每一次的感受，見到水泥攪拌車疲倦地旋轉，四周到處塵土飛揚，不時傳來刺耳又沉悶的打樁聲音。他知道，這是工程建設的大時代。鏡空想起慧能大師講經，不執外相，不執空虛。百物不思，道性障礙；聽說不修，反生邪念。如此，鏡空我亦應學到老思到老，處處思處處悟。前些天，鏡空不恥下問非聰經濟學，工程與經濟的取捨因果。鏡空聽著非聰解釋，也是不甚明瞭見性。聽著聽著，鏡空突然出悟：市場原來頗見人情眞意，波動卽是不住相，成交時刻顯佛性。非聰卽刻喜曰，師祖見悟極速，又向鏡空推薦了米哈佛。鏡空大吃一驚，學佛入寺以來，從來沒聽說過有個米哈佛，忙問究竟。非聰一一推薦了米賽斯、哈耶克、佛利德曼的著作，鏡空恍然大悟。

衆僧見鏡空不走，還在思索著什麼，也靜靜等在原地。夕陽落入了林間，光點透過樹葉，穿過樹枝，柔柔地落在衆僧的身上，灑到了地上，停在了石坊，光陰一時凝固，無聲無息的靜謐之中，綠葉疏影，是春是秋？

第二十一章　悲喜自渡

半個月後的一個夜晚，鏡空回到寢室，亦賢跟了進來。

桌上的沙漏不知疲倦地流淌，在簡陋的房間裡，顯得格外靈動。沙，在瓶底堆積，亦賢帶來的消息，也慢慢沉澱在鏡空的心上。寺裡給大家配備掛鐘，鏡空謝絕了，他不想在自己的房間裡，抬頭低頭老是見到時間的提醒，他覺得俗人僧人一旦分分秒秒掌控時間，也是一種住相。後來市場上有了電子小鐘，非聽買了一個，有小屏幕，有欽按健，有語音播報，十分方便好用，送給師祖，也被鏡空謝絕了。鏡空還是用著古老的沙漏，雖然計時不是精準，那也是大世界的天然運跡。亦賢，還有一個個寺僧，乃至一個個香客，告訴鏡空，山下工程動工了，上山御道口封掉了，新建的不知是殿還是館，開始打樁了。「施工重地，閒人莫入！」八個大字，醒目地掛在腳手架上。亦賢跟師父說著，他前去交涉的過程。貝總十分客氣，答應在建築工地旁做個指示牌，請香客注意安全，繞道上山。亦賢實地觀察，那牌子做的窄小，一般人根本不會注意到，況且還是緊靠工地邊緣，暗藴險象，人們也不敢走。這些天，上山進寺的人，越來越少，山下工程尚需一年半載完工。建好後，香客、遊客、登山愛好者、學生野外考察隊，亦賢用了一個詞，「上山人」都須買門票進山，說是物價局批文已經下了，售價二十元一人。貝總幾次上山見亦賢，也見了鏡空，鏡空堅定否決了一善寺以無形資產入股的方案，也斷然拒絕參與景區門票的分紅。鏡空緩緩看了一眼亦賢，輕聲說：「這些天來，上下溝通，忙進忙出的，亦賢辛苦了。」亦賢回復道：「師父見諒了，許多事情沒有辦好。」鏡空憐惜道：「不可怪你。世事如此，洞明即是，聽由佛菩薩安排吧！」

鏡空見瓶底的沙漸漸滿了，順手把沙漏顛倒過來，重新放平。看著細沙流下，抬頭對亦賢說：「逝沙流歲，萬事無常。昔日慧能大師重新釋解《涅槃經》，無常著，即佛性也。佛性如常，那還講什麼善惡諸法？如今事態，我也只覺得，混沌之中，自有菩提。山路不通，悟參有阻，豈不是更使人萌生覺悟之心？」

亦賢立刻領悟：「師父之意，於無常之中見佛性。參禪之道，萬路皆通。」

鏡空點頭，語氣堅毅：「明天起，做完晨課，你就陪我沿著御道及周邊走走。路在腳下，禪在心中。此路不通，自有通佛自覺之路。」

一連幾日，亦賢推著輪椅，陪同師父沿著御道，走了幾個方向，反復權衡比較，大致傾向朝東南灌木間，重新開闢一條上山新路。那天上午，他們倆久久站在路邊，亦賢撥開雜草小灌木，草葉樹葉的掩映之下，隱隱約約見到了一條人或動物踏出的小徑。遠處，從山下彎彎直直，朝他們走來了一個人，走近了，亦賢看清了來人。王山藥。王山藥也忙著向兩位大僧致禮。鏡空見是山藥，立馬要站起來，王山藥急忙上前，扶起了鏡空。

王山藥快人快語：「山下人都知道，一善寺被人家堵路了，以後我們本鄉本土的，都要買票進廟了。兩位師傅在此，要拿個主意啊！」

鏡空問山下幾個村子怎麼個看法。王山藥說，那有什麼辦法，反正當地人地形熟悉，翻山越嶺趟水過河找進山小路就是了，就是苦了城裡的和外地的香客了，上個山要破費不少錢。鏡空無奈地笑笑，他也沒想到一善寺那麼值錢，可以讓某公司借景盈利。鏡空聽著村民們讓山藥帶上來的話，對激烈言論，鏡空溫文說道：「回去告訴鄉親，萬萬不可動手動腳動武，不可偏激，不可去扒掉他們造的建築。老衲思忖，原路設關，只能悲喜自渡，自己開條新路吧！」

「山下人也有這個想法。」王山藥讚同說：「我對山裡小溪小路，閉著眼走也不會迷路。鏡空大師，你看眼下這條，比原來走的大路向南多繞了二三百米，卻是上山便捷的。這條小小路上，我上幾天還見到大烏龜呢！蓮花山裡的大神龜我又有十幾年沒見了，上次看到還是在通善橋邊。」

鏡空知道大神龜回來了，心裡一陣喜悅。回憶道：「我還記得你說過，獐子在這地方跑過呢！」

王山藥一拍大腿，說：「對！大師傅，萬物皆有靈性。那頭獐子不知什麼原因傷了腿，跑到我家門口場地上來吃療傷的三七草。路上見了我，老是點頭呢！」

「善哉！善哉！」鏡空說：「山路無言，自成蹊徑。沿著下去，山坡比較平緩，出山是一個廢棄的石材加工場，正好場地開闊，方便聚集，也可停車。我看就這麼定了，明天跟寺裡衆僧說事，少則半年多則一兩年吧，衆僧出力慢慢把路修好，不爭不議，自渡自戒。是爲修行，是爲參悟，是爲普渡。願路成之時，衆僧抵達自淨其身。」

王山藥有點小激動：「寺裡修路，我侂村民也出力！我回去跟大家說了，明天就可帶上百人上山！大師放心，雜草雜樹，做路基前，我們來出清，保證後面鋪路乾乾淨淨！」鏡空立刻致謝，心裡踏實許多。

香客間的消息傳的飛快，親傳親，友傳友，不用半天功夫，山下村莊，半個姑蘇，不少人知道一善寺要築建新路了。鏡空與亦賢回到寺裡，見亦智、亦良、非聽都在客堂，吩咐非聽協助好師叔，亦智主管內務登記、造冊、後勤器具管理，亦良在外組織、協調築路雜事。非聽年輕腿腳快捷，奔走前方後方溝通聯繫。亦智歲數大了眼力不濟，非聽你要多花時間分門別類細心做事，鏡空打了個比方，像漢朝的張良那樣勤勉又有建樹。亦良帶好隊，聽從工程師、技術員的意見，協調衆僧與自願者的分工合作。鏡空輕輕長歎，自己老了，實在沒有精力統管了，亦賢代我把關，統籌處理諸事吧！前些年重修一善寺，留下的建材，能用盡量用，後院堆壘的磚塊、條石，這次好派大用場了。不多時，附近鄉村的香客，絡繹上山，帶了自己編的竹筐、竹簸箕、扁擔，送給衆僧用。王三木送了些鐮刀、斧錘、扒鋤，自告奮勇擔當去農資公司購買工具。王三木對鏡空說，大師傅對不起你，那個大革命時候批斗你，實在是昏了個頭，著了個魔。我娘提起這段事就罵我，真的對不起和尚對不起佛祖。我娘快九十歲，走不動了，托我給寺裡修路捐十元錢，表表心意。我娘天天吃素念經，還能偶爾下床站站走走，不生褥瘡，神氣著呢。真是佛祖保佑，還能這樣硬朗！

次日晨課之後，鏡空、亦良率衆僧除草平整，淸理碎石灌木。王山藥率村民也早早到了，動工開出了一條七八米寬的地帶來。一開始場面有點亂，等王三木送工具上來後，人人手裡有鋤有筐，自然分工到位，慢慢井然有序，效率明顯提高。人們休息時，紛紛勸鏡空回寺休息，請他放心。鏡空把亦良叫到身邊，吩咐根據地形，不必挪動或者砸掉山石，寬則七八米，窄則四五米，彎處順其彎，直處就其直，成路尊地，順其自然。

亦賢每天忙到深夜才就寢。事必躬親，心如髮細。工地上，有沒有遺留工具，他都去走一遍。非聽心疼師父，怕夜裡黑咕隆咚的，出什麼意外，就陪著師父，拿了手電筒，仔細照看。回到客堂，見一排排書架上，一個個文件夾，分門別類貼了標記，亦賢內心十分欣慰。心想，非聽不愧讀了大學的，建檔做賬分類檢索，做的地地道道。一個家有家風，一個寺有寺風。一善寺的僧人，做事踏踏實實，待人誠誠懇懇，每一事，視爲修行；每一悟，是爲菩提，那是一代代師祖與僧者薪火相遞的傳統。亦賢感到，他有責任擔當，鏡空師父年歲大了，他要爲師父分擔，他也常常爲自己做不到位，心裡內疚。幾十天來，新路漸露輪廓，阮寅原來的公司、山下的採石場、燒過金磚的御窯，紛紛往山上運送建材。上山的人絡繹不絕，排隊登記做志願者，搶著幹活。那些工程技術人才，亦賢待之如賓，反倒是那些人對亦賢說，大師傅不必多禮，自己建了技術設計小組，繪圖、測量、指導施工現場。他們常常徵詢亦賢的看法，亦賢說，修行之人，惜物爲善。路之寬窄，順其地勢。路面用材，哪有那麼多扁磚、小方石，一段是磚鋪路，一段是石鋪路，大一點的碎石也可砌齊鋪路，物盡其用，整合到位，一樣堅實美觀。至於遮風避雨的亭子，路邊小歇的石凳之佈局，間隔多少米，選址何處，順其自然，蘊合科學與人文關懷，完全由工程師、技術員協商定奪。

星光閃爍天際，山脊朦朧逶迤。亦賢步履穩健，非聰眼睛明亮。夜晚微風吹拂的御道上，師徒倆似乎在雜聊，又似乎在參禪。亦賢勸非聰，兩頭跑，重心協助師叔亦智做好統計歸檔，人手緊，後勤保障事務也一起管理，已經夠忙的了，不必再去工地勞作了。非聰說，擔土砌石亦是修行。自己小輩年輕，佛猶覺也，開覺、示覺、悟覺、入覺，一念心開，是爲開佛知覺。倘若客堂諸事看作功課，執念於此，慧能大師作過比喻，就如牦牛愛自己的尾巴。若要心開，在路上，在勞作中，沒有身體力行，學佛猶如水裡撈月霧中看花。沒有出汗付出，何談內心關照？亦賢微微點頭，心裡讚許弟子的感悟。隨口對非聰道，聽你這麼說，記起鏡空師父曾經設想，等到適當的時機，帶領全寺僧衆，作一次遠途的行腳，讀經與踐行，懷善與悟道，邊走邊修。見衆生眞況，悟智慧眞經，佛在人間，以求眞諦！可惜當郎沒有回應師父，他年近九十了，怎麼有此體力帶隊？應該我亦賢承擔此任，我的悟覺就是慢，眞的慚愧。非聽忙說，師父不必內疚，過些時日，等新路修好，再與師祖發願帶隊行腳也不遲。

亦賢緩緩絮道：「師父說起過，王陽明知行合一，歸屬儒學，實値近佛。那時候，聽師父無意之言，往往覺得蘊含開覺。出家之人，若無自我認定，難進佛法大門。非聽，你師祖就曾經問過我，世俗之人，寺廟之僧，世間爲何稱僧者爲和尚？」

非聽立刻回復：「梵語鄔波馱耶，本意師者。漢語和尚稱呼，大致在五代兩宋之後流行。對譯詞文始稱德高望重出家人，後來民間泛指了。」

「當時我也是這樣回答師父的。」亦賢接著說：「後來師父又問，那可用之詞多矣，譬如沙彌、禪師。爲何世間獨獨和尚一詞廣而用之？」

「和者，非戰、和諧也；尚者，通上、崇高也。民間約定俗成，可見俗衆眼裡：和尚者，出家人也，和平高上者。」非聽析義道。

亦賢點頭：「漢人大衆文化，蘊含和平、中庸、協諧的人文傳統。學佛走向大衆化，和尚稱呼也從狹義到廣義，方丈僧徒一概統稱，豈不是暗蘊了衆生平等之佛義？」

「合乎自然！」非聰呼應：「師父啓發，頓覺明朗。如是，和尚者，出家人更應該自勉自勵，懷善勤悟。不污染不執著，莫向外求，自見本性。」

「善哉善哉！」亦賢見非聰夜色中，神情認眞，眼光撲閃，頗感欣慰：「是啊，己之不渡，何談渡人！憎愛不生，取捨亦無；利益不念，傳法慈悲。做如是出家人，方覺得不辱和尚之稱。」

非聽話語乾脆：「吃齋修行，皆爲近佛，宅家居士也可做到。世人稱之和尚，入寺剃度卽是道德榜樣。貪嗔癡一點點少，戒定慧一天天增。不然，建寺何故，出家爲啥？」

亦賢笑道：「道德乃自我戒律，榜樣是世間標桿。和尚也不會處處完美，生命在，缺點在。念經、學佛、修行、頓悟，那是一條智慧之路，亦是在自渡彼岸。那麼，還在此岸尚未到達彼岸，僧者是不是不可渡人呢？」

非聽略微停頓，思悟道：「度己度人是爲一體。不知渡己，奈何渡人？皈依覺，兩足尊；皈依正，離欲尊；皈依淨，衆中尊。自尊自悟皆通自渡。然而，天下衆生，悉有佛性。看似他渡，看似渡人，實際還是自渡，僧者渡人就像無相划槳，安時醒勉，見危喝令。沉迷欲境，渡也茫然。一切渡人，皆爲自渡。」

亦賢聽著，神情放鬆，默而不語。說話間，師徒倆不知不覺到了寢房前，互道晚安。亦賢提醒非聽，明早有香客送條石來，卸下後請他們進寺休息請茶。

亦良、非聽等僧衆一大早就在山下新路道口等候。不多時，駛來兩輛重型卡車，上面纍滿長短不一的石條，有靑石的，也有黃石的，滿目的滄桑感，看得出來，大多從大街小巷改造建設時候拆除下來的。車子輪胎微癟，顯然超載負重了。跟隨車子來的一對中年男女，男的穿著休閒西裝，女的一襲羊絨外衫。先從駕駛室踏板上落地，朝亦良他們那邊走來，正寒暄著，緊接下來的兩位司機，又與衆僧商議細節，決定先由寺僧和志願者人工卸掉些石頭，再由司機操作機械自動卸石。

場地上井然有序，人們在車廂與地面之間，固定架好木板，肩扛背挑，把車上的條石放到木板上自動滑下，上下兩隊人馬按部就班，協力卸掉了一小部分，車上人回到地上。然後，卡車發動，司機按下卸貨開關，車廂前頭慢慢翹起，隨著高度的提升，條石紛紛落地，衆人拍手稱歡。卸畢，亦良請兩位師傅上山小歇喝茶，司機笑著要走，說等路修好，閒時一定會去一善寺。亦良突然想起，亦賢心細，托非聽給他兩個小盒，說司機不上山的話，送個小禮。於是從兜裡取出盒子，分別送給了兩位司機。誠心誠意地說著：「兩位師傅辛苦，請笑納小禮。」兩司機急急擺手，表示和尚的心意領了。亦良解釋道：「盒內檀木手串一副，鏡空大師開過光了。請收下吧！」兩司機還是擺手，邊上穿西裝中年男子說：「寺裡盛情，真心誠意。那就兩位師傅收下吧！戴著手串，開車出門出路，路上狀況瞬息萬變，也可保個平安。再說，兩位師傅這趟出車，知悉送條石給一善寺，不要工資，義務支援，也是一片善心好意，做個紀念，受之無愧啊！」衆僧一聽兩位司機也是義工，不登記的志願者，也紛紛示意感謝。一位年紀大些的司機，看著衆人，憨厚的笑著說：「那就恭敬不如從命，隨喜了。」再三致謝。末了，司機對西裝男說：「丁經理，那我們先回了。以後有啥事，儘管叫我們！」

邊上女子挽著丁經理的手，跟著衆僧一起上山。非聽見亦良師叔與來人有點熟，又聽來人說，他們想見鏡空大師，並報了姓名，男的叫丁春峰，女的叫白雨蘭。那女的姓名十分耳熟，又好像從未聽見過。不管怎樣，憑著非聽的機靈，覺得這裡面肯定有故事。非聽一路小跑，腳下生風，不一會兒就到了禪房。見師祖鏡空在，便把來人衣著相貌姓名舉止大致說了。鏡空聽罷，立刻示意非聽準備茶水，並向寢室走去。非聽有點懵，一時反應不過來，站在原地。他想師祖見人怎麼不走向客堂？他剛想問，鏡空回頭對非聽說：「等兩位香客上來了，你直接領他們來我寢室，外面人多音雜，裡面清淨。」

第二十二章　未來之世　百千萬生

非聽把茶盞送來，向兩位來客恭敬獻茶，嘴裡說著請丁經理、白女士慢用，便向門外退出。鏡空叫住了他：「非聽，去找一下你師父，過來一起說話。」接著，對來客愉快說道，這是一善寺最年輕的僧者，少年班大學生，一畢業就出家了，如今還在攻讀碩士，學問大著呢！來客望著非聽遠去的身影，頻頻點頭。鏡空見亦賢來了，也向兩位作了介紹。鏡空說，歲月不饒人，老衲走不動路了。如今一善寺大小事體，都是亦賢在張羅。

鏡空感謝丁經理，送來的石條，真是及時雨。工程師們說，勞動力不缺，磚塊小石不缺、黃沙水泥不缺，獨缺築石級的條石。山下採石場也送了些來，但畢竟長條石材不好取，磨琢成型也需時間，丁經理幫了大忙，不耽擱工程進展了。

丁春峰回應：謝佛菩薩保佑吧！說來也是佛意，那天他宴請幾個老同學，席間話及一善寺修路，裡面有大革命時上山破四舊的，說那時候真的無知，打砸破壞，以毀廟爲光榮。一善寺重建他們在讀大學，無法出力。眼下工作了，也有自己的事業了，寺廟修路該出把力，行個善做個好事，更是自己對那段行爲的贖罪吧。丁春峰在一個大房地產企業下的物業公司做頭，基建行業的信息自然比別人知道的快，就說了一善寺修路什麼都不缺，缺的是條石。大家你一言我一語，尋找資源，還是那個老同學靈光咋現，嚷嚷道「踏破鐵鞋無覓處，得來全不費功夫」，現今古城大改造，街坊門堂拆下不少石頭，浙江有人來收購，他是拆遷辦的，這點事他可做主，條石捐給一善寺。丁春峰補充提議道，若是要作價，那我們幾個哥們就買下，衆人一致讚同。

鏡空、亦賢雙手合十，再次致意：「丁經理見到他們，代我們謝謝各位施主！」

謝過後，鏡空緩緩悠悠道來：「其實我與丁經理早就認識。白雨虹幾次提及你，現在名字和眞身對上號了。」

丁春峰呵呵一笑，豪爽地說：「修行不分僧俗，隨緣卽如雲水。鏡空大師，以後一善寺有啥事，儘管說。」接著便介紹邊上的女子白雨蘭，就是白雨虹妹妹，一起跟他去兵團下鄉，後來呢，改革開放，感謝鄧小平，快三十歲了，趕上了高考的頭班車，成了文革後第一批大學生。他們考取了同一所師範學院，一起做同學。從一起做戰友，到一起做同學，再後來呢，嘿嘿，丁春峰有點羞意輕聲一笑，我們就在一起了。畢業以後，他去應聘了房產公司，雨蘭去中學做語文教師。再後來呢，他們有了一個女兒。

鏡空大師一改矜持，輕鬆笑道：「丁經理一口氣說了五個一起，姻緣際會，有緣人自會相遇，有情人終成眷屬。」

白雨蘭看了一眼丁春峰，捋下頭髮說：「丁春峰那時是我大哥的發小又是同學，常來我家。我那時什麼都不懂，只知道跟著唱樣板戲，演樣板戲，覺得很革命。我大哥反對的，說是胡鬧。幸虧大哥藏了不少課本，後來複習都派上了用場。」

「想想那時眞是胡鬧。」丁春峰順著雨蘭話說道：「上北京串聯，去別人家抄家，又是寫大字報，又是批鬥老師，什麼都打著革命的旗號。什麼革命小將，革命家庭，革命行動、革命春節，革命友誼，革命愛情，革命道路，革命的人道主義……」

鏡空大師說：「一善寺衆僧還是本分的。別的寺廟也有革命和尚，領頭混攪。也有還俗的和尚領著人毀廟鬧革命。眞是作孽啊！」

亦賢雙手合十：「阿彌陀佛！但願知錯改正，回頭是岸！」

鏡空像是自言自語，對著雨蘭說話：「你大哥頭腦淸醒的。他不參加任何紅衛兵組織，不參與大串聯、大批判，他做他的逍遙派。他守住了世間的修爲做人。老衲也一直想，其實雨虹身上有天然的佛性，從來不會去傷害人，連損人的念頭都不會產生。大革命洪流之中，他是孤獨、無望和淒苦的。如今細想，也是需要足夠的勇氣和悟性。」

白雨蘭回憶說：「是啊，想來眞是。當時我不理解他，把他看作落後分子。要不是我大哥，我會把他看作怪怪的怪人。大哥被抓被專政，被關起來，我又挺同情他。經歷多了，慢慢我明白了起來。我去了農場，大哥來過三封信。大哥說，離開這座城市前，來過一善寺，還向您鏡空大師問禪。大師，你可記得大哥當時說了些什麼？」

「老衲是看著你大哥從小長大的。」鏡空停頓片刻，說：「那個時候，你母親上山敬香，常常帶著你們兄妹三人。沒記錯的話，你還有一個二哥叫雨星。想起來了，雨虹離別前，我們談聊時提起過你二哥，雨星參與武鬥，他擔心。雨星去雲南插隊，他也憂心忡忡。他上山想聽聽我的建議，他自己何去何從？」

「大哥堅持不去插隊，我知道的他的脾氣，認準的事情幾頭牛也拉不回。但我不知道他究竟什麼打算。」白雨蘭慢慢回想當時情景：「收到他第三封信，看郵戳，從韶關寄來的，我也不懂爲啥大哥去南方，傻乎乎去問丁春峰。」

丁春峰插話：「我一聽就知道怎麼回事兒。以我對雨虹的了解，他的前行方向是那裡，但當場不敢說，也不可說。」

白雨蘭說：「我見丁春峰一聲不吭，站起來就走。覺得奇怪。還追著問他，爲什麼不說話。到了營房後邊的小樹林，他才對我說，他猜雨虹要去那裡。」

「那裡？什麼那裡？到底哪裡？」白雨蘭說當時她沒有反應過來，一臉懵懂：「直到丁春峰說，那個那裡，是資本主義的橋頭堡，我才豁然明白，大概大哥要越過封鎖線，去香港。」

「猜到一起了，我們誰也沒有說話。」丁春峰傷感說道：「我們沉默了好長時間，雨蘭忍不住輕聲哭了。我倆心裡明白，雨虹的前方凶多吉少。」

白雨蘭接著說：「我只顧著哭。丁春峰安慰我，也許大哥平安呢！雨虹有辦法的，陸上不通，他游泳厲害的，別多往壞處想。當時還提醒關照我，大哥在哪兒，任何人面前不要提起，只說去插隊了就是。」

丁春峰歎了口氣：「後來，雨蘭升職、提幹部，每次政審，表上塡大哥去了插隊落戶，注釋都加一條，長期沒有聯繫，實況不淸楚。」

「這個時候，我一點都不怨大哥了。心裡慢慢覺得，大哥是條漢子。十幾年了，大哥一點消息都沒有，我眞不敢多想……。文革崩潰，改革開放，郵件暢通了，他應該給我們來個訊息報個平安啊！一點消息都沒有，眞的不敢多想……」

白雨蘭說著說著，淚水無聲無息的淌下臉頰。

屋子裡一片寂靜。

鏡空默默聽著丁春峰夫婦的往事追憶。靜謐的時空裡，他的心並不平靜。他想跟白雨蘭說，他也託人打聽雨虹的消息，阮牧來信，幾乎每次都提到，他在香港，轉輾渠道多方求助，依然杳無信息。前些年，有個香港的佛事團來訪，他也與他們談及，委託來訪的方丈關心。按鏡空的想法，若白雨虹在那裡，他是會去寺廟敬香的。就在前幾天，阮牧又來信提及，語句帶著悲觀，他說白雨虹的消失是大概率事件，他也挺痛心的。鏡空想到這裡，很想把這些年打聽白雨虹的事情，原原本本告訴雨蘭，但轉念一想，說出來豈不是徒增雨蘭親人們的傷心？

丁春峰低聲打破了靜默，說：「這些年，我也託付親朋好友、同學同事，多方打聽消息，但從香港那裡沒有一點兒的音訊。我對雨虹太了解了，他不會不給家人消息的，除非眞的不……」後面的「在」字他停住不說了，不想說下去。他多麼的希望雨虹「在」。

白雨蘭心裡一樣，多麼盼望，大哥生活得好好的。不給消息，也許有諸多不便。他倆選擇了集體婚禮，又專門申請去了一次香港新婚旅遊。她關注著街上的行人，只要像他大哥模樣的，她立刻提起精神多看幾眼。白雨蘭輕輕擦拭淚水，目光無意間落到了桌子上，看到沙漏裡的細沙慢慢流下，那是時間的無情流逝。模糊中，白雨蘭又見到桌角有一件工藝品，十分眼熟，造型好像哪吒。她迅速回憶起，小時候家裡也有這樣的小哪吒，那是大哥和家人軋神仙時候，在貨攤上買的。白雨蘭盯著細細端詳，隨口說：「這個哪吒，我小時候家裡也有，跟我大哥買的一模一樣。」

鏡空說：「這個哪吒小件，是我行腳途中認識的一位年輕朋友送給我的。他說，是在深圳灣海邊撿到的。」

白雨蘭疑慮重重：「在深圳灣海邊？」她似乎突然想起什麼，立刻起身一把拿起，放在手上又仔細看了片刻，小心翼翼打開底座下的門塞，用指頭往裡面尋找著什麼。不一會兒，從裡面掏出一把鑰匙。白雨蘭捏著鑰匙，仔細分辨，頃刻間情感破防，失聲痛哭。丁春峰過來安慰，雨蘭依偎在他的胸前，一語不發，聲聲啜泣，停不下來。

鏡空也站了起來，與亦賢一起雙手合十，唸著「阿彌陀佛！」，等白雨蘭慢慢情緒平復，小聲安慰著她。

白雨蘭神情絕望，邊泣邊說，這是她家掛鎖的鑰匙。上面繫的細紅絲，打的小結，都是她的手藝，她認得。她回城，確是再沒見到放在五斗櫥上的小哪吒。沒想到，大哥把它帶在了身上。沒想到從海邊又回到了家鄉。那麼，大哥，蒼蒼大海，茫茫灘岸，冥冥天意，原來你是以這樣的方式來傳遞你的靈訊啊！

丁春峰一邊慰藉雨蘭，自己也是淚流不止。

白雨蘭向鏡空請要了小哪吒，端在懷裡，才踉踉蹌蹌離開。丁春峰挽著雨蘭，鏡空與亦賢一直跟著，送他倆到了山門口。鏡空心裡悲哀襲襲，無窮惆悵，好半天沒有回過神來。

這個晚上，鏡空直坐在床上，遲遲沒有躺下。亦賢見狀，也遲遲沒有離開，靜靜坐在邊上，陪著師父。鏡空從被褥下取出一封封阮牧來信，抽出信箋，慢慢看著，又折疊好，放入信封。許久，對亦賢說：「我也快離開塵世了。這些信，等我大去後，你保存好吧！」

「師父，你千萬別這麼想。您身體硬朗著呢！」亦賢急忙說道。

「草木枯盛，生靈輪迴。」鏡空說著，充溢著平和與悲愴的氣息：「世事無常，滿目皆空。誰都是要走的……」鏡空停頓片刻，喃喃著說：「看來白雨虹走了，他啊那麼年輕就走了，眞的痛心！」

亦賢記得，他剃度一善寺不久，鏡空師父在講經時，爲了激勵衆僧勤勉，舉例民間的修行者，提到過白雨虹的名字。師父說，俗人悟禪不一定不如寺僧。一善寺重建，亦賢收拾破敗的庫房，一堆一堆的雜物中，找到了幾十張撒落的舊照片，把它一一整理了出來。畫面大都拍攝了一善寺的法會現場，有人頭攢動的熱烈，也有虔誠專註的安靜。鏡空看後說，那是城裡日報記者拍攝後送給寺裡留念的，時間大概在六十年代初。亦賢取出一張近距離頭像比較清晰的，笑著說怎麼這個人像非聰？鏡空接過看了一眼，就肯定說，這是少年時的白雨虹，那個時候非聽還沒來到地球呢！鏡空師父微笑道，非聽的俗名叫衛星，放第一顆衛星時出生的吧。白雨虹南下前上山，亦賢去了遠方行腳，鏡空不久也離寺，歸來後告訴亦賢，他把寺裡的藏寶位置也告訴了雨虹，這世上只有三個人確切知道，可見師父對白雨虹何等的信任與器重！

鏡空側過臉來，朝著亦賢，眼簾下垂，繼續說道：「我也快了。會健忘，會遲緩，會莫名其他，給我的時間不多了，乘頭腦還算清楚，點點滴滴的感悟，能說者，也盡早說。可安排的諸事，能安排也盡早落實。」

亦賢諾諾：「師父！我會謹記。一善寺與白雨虹家人，佛緣久長深厚。您與雨虹又是忘年交。如來護念，菩薩覺悟，我想，爲他做個超度吧！」

鏡空點頭讚成：「我來主持。你去看一下登記冊，與已經登記者一起超度。」

亦賢遲疑一下又問：「要不單獨爲白雨虹超度？」

鏡空幾乎沒加思索回道：「不用。白雨虹念守衆生平等的，他從來沒有覺得自己高人一等。一起超度，也符合雨虹心意的。」

「那倒是想起一件事來，今早上海來了大領導，想爲他的亡父超度。」亦賢說，來者邊上秘書暗示，這位領導身居高位，想高規格單獨做道場，願出大價錢。

「你怎麼說？」鏡空問。

亦賢答道：「我說先登記，寺裡到時候通知。他還想要見你，我說師父快九十歲了，還在寢室，不便叫醒他。」

鏡空說亦賢處事得體：「那你通知大領導秘書，可以一起做超度。就說一善寺歷代住持規矩，不做單人道場。他們都是明白人，一聽就懂。」

「那我去安排好。」亦賢見夜已深了，勸師父早點休息。只見師父像是在小寐，也沒躺下，不敢馬上走開。亦賢知道，師父確實老了，疲倦襲來，常常打盹。過了會兒，鏡空瞌睡醒來，見亦賢還在，就叫亦賢回去休息，明天再議事。突然，鏡空想起什麼，又叫住了亦賢。

鏡空問著：「亦賢，我想起一善寺寶藏之事。你覺得如何處置善好？」

亦賢想了想，說：「歷代法器藏經，舍利瑰寶，終究會明示天日的。大劫難雖然已經過去，小坎坷尚未平復。」

「跟我想到一起了。」鏡空擔憂著說：「你看一善寺，連上山的一條路，我們都保護不了，如若寶藏展示，不知會生出什麼事來。一善寺護法之力，眼下抵不住權錢合勢。守護不住，還不如繼續等待機緣吧！」

「確實如此，師父。」亦賢知道，寶藏中的東晉鎏金舍利塔，造型巧奪天工，配以金玉精雕，一善寺第一代師祖舍利子供奉於此，如若鑒定升級爲省級國級文物，是上繳還是不繳？立建禪寺之後，唐宋以來歷代禪宗大師血書抄經、釋經著作，各朝代多種雕版《金剛經》，是借出參展還是不借？

鏡空語氣堅定音調悠長：「佛祖有言：聞經持經功德無量，供經之處即爲佛塔。你我爲僧，打坐、受持、讀誦，勤勉修行，如是知見，不生法相，應是本分。釋經、供奉、布施，虔誠爲善，如是布福，利他無我，猶是佛意。總不能鮮花奉香不知何方何地，恭敬作禮失望經書佛塔。經藏塔內，是爲傳承；塔供舍利，更不可分離！如若平時忽視小覷，漫不經心；難時慌亂無措，罔棄義責，已是雜染瞋恚。如若再是見利忘義，媚態權貴，押寺增獲，而無心護法者，非我佛家子弟！」

亦賢雙手合十，接言作應：「師父所言極是！修行自身做起，護法義不容辭。寶藏之事，只能順其自然，當我寺有能力保護之時，方可公開明示，昭昭天日：

佛法弘揚，繼往開來。」

鏡空滿懷信心說：「亦賢可以見到那一天的。」

「師父，也難說。世事無常，混沌迷背。」亦賢略顯悲觀：「如若愚昧蒙智，勢惡驅善，禪寺又難以自主，那也可能不是一朝半日。我想，白雨虹走了，我也會老的，藏寶之地的確切位置，還須再有一人曉知，既往不絕。」

鏡空看著亦賢問：「你看可以告知誰？」

亦賢捷速回復：「非聰！」

鏡空眼神投向桌上的沙漏，靜默思索了片刻，似乎在閃回過去的歲月，然後對亦賢說：「等筑好上山的路，你帶隊出去行腳，著衣袈裟，托缽乞討，行走悟禪，布施俗眾。再看看非聰修行途中作爲，再決定吧！」

第二十三章　一念花開　一善成佛

鏡空和尚

御道兩邊，一邊是錯落的岩石，石縫中生出蔥郁的灌木，澗水在溝壑裡奔騰。另一邊，滿山坡的竹林、五針松、水杉，遙望雲落處，連接浩瀚無垠的太湖水。四千年前，先民們種植水稻，飼養家畜。玉器的雕琢，已經會打孔做成通靈的玉琮。兩千年前的春秋風雲，堵塞河道的原木，建築起巍峨壯麗的姑蘇台，祭拜上蒼神靈。有人說，祭的是水中的鱷魚，也有人說祭的是南方來的稻神。神靈庇護下，館娃宮歌舞升平，香屐廊足跡聲色，兵校場金戈鐵甲，演繹著或柔情萬種或血氣剛烈的人間戲劇。一千年前，西土菩提樹，東來結善果。白馬馱佛經，雲深傳鐘聲。南朝豈止四百八十寺，秋山煙雨中，倚遍江南寺寺樓。佛在人間，佛在心靈。佛又不住文字間，佛又不顯任何相。倘如個人失去靈的加持，皮囊失去佛的仰信，那智慧、那知見、那覺悟，猶如蜉蝣一樣的漂流晃蕩，沒有頓悟，沒有皈依，那會是怎樣一個無窮無盡的輪迴？暗黑的隧道哪裡是盡頭哪裡會遇見般若之光？

鏡空起床後，獨自搖著輪椅，晨曦中的御道，空氣格外清香，流水格外悅耳。看著遠景，追憶往昔，他覺得朝霞告別昨天，大雁翅展歲月，他也自自然然在與歷史對話。千年的社會演進，現代人的生存、繁衍、生產和精神追求，與古人有什麼區別呢？鏡空感悟，覺得什麼都沒有變化。變的依舊是相的幻影。人的情愛依舊，人的焦慮依舊，人的貪慾依舊，人的恐懼依舊，人一直墜入執妄的迷霧，似乎可以主宰一切。獨輪車、四輪車、汽車、火車；冷兵器、火器、導彈、原子彈，無一不是人的手臂延長物，它們可以爲善，它們也可以爲惡。它們似乎就是智慧的顯示，但是它們依舊不是智慧，僅是一種工具的聰明而已。眞的智慧，在人的向善之中，在漸悟頓悟覺悟之中，在修行涅槃之中。正因爲千年以來人對宇宙神秘力量的尊崇，對宗教的堅定信仰，人間煙火依然裊繞，大地生靈依然勃興。人的佛性，便是生命與幸福之根。

這條御道，鏡空走過無數遍。少年時在上面奔跑，輕快又空靈。青年時走著走著，心裡默默虔誠誦經。他迎送過多少信衆，他也躲避過多少莫名的批鬥禍災。遠足行腳前，他會一步三回頭，百感交集；南方歸來時他是多麼的賞心喜悅，老淚縱橫。守護一善寺，他以色身護法，堅定念信浮雲之上日月常明，自除迷妄，自驅蔽雲，不亦近乎法身佛？重建一善寺，他自性皈依，不失本念；

另僻上山路，一念爲善，智化上界。報身佛亦當如此？化身佛又何不如此？學道常與自性觀，卽與諸佛同一類。自性之中，萬法皆顯。化渡衆生，自性生得三身佛。

輪椅在慢慢行進，石級處小心翼翼，剎車、抬升、移動，在鏡空看來，也是充滿禪機。世上哪有一直平坦的路？前方便是無常。自然界的荊棘倒木，人爲的鐵絲扎釘，數不淸的坎坷，看不見的塌方，你時刻都將面對。這些，豈不是相相接連，色界迷離？我不見相，我不見色，我不求聲，我不執著。我自性參悟，我信受奉行，我不取于相，我如如不動。應如是知，如是見，如是行，卽斷煩惱，不墜迷離，心悟正卽道路正，無爭般若見佛性。鏡空的輪椅來到了新建的路口，新路幾天前如期完工，接上了原來的上山御道。山下村民，像過節似的成群成群進寺，躬身敬香、伏地祭拜，人們爭著向鏡空道喜。又紛紛擾擾，向著鏡空建議，擇一吉日，舉行通路慶祝。鏡空莞爾一笑，不做應答。景區開發公司鼓足幹勁發力，趕在新路接通之前，新殿閣及人造園林完工。貝總邀請寺僧參加開張典禮，鏡空笑笑也沒有立刻答應。那一天晨課，鏡空對衆僧說，開發公司慶典，人家來請，出於禮儀寺裡派代表去，誰願意去都可去。山下農民市民自發的通路慶祝，大家也可以去。我老了不去了。寺僧異口同聲，願意去山下慶典，不願參加開發公司典禮。鏡空說道：「《金剛經》曰，佛爲大身。何爲大身，無相大容。人家建殿閣園花園，收門票引客流，畢竟還留著後面大門可通一善寺，香客遊客還可上山入寺。是相諸相，出家人本無住相。世間謗我欺我辱我笑我輕我賤我騙我，佛祖皆能容忍，我等應當包容別人的種種作爲。他賺他的錢，我念我的經。不執外像，不生憎愛，此心本淨，爲何蒙塵？隨緣好去，自成菩提！」大家聽罷，點頭應諾。殿閣大門慶典的寺僧回來，告訴鏡空，那裡人見一善寺僧人去了，先是有點吃驚，沒想到和尚會去，後又高興感慨，誠謝佛的大容慈悲。不念惡，成人美，本是佛家本意，倘若多一個人悟道，恆河之沙微粒匯成，不就多一片覺悟善土？鏡空想到這裡，想把所想說出來，轉念還是朝著大家笑笑，沒用語言透說。不說，讓寺僧自己悟，自己的悟道，勝過千言萬語。

微風拂面，霜染層林。遠處山坡，連綿的楓樹林，晨曦的映照下，一片淺紅，一片深紅，忽然間，又是一片金紅。秋風越過山巒，漫山吹拂，紅葉匯成海浪，一波又是一波地推向東方。鏡空在新路與御道的交界口，久久靜坐，一動不動，像是打坐，宛如石佛。他是在聆聽御道發出「空空」之天籟之音麼？他在默誦念過無數遍熟悉的佛經麼?山腳下，不時傳來民衆歡慶的鑼鼓聲，不時爆發出響亮的爆竹聲，鏡空聽見了還是沒聽見?閉上眼，鏡空想象出聚在山下的那些人的音容笑貌，他們的歡歌笑語一樣感染著他，猶如霞光給他披上了溫暖，紅楓送來了如意吉祥，人們彷佛正從新開闢的路上走來，帶來絢爛的喜慶。鏡空調轉輪椅，他該回去了，他靜靜地來，悄悄地走，事了拂衣去，深藏身與名。鏡空不是俠客，不是豪傑，然而知心如幻，故無依無所。修禪人本是無求功利，梵唱稀聲，慈悲沉默靜行;無礙通佛，事成歸林隱去。歸隱卽是歸零，花謝遁影;歸零卽是歸空，識空卽佛。亦復如是，夫復何求?

過後的幾天，香客遊客登山客，上山入寺者，一天比一天多了起來。御道兩邊的小攤販，也漸漸回來了。賣醃金花菜的、剪紙的、飴糖棉花糖的，擺小人書連環畫、照相攤的，繪鼻煙壺、人頭像的，飲料水果模型小汽車，泥人絹扇木梳各類掛件，一個個熱情的臉，帶著笑容迎接上山來的遊客香客。見到和尚，他們或雙手或單手，會主動致意:「阿彌陀佛!」表達對寺僧的尊敬，也希冀佛祖保佑生意的興旺。小商販們沒有想到的是，慢慢的的，上山來人常常問起，爲什麼那邊進門要收費，那條路上來直通禪寺。商販們按照自己的理解作答，沒有標準答案，璨如百花齊放。他們個個都是現實主義者，一善寺在、御道在、新路在、老路新門在，你在我在大家在，你有飯吃我有飯吃大家都有飯吃，怎麼回答，不影響吃飯，不影響來客性情，全憑商販自己發揮的語言藝術。有的人聽了覺得做冤大頭憤憤不平，有的人聽了自感高貴值得心花怒放，有的人聽了還是雲裡霧裡不得其解。不久，上山客情緒的漣漪還是波及到了禪寺。

亦賢、亦達幾個，忙著採購臘八粥的食材。山下店家，見是一善寺採購，往往派人直接送到膳房。鏡空叮嚀，綠豆品種不一，還有陳年新品之分，盡量選擇糯性的、當年的，好在亦賢他們都是農村出身，一眼就能鑒別。紅棗、糯米、桂圓、核桃，寺僧自己背上了山，大家分工合作，大半天的時間把棗子切開、手工剝離去核，然後放到後院翻曬。鏡空把居士朋友們送的，捨不得泡吃的好幾袋枸杞，拿到了膳房。見大家在敲殼剝核桃肉，也一起坐下參與整理裝袋。眾僧見狀，紛紛勸住持歇著，您這麼大年紀了，身到心到，善念已到。一善寺將恢復中斷十幾年的臘八施粥，寺院眾僧悶頭做事，誰也沒有向外界透露消息，出奇的默契一致，好像住持吩咐似的，其實鏡空沒關照任何一句話。每一個寺僧有這樣的心願，平時香客饋贈，臘八節正是他們回饋的機緣。鏡空節儉惜物清廉，他們看在眼裡。銀行職員每週上山取款，留下丟棄的扎帶紙、寫了一面的白紙，他都一一收好，放在寺裡庫房備用。禪寺收支賬目，供養人、捐贈者姓名、數目，一概張榜公佈和銘刻紀文。功德箱內紙幣硬幣，筆筆入賬。民國至今，寺裡建立的會計制度，雷打不動，沿用至今。記簿、出納、監管，獨立各司其職。鏡空常言：僧者化緣香客敬佛，惜物尊願節儉規誡，乃是修禪本意，天經地義。能省卽省，不可奢侈。去核剝殼，不僅省下貨款，勞作之中，亦是修禪成佛之程。

一善寺衆僧晨課、打坐、念經，晨鐘暮鼓，一如既往。近寺的小販，細心發現了和尚們的忙碌，那天見亦良、非聰幾個與膳房師傅一起，拎著一袋袋自家地裡種的花生，去殼、鋪席晾曬，又見邊上有蓮子、百合之類，紛紛猜測一善寺臘月要施粥了。本是猜猜想想的話，傳播也委實得快，不幾天山下村民，城裡居士，關心者大體知曉，紛紛打聽傳言是否確切。亦賢與衆僧見日期臨近，也紛紛向香客做肯定回答。電視節目報記者聞訊趕來，亦賢反復關照，千萬不可廣而告之，一旦湧上山幾萬人來，每人半碗臘八粥，一善寺也沒有能力提供。善事好事量力而做，超越而行卽會變味。媒體事後才播，鏡空也是事後才知道亦賢的處事，頗感欣慰，心裡隨喜。

然而，寺僧不斷問鏡空，如何回應衆多香客疑問，爲啥有兩條路上山，一條收費上山，一條免費上山，如何作答？鏡空好長時間裡，一直在迴避，彷彿此事烏有一般。直到那天，大小一家子的外地遊客，揪住亦達衣袖，硬要和尚解釋，亦達繞行不作答，對方拳腳侍候，被踢了一腳。亦良和邊上小販見狀拉開，衆人和顏悅色，講了一通不知所云的話，算是化解了衝突。晚膳過後，大家沒有馬上離開，小聲議論此事，見鏡空沒有起身走開，側著身子正在傾聽，衆僧也把自己遇到的類似情景說了出來。鏡空扯開話題，跟衆僧說，過幾天南方禪寺有個年輕的行腳僧，進一善寺掛單。晨課、幫廚、讀經、執勤，寺內生活禪修，讓他全程參加，大家禮貌相處，彼此切磋。接著說了一下進修僧法名遲圓。亦達提議，遲圓法師來禪修，可住他的一間僧舍，不必住入修居士的大通鋪。他呢，就去禪修室閉關。自己有病，不能參加下個月寺僧們的出遠行腳，到時候由他留在寺裡，照顧師父鏡空。亦達的腸胃病說是炎症又不像，倒是像水土不服。一發作就全身無力，動彈不得。可他在一善寺也有二十幾年了，怎麼還是腸胃不適？吃藥不見效，但凡有人帶來蘇北老家的井水泥土，泡水喝了，一喝就好，也是奇蹟。邊上寺僧見亦達這麼說，也表示可以讓出僧舍，自己去禪修居士的通鋪住。鏡空笑著說，大家善意，我也替遲圓領了。

眾僧隨意說了些瑣事，見氣氛融洽，鏡空循循道來：「大家見有客僧來，衷心歡迎。一樣的，香客遊客，上山來，進禪寺，雖有自己的心思，尊佛敬佛也無別的什麼想法。我等出家人可有埋怨之理？大度相容，喜悅相迎就是了。」

亦達說，他理解，他不怨。反正也沒踢傷。

亦良隨口建議，要不在山下新開路口，豎個指示牌？大家議論了一下，也覺得不妥，多此一舉。

鏡空接著自己剛才說的話，問眾僧：「上山客的心思，皆由景區收費所致。一善寺想這樣做嗎，參與分紅或提成了嗎？」

大家七嘴八舌說，那肯定不是。自古寺廟，哪有收路費的道理？

鏡空又問：「那就跟我們無關。無關之事，緘默不語就是了。」

見寺僧一個個眼睛看著，欲言又止。鏡空明白他們意思，言而未盡：「也不是個個上山客態度粗暴的。換個位置想，人家有看法不也正常麼？逢人不說是非事，觀棋不語亦悟禪。」

邊上寺僧，似有所悟。非聽心想，師祖就是師祖，語言似不達意，一悟則是菩提。

鏡空想把話說透：「人家不明覺理，我們心如明鏡！不卑不亢，不解釋不回答，信佛就是信時間。時辰一到，自清自會清，人皆有佛眼！」

膳房雜議之後，御道上山門前，遇到上山客面帶怒氣慍色發問，知道他們情緒宣洩找錯對象了，寺僧不再迴避，反而心裡頓生慈悲。立刻主動站住腳，面露笑容，靠近身，一聲「阿彌陀佛！」，雙手合十，溫和凝視對方，不解釋也不作答，猶如一棵挺立的樹，承載著風，沉靜默默的無語中，始終綻放著善意，綻放著和睦與溫暖。寺僧心裡想的，觀自在菩薩，度一切苦厄。一個個自心見性的默契，親切與香客的互動，成了一善寺的一道新風景。如若這點誤解，這點委屈都承受不了，如何三皈依，如何迷來自度，又爲什麼要做出家人？

遲圓來到一善寺，處處耳目一新。遇有問題，常問非聰。他比非聰大五六歲，也是大學名校畢業，自然跟非聰走得近，與其他寺僧也是自來熟，開口常笑，手腳勤快，大家相處友善。亦達法師閉關，遲圓自告奮勇擔當了每天送水任務。晨課餘時，也常向鏡空、亦賢請教問禪，也不掩隱自己心得感悟。不知從何時起，遲圓與非聰常常爲一個佛學見解，起了爭論，繼而幾乎每天見面就是辯經。

那天田頭勞作小歇，倆人又起論辯。不知怎麼，從哲學說到形而上形而下的，又跳轉到了佛教。非聽說，佛在形而上。遲圓說，佛在形而下。衆僧乾脆不走開了，圍了上來聽他倆的見地。非聽論證，佛無相無形，心相合一即爲佛。離相見佛，即爲形而上是也。遲圓說，我不見色，重在我身。釋迦祖師爲佛，六祖大師爲佛，你等我等衆僧，時時處處有一秒佛、一天佛，豈不都是形而下？

臘月初八凌晨，寺僧一夜未眠，早早清洗食材挑水淘米，起火添柴煮粥。晨鐘響起，鏡空率衆僧點燈、敬燭、獻珍饈、上香火，儀禮佛祖。儀式過後，開始施粥。爲防擁擠，在原來膳房施粥外，山門旁臨時搭了個大棚，擺好桌子勺子一次性紙質碗具，把燒好的臘八粥，用大保溫桶裝好，送到大棚施粥處。聞訊而來的上山客，早已經自覺排隊，秩序井然，神情輕鬆又虔誠。一個時辰，施粥告罄。見寺內膳房排隊人不多，一些人進去了，也如意分到喝到，全身溫暖，如沐佛光。雖說如今不是飢餓時代，好日子也須體會佛的恩澤，純眞感恩佛的大慈大悲。城裡居民帶個保溫小桶來，多要幾勺，帶回全家分享，願佛保佑，祈福吉祥。萬象和諧，諸事順利。

膳房師傅見本來留著給寺僧的臘八粥，也都分了出去。又點火燒了一鍋。衆僧忙了一上午，也不覺得累，內心十分欣喜。等喝粥的時間，交流著剛才的見聞與感想。佛說，菩薩心不住色布施，不住法布施。寺僧一個個感悟，取材清洗，燒柴煮粥，拿勺分舀，分工做事中，全神貫注沒有絲毫別的住心，回饋的一份份粥，送出了一份份善。慈航在行，善雲在歸，心心印佛。暖流在內心湧動，馨香入沁，悅喜如春。亦賢見狀，問兩個年輕僧，佛的知見，乃是本心。樂善好施，猶如陽光投照。剛剛諸位長者僧所言，皆是自己的體悟。那麼，究竟悟先行後，還是行先悟後呢？

見師父出題，居然還是辯題，非聰敏捷，立刻想應題。轉而一想，有客僧遲圓在，禮貌上應該讓他先說，於是眼神友善，示意遲圓亮觀點。遲圓也不遲鈍，便說：「悟先行後。人人皆有佛性，開悟前不知不覺，頓悟後還得本心。《菩薩戒經》言，自心見性，皆成佛道。萬法盡在自性本心，若識自性，一悟即至佛地。行是悟之生，隨悟而來，無悟不來。俗語說，見其行，方知其品。可見行是品是心是悟的外觀，決定力，善力，還是悟在先也！」

非聰聽了，稍加思索，說：「行先悟後。當年釋迦祖師菩提樹下悟道，先打坐後悟道。六祖大師呢，去黃梅拜師求佛，馬棚裡破柴踏碓，方才悟道：本來無一物，何處惹塵埃。打坐、勞作、遠行化緣，無行無知也便無悟。民間說，讀萬卷書不如行萬里路，即是悟道。《壇經》開篇，行由得法。悟在行中，不是行在悟先嗎！」

邊上寺僧把粥喝完，引經據典，也紛紛參加辯論。平時讀經悟道，累積知見功夫，派上了用場。鏡空傾聽不語，但心中歡喜。亦賢觀辯跑題之時，一兩句提詞，拉入議題軌道。寺僧們內心漸漸覺得，讀經辯經，提升了識見，也是修爲之一種。鏡空住持德高望重，平時大家常常求教，他也有求必應，必做回應。唯獨對辯經雙方立論，寺僧想由鏡空做個評判，有個萬全答案，鏡空卻從來不作回答，神情點頭賞識，始終笑而不語。大家又問他悟行先後之辯的究竟，他不判正謬，不持立場，分享自己聽得辯經過程的感悟：讀經論辯，覓回本心，亦是參禪。般若容萬象，本心在原生。譬如漢字，鳥聚樹木即爲集，集字之本義也。持刀用手掰牛角，是爲解，解字之出處也。以後才有集合集體、解剖解釋等引申義。萬事萬物，都有源頭本義，行星繞恆星轉，颱風從海上來；禽類多卵生，獸類會哺乳。銅就是銅，不是金，更不是泥。土就是土，不是石，亦不是沙。回歸原生態，也是回歸了原生識見，或曰常識。言詞美妙動聽，猶如迷相。回歸人間煙火，體會自己喜怒哀樂，方知人性溫度。悟禪即是悟常識，悟本性，遠離本義，訛謬千里，越辯越邪。世間認可勿忘初心，就是回歸本心本義，如是，混沌疏清開郭，覓回無癡心地。寺僧聽鏡空一席話，各有各的悟性，遲圓感悟鏡空大師說的癡，迷戀美願，先悟開慧才可避免行之苦。非聰覺得行之苦癡，困中頓悟才是覺醒。幾個寺僧建議，鏡空大師也出個題目，大家一起一邊讀經自學，一邊辯經參悟。鏡空說，亦賢出題吧。亦賢說，他已經出過題了，還請師父命題。鏡空環顧了一下四周，笑著打趣「恭敬不如從命」，便說了個辯題：「禪即無求，還是有求即禪？」接著吩咐，不急著辯，佛自由自在，不去不離，不增不減，衆生之心，如來悉知。

幾場小雪，又下了一場大雪，轉眼入了正月。風和日麗，氣候漸漸溫暖起來。天高雲淡，坐落在山巒之中的一善寺，遠望四周寧靜蔥郁，白雪皚皚，臥伏銀巒，猶如水墨畫中的縹緲之境。待銀粉化爲春水，澗水溪下，人流往上。香客、遊客、登山客絡繹不絕，或執子之手，或偕老攜幼，敬上一炷香，獻上一束花，叩拜菩薩，願景來年吉祥如意，心想事成。三木娘已經臥床不起，委託兒子三木務必代她叩頭敬香，帶去對鏡空大師的新年祝福。駱師母執意叫兒子推著輪椅上山，見著鏡空嘮著家事，訴說衷腸。感謝菩薩保佑，身患絕症還能活到如今。說著說著，眼淚含眶，不禁潸然而下。日子過的飛快，一生信佛，方得今世福佑，感歎有生之年，也許這次來一善寺，將是最後一次了。進了大殿，在寺僧幫助下，她眞誠敬香，獻上一籃水果，執意想從輪椅上下來跪拜。鏡空見狀，勸駱師母不必拘泥，心到即誠。駱師母坐在輪椅，向釋祖大佛雙手合十致禮良久。她顫顫巍巍的手，從精緻的小包裡取出一張嶄新的新版百元大鈔，雙手捧供，完整平放，輕輕的莊重的塞進了功德箱。

入夜，會計僧記賬匯總。寺僧把各殿功德箱搬來，一起幫忙清點。香客大多敬獻硬幣、小額紙鈔，十元幣很少，五十元幣稀有，百元幣罕見。又聽駱師母說，她是委託兒子專程去銀行換了不久前發行的新版，銀行職員知是獻菩薩用的，還專門挑了一張尾數六個六連號的新幣。寺僧還沒有見過四巨頭的新幣什麼個樣子，來了好奇心，想等大殿前的功德箱搬來後，一見眞容。非聽與幾個寺僧一起把箱子搬入，還把功德箱舉起顛了幾下，笑著說菩薩量大福大，才放到桌子上。監管、記簿、出納，一起開鎖、倒出、清理，邊上寺僧保持距離，矜持地看著不出聲。清理完畢，也沒見到那張嶄新的百元大鈔。大家覺得奇怪，又檢查了箱子，裡面空空如也。頃刻，屋子裡一片寂靜。

會計僧等人記賬、入庫做完事後，捧著空的功德箱去鏡空寢室，匯報了這件蹊蹺事。鏡空聽畢神情平淡，緘默不語。半晌，鏡空關照來僧早點回舍休息，空箱留下，明天去庫房領新的功德箱放大殿。寺僧走後，鏡空陷入沉思。次日晨課，鏡空也沒有提及此事。寺內平靜如常，但微瀾起漾。寺僧似乎都在回避著什麼，又在澄清著什麼。非聽說，他搬運箱子從頭到尾邊上有人；亦良說，那天從早到晚他都沒進過大殿；遲圓說，他在大殿跟香客作些講解，大殿沒斷過人。斷斷續續，言語傳到鏡空耳邊。有心細僧設想鎖沒變動，誰會配鑰匙？也有多思僧嘀咕，以前沒有客僧來，從沒發生少錢事。又有好心僧想象，駱師母年老手抖，會不會紙鈔沒有入箱，掉在外面被什麼遮了。鏡空只是聽，一天沒有說話。傍晚在膳堂，他跟邊上一起用餐的寺僧說：猜疑非禪，妄斷即邪。求佛得佛，求鬼得鬼。此事到此爲止，修行第一要務，勿再議論迷失之事。假以時日月歲，世上諸事，清會自清。佛祖在上，何事可瞞？

鏡空回到寢室，想盤腿打坐。見牆角孤零零放著的功德箱，勾憶起了箱子來歷。他思緒慢慢清晰起來。民國抗戰時，苗會長那次送新四軍糧食藥品出城，險象環生，步步驚心。一善寺寺僧配合掩護了他的行動，爲表心意，苗會長特意上山，認供一尊菩薩，同時送來了三個功德箱。鏡空想著，當時苗會長的音容笑貌，立馬親切顯現。記得苗會長隨口說，見一善寺功德箱破舊，似乎要散架子，他早就想做點小事。戰時木料緊張，也找不到一樣的料，只得用檀木做了一個，花梨木做了一個，還有一個是香樟木做的。文革破四舊，紅木製作品屬於革命對象，刀棒之下，成了廢柴，僅留下了一隻香樟木的，藏到庫倉推在雜物之間，僥倖留了下來，後來一直放在大殿。鏡空仔細端詳倖存下來的這個箱子，外漆斑駁褪色，好在做工結實，大體完好如初。這時，亦賢進來，照看師父就寢。幾乎每天，亦賢放心不下，都會悉心做點事。亦賢見師父還未休息，眼光投向那個箱子，正在思索著什麼，就無聲無息站著，不便打擾師父。

「來了。」鏡空見亦賢站著，說了一句。抬頭說道：「你剛才聽見了吧，此事到此爲止。過了正月十五，你要帶隊寺僧出去行腳，應急用的電筒、藥品之類，該帶的東西別忘了，做好準備。路上安全，不可忽視。」

亦賢請師父放心，他會安排妥帖的。亦賢沒有馬上走，嘴裡囁嚅了幾下，想說什麼，又不敢說的樣子。鏡空催他去休息，他還是沒走。過了一會兒，亦賢才鼓起勇氣，說著：「師父，你說到此為止，其實事情未有眞相，寺僧內心不會沒有想法。師父，我向你坦白，那張百元鈔票是我拿走的。」

鏡空聽亦賢這麼說，就如驚雷在頭上滾過，半晌沒有回過神來。他盯著亦賢的臉，凝視著，讀不出任何異樣。他對近三十年來亦賢進寺、剃度，平時讀經敬佛做事，幾秒鐘內進行了極速復盤。鏡空直覺，亦賢做此事，那是天方夜譚似的離奇，海枯石爛般的反常。他見亦賢遞過來一張新的百元大鈔，表示願意接受師父的任何處罰，接受寺裡的任何處分。鏡空內心慢慢平靜了下來，見亦賢手裡的鈔票，沒有去接，而是緩緩說著：「如是事態，你自己重新放到大殿功德箱裡去。」鏡空年老，聽力下降了，視力還是極清楚的，看見這張鈔票的尾數的數字，心裡瞬間明白了什麼。

正說著，非聰與遲圓倆個，從外面風風火火走了進來，見師父在，致了個禮，接著向師祖致禮後，輕聲嚷嚷說：「師祖、師父，我跟遲圓突然有個想法，我們應該檢查一下箱子，會不會有夾層？」

非聰的提醒，鏡空突然從模糊記憶中提取了苗會長的一句話，當年沒在意，現在覺得暗藏玄機。苗會長說，箱子出自縣裡名匠高手，做工精細，用了雙料。

說不定關鍵時刻，也能渡寺廟呢！見非聽把功德箱提起放到桌上，衆人仔細端詳，畢竟四十年多年了，內裡也是歲月滄桑。箱子沒用一顆鐵釘，全部是榫卯緊勾。也許是工匠有意，也許是樟木變形所致，箱子開口處下面，有一條二三毫米寬的隙縫。鏡空記得小時候家裡的紅木大廚抽屜，底部可以移動，夾層可以藏地契之類，立刻啓發，叫非聽研究底板。非聽一臉懵懂，不知師祖說的啥意思。鏡空示意叫他移動底板，非聽移了幾次，紋絲不動。鏡空說，手不要壓住，試試水平移動，向箱口反方向移。非聽探頭側向朝裏看，果眞，木邊框下，箱底露出了半指寬的縫。非聽興奮起來，手指扣進去，居然夾層與底板相通。他把箱子斜著輕輕一顛，一張百元新鈔自己冒了出來。非聽取出一看，驚呼：「是它！是它！是駱師母敬獻的！駱師母說，上面是六個六連號的，師祖你看，六個六！」

霧散光來，撥雲見日。神奇的一幕，鏡空和亦賢靜靜看著，臉上沒有驚奇，也沒有欣喜，鏡空側身看了亦賢一眼，對著亦賢說：「你留下。非聽和遲圓把錢送去會計那裡入賬。你倆到底年紀輕，頭腦活絡，智結善果啊！阿彌陀佛！」

非聽沒有馬上走，對著鏡空說：「師祖！您出的『禪卽無求或有求卽禪』辯題，經歷此事，我有了開悟心得。」

「我也一樣，也有頓悟知見！」遲圓跟著說。

鏡空微笑：「好好好！過些天，或者行腳歸來，我細細聽你倆辯經參禪。」

倆個年輕僧走後，鏡空慢慢走到床邊坐下，亦賢急忙幫扶，替師父背後放實軟墊，好靠著比較舒適。然後，亦賢雙手下垂，知道師父有話要說，或者是面詢，或者是棒喝，他都會謙遜相待。

鏡空坐著，想起多少年前，一位母親上山敬佛後拉著他的手，問了他一個問題：大師，爲什麼我兒子好心行善，卻變成了引禍上身？說了他兒子原在行政機關工作，那天辦公室的吸頂燈玻璃罩裂了，想到自己單人宿舍的燈罩一模一樣，中午吃飯時間回去取了，手裡拿著想回辦公室裝好。辦公室與他的宿舍家屬區相隔一兩百米，中間隔著一塊草坪一條水泥道。他兒子手拎著燈罩，走著走著手一滑，軲轆滾到草坪上，還滾了挺遠。這時候，兩個小孩在玩炮仗，剛點燃炮仗，燈罩也正好滾到，結果一聲炸響，玻璃成彈片，小孩眼睛嚴重受傷，幸好沒出命案。但他兒子還是丟了飯碗被判了刑。這位母親想不通，爲什麼他兒子如此倒霉，蒼天會如此詭異設計相害？鏡空當時無言以對，覺得似乎隱有別的因果。

那青年行善成禍，衆目睽睽之下無可逃遁。亦賢卻是自擔誣名自認做賊，究竟何苦呢？

看亦賢卑謙站著，鏡空問道：「錢不見了，你當時不在大殿，也沒在寺裡，而是去市裡開會了。事出蹊蹺，你爲啥想攬在自己身上，自我唾面呢？你想過後果麼？你究竟想求什麼呢？」

亦賢輕聲回話：「寺裡這幾天人心浮動，私語切切。長此以往，寺僧個個焦慮，彼此生疑，終會影響一善寺清白聲譽。與其這樣，不如我自擔其職了斷，去虛歸實，至道報身圓滿，再迎佛光普照。至於後果，也沒多想。禪寺處罰或開除，我也認了。走了，就去雲遊天下，是僧是俗已經不重要了，我會繼續修行，只要走得動，那就行路自修，了無罣礙。一日一善，亦悟亦禪。路人問及來自何山何刹，我就回答：無名可名，名於自性。」

鏡空沉著說話：「春秋時，魯國鼓勵國民贖回流亡國外之奴，給於贖金獎勵。子貢贖回了許多人，他認爲這是做好事善事，自己經商有財力，沒有去領贖金。孔子不認同，並批評他。孔子對他說，你應該去領回國家給你的錢。你這麼做，別人就會覺得救人贖人再問國家領錢就不道德了，結果是大家反而不會去做贖人的好事了，不是人人都像你那樣有錢的。亦賢，你覺得子貢這麼做，究竟是成善還是成惡呢？他似乎無求，其實有求自己的名聲。你正好相反，無求自己名聲，那究竟近禪還是遠禪呢？」

「還望師父教誨！」亦賢誠心請教，也有所悟道：「六祖大師有言，外離相爲禪，內不亂爲定。善惡是非不生心念，自心本心堅守不動，當爲參禪坐禪之本義。師父，徒弟還是惘求善意內照癡愚！」

鏡空作偈曰：「爲善有求惡回旋，作惡無求善去義。不增不減空善惡，有求無求皆佛性。」

亦賢雙手合十：「師父，我會慢慢體悟。阿彌陀佛！」

第二十四章　禪悟蓮花山

一善寺衆僧去了行腳，亦達閉關出來，留下來照顧鏡空。幾個居士聞訊，也上山進寺，幫著寺裡做些雜務。天冷，年紀又大，鏡空患了風寒感冒，先是咳嗽，繼而發燒，只得臥床養病。以往，只要用新鮮枇杷花煮湯，治療咳嗽挺管用。眼下冬季，亦達只得用傳統方濟，乾枇杷花和葉、川貝等冰糖熬湯，給師父服用，咳嗽也大爲減輕。但高燒還是不退，亦達急了，請了醫生上山，替師父掛了兩瓶含抗生素的鹽水，體溫慢慢正常。見鏡空一天一天精神好起來，亦達鬆了口氣，熬粥放雜糧，買了甪直醬菜，想著法子讓師傅換換口味，提高食慾，身體恢復更快些。

亦達推著輪椅，帶師父出來兜兜。樹枝悄悄發芽，青苔默默翠綠。春風細細微微，朝霞燦燦麗麗。見鏡空身體又慢慢轉好起來，亦達的性情與周邊境況一樣，明麗而舒馨。鏡空遠望天空，清澈蔚藍。平視御道，晨光逶迤。他與亦達有一搭沒一搭的說著閒話。亦達對師父說，他比亦賢早進山門，也比非聰他們長了一輩，卻覺得自己的禪悟跟不上，好多事兒領悟慢，悟也不開竅。感歎自己智不如人，禪而迷糊。

鏡空笑著說，哪有這樣的事？一人一悟，一生一悟，各悟各的，不分高低。剃度之後，你亦達天天抄經，《金剛經》抄了無數遍。如今又天天抄《心經》，每天用心近百字，三天抄完裝訂成冊，供香客自由自取。就憑這個數十年如一日的堅持，也是悟在實處，善果多多。怎麼說得上不開竅？有人言辭伶俐，有人表達木訥，虔誠做事，恭敬事佛，身心如一參禪，果就是本心，只不過外殼包著而已。有僧悟，燦爛如鮮花；有僧悟，無聲如實果。禪悟，不在乎音聲色覺之外顯。

亦達聽著，還是感歎道，亦賢領隊遠足行腳，自己不能參加還是個憾事。不過，想想能照顧師父，也是佛意喜悅。記得民國時那次去鑊底湖周邊行腳，那天瓢潑大雨，村民紛紛拉勸寺僧進屋歇息，情景還歷歷在目。鏡空也很動容，想想幾十年過去了，那裡的村民到觀音生日，都是搖了船，整船整船的人來一善寺的。如今交通便利了，乘車來的、開車來的，從未間斷過。我問過，他們長輩們建立的紀念美國飛行員肖特的廟宇還在嗎？他們告訴我，即使文革中，當地老百姓守護著，誰敢拆廟？天地人心，誰可違逆？民間善意佛心，誰可玷污蒙蔽？我也是活到老，學到老，從村民們身上，一樣讀到了有生命的佛經，頓悟到佛法穿越時空的力量，時時在，處處在，佛無所得，善在人間。

一師一徒談話間，不知不覺中，行腳的衆僧回歸一善寺了。他們得知鏡空大師生了場病，亦賢嗔怪亦達，也不打個電話或者帶個口信。亦達心想，與其到山下打電話，還不如我守著師父，若有三長兩短好及時救護呢。見大家平安回寺，鏡空性情燦爛，寺僧一個個向他問好，他微笑著詢問一個個人的感受。

非聽對師祖說了個故事。他行腳中，遇上了個名校本科畢業生，姓鄭。在一個化工國企工作，也已經被提拔到了高層。那位小鄭詢問如何進寺的路徑。他問小鄭，好好的工作，不低的地位，穩定的收入，幹嘛想出家呢？小鄭說了許多，說無法理解企業產品賣不出還在做，成本高於市場出售價位，還在報上吹噓爲GDP增長做了貢獻。那些國企領導，吃喝玩樂都可以報銷，如今又多了個雙軌製，把原料高價賣出，收入進了賬外小金庫。小鄭跟欣賞提拔他的領導提了幾次，慢慢領導也討厭他了。後來他不想多說了，改變不了環境，就改變自己吧。

聽非聽這麼一說，邊上寺僧也紛紛講述自己的見聞。大體是，寺院內所聞，遠不如走到民間，百聞不如一見。多見多悟，益在心間。鏡空聽著，頻頻點頭，繼而又轉頭問非聽，說說那個辯題：「禪即無求，還是有求即禪」有何體悟？

沉思片刻，非聽說，行腳後又有新悟，謾作小偈，師祖指正：「海水無求乃海水，江水無求是江水。無求無變存鹹淡，禪行千里中華鱘。」鏡空聽明白，鱘魚鹹淡水中迴游心性如禪，非聽的發悟還是挺有新意。鏡空看了非聽一眼，眼簾慢垂，似是認可，不做語評。

遲圓聽著，也說了些聽聞見聞。又聽非聽作偈，見鏡空似乎讚賞，也不便再作辯辭。鏡空微微開眼後，看看遲圓在場，來了輕鬆神態，眼角笑意向著遲圓，想聽遲圓的感悟。遲圓也說了一個人的問禪。那人是「週日工程師」，週一至週六在上海企業上班，週日被家鄉電扇廠請去當顧問。那家小廠在他關照下，欣欣向榮，產品在市場旺銷。他創新了注塑材料配方，改進了電動機及葉面參數。廠家給了他大金額報酬，平時也開了工資。工程師的困惑在於，如此的知識付出，獲得酬金從本心說，應該受之無愧。但意識形態似乎這又是走資本主義道路，收錢爲恥，所以他又心存擔憂。

鏡空問，那你遲圓怎麼說的。遲圓道，他對工程師敞言自己心得，爲家鄉辦廠解決就業，走的是共同富裕之路。向社會提供商品需求，利民利國不必多慮。

遲圓問，工程師你在做事中，所求的初心究竟是什麼？工程師答道，利己也利他。我感悟有求即禪是也。遲圓謙和說道，鏡空大師，我也遜作小偈，聽師祖教誨：「求私豈是不爲公，求公落地皆爲己。有求璞石細雕琢，本心即是晶玉蟬。」鏡空聽罷，知遲圓用了雙關語，蟬即是禪也。不由輕輕點頭。

一時間，一善寺衆僧好學問禪，彼此分享讀經感悟，蔚然成風。鏡空自覺身體每況日下，這次生病之後，愈加體力不濟。他跟亦賢、亦達等寺僧說了，想開個講經法會，不必刻意選佛教節日，等天氣暖和一點，選個星期天世俗放假日，方便山下居士、香客、市民、村民前來聽講，簡單出個告示。遲圓本來想告別一善寺再去別的寺廟掛單，聽大家說，鏡空大師要講《心經》，便決定留下來，聽經後再走。貼在山門外的一個小布告，立刻引起衆人關注，幾天功夫山下善男信女紛紛前來登記，懇求參加這次法會。原來計劃安排經堂講，見登記人數不斷增加，根本無法滿足信徒。亦賢、亦智、亦良、亦達他們商議下來，又徵求鏡空意願，場地選在寺外石板空地。後依蓮花山，前見放生池。場地空曠，左側岩石壘迭，右邊楓樹成林。不遠處，又有幾棵四五百歲年紀的大銀杏樹。假如氣溫升高，老者也可樹下遮陰。非聽自告奮勇，把拉電線、安裝擴音器材事兒攬了下來，帶著遲圓等幾個年輕寺僧忙進忙出。

亦賢關照非聰，師祖那天講經，說是要自己走出來。非聰說，他與遲圓攙扶師祖，絕對安全沒問題。如果那天師祖確實走不動，他也會與遲圓一起，慢慢推著或抬著輪椅，請師父放心。亦賢還是叮嚀，師祖在外講經，萬一下雨，雨傘邊上要事先備好，春天忽冷忽熱的，若風大降溫，披風外衣也需要的。師祖意向，講經時候不用座椅，還是坐在輪椅上。輪椅的輪子雖然穩定，非聰還是在臨時搭建的木板小平台上，做了固定裝置，不可打滑移動。

那是一個春暖花開的日子，天空湛藍，點綴著些許白雲，柔軟而純潔。幾隻孔雀一大早就站在樹梢上，神情定奪。隨著上山聽經人越來越多，孔雀也一點不畏懼，飛到了上山御道上，與衆人嬉戲，忙著吃大家帶來的零食，不時發出「阿育——，阿育——」的歡快聲音。鏡空大師堅持要早點到大石板地等候信衆，大家勸他，您年紀這麼大，等人多了再出去也不遲，信衆不會怪怨您的。鏡空還是堅持早點走，慢慢邁上放生池小橋，見鏡空腳底實在無力，只得坐上了輪椅，慢慢半推半抬上了講經台。

信衆見鏡空大師端坐在台上，大家也停止了彼此間的閒談，雙手合十，向鏡空致意。鏡空也回以禮儀。鏡空見衆多信衆紛紛進場，就地而坐，井然有序，內心十分欣喜。常來的居士、虔誠的香客，許多熟悉的面容，出現在眼前。不一會兒，人們把場地擠滿了，那些晚來的善男信女，站在了周邊。

鏡空大師開講，先是向大家問好，語辭簡潔：「各位信衆，早上好！今天講經，講《般若波羅蜜多心經》，我講我的感悟。信衆與我一樣，讀過《心經》，無數遍去禪悟《心經》，每一個人，每一次的漸悟、頓悟、醒悟、恍然大悟，都是有意義有價值的。自己的眞誠的來自內心的悟，誰能代替你？你又能代替誰？妙觀察智，經意分明。你不違經義，就決不會離經叛道；你遵從內心的善覺，日悟日新，不就是一次次更接近佛性？」

一如既往，鏡空大師幾十年的講經風格，徐徐道來，溫文如水，平靜中微有波瀾，闡敍中常作思考。那語氣，與其說是講座，不如說是親人間的自由交談，宛如春風撲面。他見信衆全神貫注的在靜聽，接著說：「《心經》本是《大般若經》中的篇章，爲什麼玄奘大師重新翻譯，成爲獨立經典呢？我常常想，也是在悟，今天正好與信衆一起思悟，也是學佛幸事。或許，我們可以從第一個『心』字開始體悟……」

不知從何時起，依傍放生池岩石的小徑上，一隻大烏龜慢悠悠地向鏡空大師的方向走來。它昂首挺胸，烏背高隆，四腳有力爬行，居然在不經意間，已經蹲坐在講經台的岩石上頭。它神情怡然，身體側向鏡空大師，安詳的認眞的傾聽。鏡空大師的聲音，悠悠地的傳來，如此的熟悉，如此的親切。那年在越來溪的大河邊，鏡空大師抱起它，一遍遍叮嚀，大龜啊大龜，走山路，別去河邊。保護好自己……，它至今記憶猶新。它決定不再避險游蕩，它相信鏡空大師會回來，它哪怕每天走幾十米，也要在大師回到蓮花山前，趕到一善寺。它淸晰記得鏡空第一次的講經，那時候鏡空的聲音多麼洪亮淸澈，相貌青春陽光。白馬過隙，日日如梭，鏡空老了，面容癯俊佈滿褶皺，聲音也低沉了，緩緩延延中充滿著歲月的蒼桑。大烏龜聽著，鏡空大師對「心」的闡釋，呼喚出它靈魂的共鳴。心是什麼？僅僅是人的心臟，一個人的臟器？衆生的思想，僅僅來自於心？抑或來自於大腦？漢語中小肚鷄腸菩薩心腸說法，抑或腸子也有部分思考的功能？大烏龜聽著，鏡空說，心，就是一切的悟。功夫不負有心人，說的是「有心」；無心插柳柳成蔭，說的是「無心」。究竟有心無心，鏡空自問自答：有無卽爲色空，色卽是空，空卽是色，說的是本心。《心經》的每個字都在禪悟自性本心。還有信衆問，心，有無大小？當年，我師父明覺法師叫他冥想，想一座城垣你可見宮殿的金碧輝煌，想一個陋棚你可見泥牆細草。心，還是那顆心：見花梵唱，落葉挽歌。

多少年後，非聽翻開那天聽經的速記，看到了當時自己聽經時的即刻感悟，那一行字寫著：鏡空大師禪心，心即是一切的覺知。無形，自體自悟。接著他也記錄看到一隻大烏龜，慢慢走來，直起頭頸專注著鏡空，全神聽經。他知道，傳說中的那隻大神龜回來了。大龜一邊聽，它也一樣有靈性，一樣的感悟。聽鏡空說，心還是那顆心，它分明聽見大師闡述，心也是跨越物種的，萬物皆有梵心。不然，你就無法想通，爲什麼啄木鳥啄樹，烏鴉反哺。爲什麼忠犬護主，大象辨人？鴻雁傳書你以爲只是傳說？雞鴨跳屋哪道不是預警災禍？聽到這裏，大龜頻頻點頭。大烏龜自覺，它又何嘗不是如此？它遠足自保，它向往禪寺，它自心自做，本心昭昭。自性不離是爲功，心境無染是爲德，功德俱在法身中。它絲毫沒有意識到心的存在，只知道自己在科學的分類中屬於冷血動物，然而，它靜靜地仰脖聽經過程中，感受沐浴陽光的璀璨，體悟到周身的血液不是冰冷，而在流動著謐謐溫暖。

世間涼薄，乃懷善心。大烏龜繼續聽著鏡空釋經，般若波羅密多，即是智慧到彼岸意思。般若，漢語無法準確翻譯，聰明？根本無法達意。勉强用智慧一詞，也離開原意十萬八千里，只能保留音譯。般若的境界，是証眞斷妄離苦得樂；是歷盡劫難涅槃重生；是一念之間萬象包容。無分内外無分是非，歸於法界善爲至上。大龜卽刻感悟，眞正的般若，善卽智慧。加上「摩訶」，便是大智慧。在非聰的筆記裏，記錄了當時場景：大烏龜頻頻點頭，通靈感悟，捷訊無隙。鏡空大師說般若，是觀照一切，是知覺之性，也是一種度，度到涅槃之彼岸。非聰記載著，唯恐漏了要點，好在師祖的語速不快，可以記上完整的句子，甚至寫上自己的心得。

「觀自在菩薩，行深般若波羅密多時，照見五蘊皆空，度一切苦厄。」鏡空大師吐字清晰，緩緩釋義。觀自在菩薩，卽是觀世音菩薩。他大覺有情，勇猛慈悲。他啊，明覺世間事理，聞聲救苦，普渡衆生。玄奘大師翻譯爲觀自在菩薩，還有佛通無礙之意。非聰全神記錄，聽到師祖句讀，把「行」字與「深」字斷開。行，可以理解爲一切的觀行。深般若波羅密多，與「淺」相對而言，如是深邃。它不僅僅是十住、十行、十回向的修行進階，也不是小乘阿羅漢，中乘緣覺。諸位信衆，我要强調，不可因吾宗是大乘，忘說他教他宗爲淺薄。這時，聽衆中一位老者舉手詢問，非聽望去，那位老者白髮蒼蒼，下巴白鬚長長，溫文儒雅，大有仙風道骨之像。老者問鏡空，如果「行深」兩字不斷開來，釋讀爲力行深究智慧到彼岸，可否？鏡空答曰，自悟自得，無尙不可。佛意不在文字，猶如六祖大師不識文字，無礙自性頓悟。語音剛落，人群一陣小小驚動，非聽以爲是人們不解的反應。擡頭仔細一看，原來大烏龜不知什麼原因，往前爬了一步，差一點跌落岩前裂開的深壑。大龜捷速退後，又呈安詳穩當之態。衆人鬆了一口氣，也繼續沉靜下來聽經。非聽瞬間頓悟：裂岩溝壑深深，蹲淺處大龜避開一險，往深處未必是智。又聽得鏡空師祖說，學佛悟道，何論深淺！非聽在筆記上面迅速畫了一個光芒四射的太陽。「五蘊」爲色蘊、受蘊、想蘊、行蘊、識蘊。一般學佛者，皆知其中含義。我的體悟，色蘊可以看作物質之象，後四種可看作意識之心。衆生看來，這五蘊都是可見的存在，爲什麼是「空」呢？我們的色身並非眞我，而是宇宙原子合成之幻我。老了幻去靑春，病了幻去健康，死了幻去肉身，時時瞬變，何存眞我？驚天偉業，萬貫家私，機關算儘，所執所得以爲實有，不知無常一到，皆歸無有。灰飛煙滅，一切歸空。受想行識之一思一念，對應色身之一舉一動，無時無刻的遷變，你能找出哪一段哪一塊是眞實的實體？故，五蘊皆空。既然「五蘊皆空」，與幻我中感覺的種種苦樂悲歡，自然而然地一起化爲烏有，也就是度一切苦厄。五蘊是煩惱苦厄的根本，觀自在菩薩就是用般若的光芒照見五蘊，般若所到，照破五蘊，解除逆厄困頓苦難。

鏡空輕輕推了一下桌上的茶壺，微作停頓，繼續說著，觀自在菩薩大智慧，作觀引領。舍利子問其般若修行方法，觀自在菩薩回復道：「舍利子，色不異空，空不異色。色卽是空，空卽是色。受想行識，亦復如是。」何謂「色」，山川湖海，日月星辰；人情冷暖，飛禽走獸；鉀鈉鈣鎂，細菌病毒；電子核能，光波粒子，凡眼耳鼻舌身感知，包括藉助儀器知曉的一切存在，卽爲色也。何爲「空」，萬物因緣合和，無時不變，無處不遷。蜉蝣計秒爲年，宇宙光年爲單位。你見天上恆星，若以光速飛船去往，卽使到達方位，它也已經終老衰亡幾無痕跡。一切現象，本質皆空。鏡空以右手掌做手勢，一正一反，繼續釋經：色與空，就如手掌，看似兩面，實爲一體。不是離開了色，別有一個空；也不是離開了空，別有一個色。故，色不異空，空不異色。如是，空，不外乎色也；色，也不外乎空也。受想行識，一樣的道理，受不異空，空不異受；受卽是空，空卽是受。想不異空……，以其推例，亦復如是。記到這裏，非聰迅速補記了師祖比喻的一句話。那是在講述色空時，師祖說亦可看作哲學對世界之表達：「形而上」

與「形而下」。色如形而下，空似形而上。非聽心中悟道，維特根斯坦也說，能說的都是不必說的，必須說的恰恰是無法說的。色，人人可見說也不必；空，必須悟覺則無法達意。學問究竟處，處處現佛理。

「舍利子，是諸法空相。不生不滅，不垢不淨，不增不減，是故空中無色，無受想行識。」鏡空下垂的眼簾微微擡起，溫和的環視了前面坐著的後排站著的聽衆，念著經文，接著講道：諸位信衆，諸法空相，諸法就是五蘊。諸法實相，就是五蘊的實相。前文觀自在菩薩對色空觀行，現做進一步禪解，色空不二。五蘊諸法皆空，不是滅了諸法後就得「眞」空，而是五蘊諸法本體就是「眞空。」各位做記錄的居士、衆僧、信徒提起注意，我說眞空之「眞」，必須打引號。空，無眞亦無假。我們表面看，五蘊有生有滅。有增有減，那是表相。五蘊的本體，或者說五蘊本來就沒有生滅。故，「是諸法空相」。既然不生不滅，又何來污垢與乾淨？有人想到，俗人凡夫五蘊染緣，垢也；聖賢偉人五蘊淨緣，淨也。佛說衆生平等，既然五蘊皆是空相，又何來分俗空相與聖空相？垢淨之說便是妄見。所以啊，空中無色，無受想行識，「無」可作「空」字參禪，「眞」空「實」相中亦無五蘊。沒有我相法相，沒有我見法見。

鏡空大師稍作停頓，緊接著說：「不僅沒有五蘊，也沒有六根六塵六識。讀經文：無眼耳鼻舌身意，無色聲香味觸法。無眼界乃至無意識界。根、塵、識相依而立，三位一體。常說的『十二入』，即是眼耳鼻舌身意之六根，加上色聲香味觸法之六塵。又說『十八界』，則加上眼耳鼻舌身意之六識。無眼界後面省略了：無耳識界、無鼻識界、無舌識界、無身識界四句，補足後就一目瞭然了。諸位信衆，問題來了：爲什麼眼耳鼻舌身意是六根，又是六識呢？六根是肉體，六識是意識。六塵在其中起什麼作用呢？六塵是對應六根的，在與六根接觸之後，使人發生種種貪嗔癡來，它是污染的，故稱之爲塵。色聲香味之塵對應好理解，一樣的，『觸塵』、『法塵』」對應『身』、『意』，與身體接觸的種種感覺就是觸塵。前面五塵落在感覺的影子即是法塵。所見所聞所嗅所嘗，過去多日多月多年，仔細一想立刻浮現。這種影念，法塵是也。六根空，六塵空，說的是『十二入空』。前者皆空，六識自然也空，也就是『十八界空』，普通人修法，必經之路也。」

非聽擡頭望了一下，見師傅亦賢雙手合十，虔誠聆聽。衆僧盤腿挺身，分坐兩端，把中間位子留給了男女老少信衆。他見遲圓也在做筆記，於是低頭趕緊在自己的記錄本上寫上感悟：根識一體，中染污塵。走出虛妄，十八界空。非聽再次擡頭，見大烏龜做了一個動作，挺身昂脖。又見那個仙風道骨的白髮老人，也是直了一下身子，揚起頭顱，白鬚飄飄。人們神情專注，傾心聽經。非聽聽到，師祖在講「無無明，亦無無明盡。乃至無老死，亦無老死盡。」師祖說，這幾句是闡述因緣觀，也是緣覺乘的修法。

「無明」，卽是煩惱，亦是迷惑。心爲「清淨本然」，無明是一個妄想一個妄動，種下了生生世世輪回的根本。十二因緣第一支講的就是無明。第二支是「行」，行爲行業也。此兩支，過去世的惑業二因。第三支「識」，無量世的善惡種子，成了今生業報根本。從第四支「名色」到第十支「有」，從初托母胎到年齡漸長，可禪可悟惑業之因。「名色」爲稚心幼身，第五支「六入」就漸具六根了，也就有了第六支「觸」，與六塵接觸，大致是幼童時期。第七支「受」是少年豆蔻，六根與六塵接觸，至少能分辨美醜善惡苦樂喜愁了。青春時刻，第八支「愛」，六根所納情情愛愛，恩恩怨怨，貪愛之心熾熱熾烈。「取」和「有」爲第九第十支，那是對所愛之物之人，多方設法，取爲己有佔爲己有。迷惑占取，生出許許多多「業」來。說到這裏，鏡空停頓了片刻，目光溫馨，微微轉動，接著說道：信衆仔細聽又一起究竟，便會在讀經中自體自悟，這不就是今世或者說現世的惑業嗎？諸位信衆，講到這，還是說「因」。第十一、十二支，「生」與「老死」，那是「果」，是後世之苦果。「生」指來世托胎受生。現世由惑造業，來世又由業受生，稚幼至衰老至死亡。生緣老死，循環流轉。由無明緣行、行緣識、識緣名色……，成爲無邊生死的流轉門。惑爲業之因，業爲惑之果；業爲苦之因，苦爲業之果。惑業苦三道，承續不斷，故，不能出離生死。

亦賢見講經台上飄落了一張信紙，俯身拾起來遞給了師父。鏡空輕輕撫平，想起這是駱師母委托兒子交給他的一封信。信上說，駱師母本想來聽經，可是臥床既久，無力親往，只得深深遺憾了。鏡空熟悉駱師母的字體，那時候她抄《心經》，常常積纍數十份，送上山來，放在一善寺門口案几上，歡喜奉送，結及樂緣。鏡空誇獎駱師母的字體雋清秀氣，還透著脫俗禪意。駱師母在信上還提了幾個讀經悟道心念，鏡空覺得，駱師母的禪悟有普渡意義，就把信箋帶上，想在講經時擇機闡釋。鏡空微微擡起眼簾，目光輕輕柔柔地環顧了衆人，接著說：各位信衆，剛才說到惑業苦三道，究竟是怎樣的關係？又如何修行解脫呢？「無明」、「愛」、「取」三支是惑道，「行」、「有」兩支是業道，其他七支乃苦道也。說到生死根本，「無明」就是了。若要出離生死，先滅「無明」。無明一滅，行、識、名色……皆滅。斷了無明，無了無明，既不造業，又無輪回之苦，那麼「無無明，亦無無明盡」，十二因緣皆無，十二因緣皆空。在大乘菩薩看來，生死本無，解脫既盡，所以「乃至無老死，亦無老死盡」。

鏡空說了駱師母居士的事跡。駱師母身患絕症，堅持日日修行誦經，自淨其心，信仰如盤。遠去游歷數年，我看恰是行腳。心空便是無妄，無無明即見自己法身。知病又何如，亦魔亦如幻。自性不動，自修自度，駱師母走出了絕境。聽衆中許多人認識駱師母，聽鏡空參禪，衆人有的默默點頭，有的無聲沉思。非聽聽師祖講起過，又聽細說，迅速記錄下來。無意間，非聽發現駱師母兒子小駱駝坐在他前兩排，空罄處望去靠得很近。見小駱駝手裏握筆，也在記錄，又不時在另一張紙上畫著什麼，定睛看了，方知小駱駝在速寫，畫的是鏡空大師頭像，線條構圖，十分逼真。師祖的敦厚慈祥，那神情鑲嵌在皺紋的蒼桑裏。正好，鏡空又說到小駱駝，值此機緣，鏡空感謝小駱駝以及他的團隊，修復塑造佛像，參與重建一善寺，踏實做事修得法身，領衆修行福德普渡。可謂功德無量。非聽想象當年場景，稍稍有點走神，等拉回思緒，聽見鏡空說，下面我們繼續說經文：「無苦集滅道。」

「苦」、「集」、「滅」、「道」，稱之爲「四諦」。諦是眞理的意思，也是修行核心。第一諦是「苦諦」，三界六趣之苦報。「集諦」是貪嗔癡等煩惱結集之義。集諦爲苦諦之因，苦諦爲集諦之果，乃世間因果。「滅諦」是滅除業惑，出離生死，到達涅槃寂滅的境界。「道諦」是由八正道而抵達涅槃彼岸。道諦是滅諦之因，滅諦是道諦之果，乃出世因果。兩重因果，都是先說果，再說因。果是顯性的，令人蒙昧痛苦煩擾，擺脫困苦，然後修出世之法，知苦斷集慕滅修道。這一段說的是聲聞乘的修行法門。路徑是八正道：正語正業正命，是爲戒學。正精進正念正定，是爲定學。正見正思維，是爲慧學。鏡空說著，停頓了片刻，感悟道：各位信衆，讀經修行，聲聞乘卽小乘，緣覺乘卽中乘，及至菩薩乘卽大乘，都是一體的，不是孤立的，不可割裂的。無無明，無苦集滅道，無色受想行識，般若彼此相通的。

鏡空大師繼續深入闡述。他說，從大乘菩薩來看，五蘊皆空，一切皆空。生死卽涅槃，煩惱卽菩提。無捨亦無獲，無證亦無斷。那亦是「無智亦無得」了。那麼，爲什麼觀照之「智慧」也空也是無？比方藥如智慧，藥到病除，藥也自除。

諸法本來是空，般若智慧亦空。此般若智慧既空，所得實相亦空。

「各位信衆！一切諸法，無得而得，無修而修。無得無修，即是眞正的般若波羅密。」鏡空念著經文：以無所得故，菩提薩埵。依般若波羅密多故，心無挂礙。無挂礙故，無有恐怖。遠離顛倒夢想，究竟涅槃。鏡空說，《心經》此段簡潔明瞭，極好理解。說的是「得」與「礙」，通的是涅槃之境。還是承接上文，觀自在菩薩依此無所得般若波羅密多，照見五蘊皆空，度一切苦厄。衆生眞要修行正果，要義就在於知道：諸法無所得。無所得則心無挂礙。無挂礙則無恐怖。若有所得，必有挂礙恐怖。看大千世界，貪污，則有暴露之恐怖；貪色，即有傷身之挂礙；貪權，必有制約之焦慮。得一物則必有一物之恐。遠離顛倒夢想，即是種種恐怖念頭，鬱積心裏，遷於夢中；神不安穩，夢寐顛倒，由此可見所得之痛苦。我們修行，必須徹底覺悟一切法無所得，身心世界，一齊空寂。無所得，才是眞正的般若智慧，便是究竟涅槃了。諸位信衆，打坐靜悟，悟深悟透：哪道不是大乘菩薩修行的眞實法門嗎？

「菩薩乘依此無所得，那麼，諸佛何如？」鏡空自問自答，諸佛亦如是。「三世諸佛，依般若波羅密多故，得阿耨多羅三藐三菩提。」這裏的三個「三」，三世之三，還是數字，即是過去現在未來三世。三藐爲梵文音譯，三是正之意，藐是等之意，表示普遍而無偏的覺悟境界。三菩提同樣是梵文音譯，意爲正覺，徹底覺悟眞理的智慧。阿耨多羅，是無上之意。合起來的涵義，即是「無上正遍覺著」，亦即佛也。以般若智慧，觀心無所得爲法門，到涅槃爲究竟，三世一切諸佛，即以此得成就，何況我們衆人乎？諸位信衆，依此而修，方是眞修。

人們聽到這裏，紛紛點頭，豁然開悟。又見岩石上的大烏龜，也跟著衆人頻頻點頭，神態怡然。見此景象，大家心裏默默稱奇，無不覺得，萬物均有靈性，生命皆有佛性。法門無界，聲聞即悟。非聽在筆記本上寫道：大烏龜自性自悟，若不親見，誰能相信？一切法門，皆爲至空。由是觀之，所見世相，亦是眞空。如是，世相萬象，可能就是一個虛擬世界。

停了片刻，鏡空微微笑著，含頷前傾，回應衆人。往下續道：故知般若波羅密多。是大神咒。是大明咒。是無上咒。是無等等咒。能除一切苦。眞實不虛。「咒」，即是眞言。持善不失，往惡不生，念想成實的一種有力量的言語。是大神咒，就是般若能驅除生死煩惱之魔，具有大神力。是大明咒，就是般若之光芒能照破生死長夜的黑暗。是無上咒，世間所有諸法，無一能夠超過般若，故爲無上眞言。是無等等咒，般若爲諸佛母，能生出無邊無量的功德，世間出世間一切之法，無可比擬。《心經》開頭說，照見五蘊皆空，度一切苦厄。末了，呼應道：能除一切苦，眞實不虛。從「照見」到「能除」，那是智慧的圓滿，無上的般若。無論身苦心苦，無論病老死苦，八苦十苦等等，依次修行皆能脫離苦難渡到彼岸，眞實不虛。

「前面是顯說般若」，鏡空大師敍述著，做了一個手印，右手仰掌伸開，五指向下，柔順而溫馨。非聽記錄了這個瞬間。非聽寫道，師祖做了一個手印，是「與願印」，願衆生如意如願，心生喜歡。鏡空接著說，此處是密說般若：故說般若波羅密多咒，卽說咒曰。揭諦揭諦。波羅揭諦。波羅僧揭諦。菩提娑婆訶。鏡空語氣舒婉，緩緩說道：《心經》結尾傳統上不做翻譯，就是不做漢語文字禪述，不去釋解。咒語眞言是佛之密語，直接保留梵語音譯，保持了原始振動頻率，超越文字表意的局限。如果硬譯，揭諦揭諦可理解爲去啊去啊，破除我執走向解脫。波羅揭諦，象徵到彼岸去，以般若超脫輪回。波羅僧揭諦，强調衆人衆僧到彼岸去，自度他度。菩提娑婆訶，象徵覺悟成就，無上菩提，圓滿佛果。但如是翻譯，終是差强佛意，詞不達義。密說般若，咒語眞言，兼具顯教與密教的修持功德，保持原始梵音，加以誦念，契合般若無所得的眞空妙意，又可作密法口訣引導禪定修行。各位信衆！我們無需執著字面翻譯，音聲共振，虔誠念誦日久功深，超越文字直証本心。

衆人紛紛雙手合十，聞聲「阿彌陀佛！」非聽放下筆，與衆人一樣雙手合十。他聽見，鏡空大師結語說，《心經》五蘊：色受想行識，本質皆空。空，不是虛無，乃是指萬事萬物無固定不變之自性，依于因緣，以般若智慧觀照破除執念，度一切苦厄。迷來悟度，愚來智度。念經誦經，斷其妄念煩惱，自願常生般若。堅持不二，自性見佛。非聽明白，師祖說了如是眞度如此眞修。鏡空又說，家有急事的，須趕車船時間的，可以先退席。想分享感悟的，或者有提問的，歡迎繼續。非聽看了一下周圍，十幾個信衆離席外，大家還在場席地而坐。站著的，還是站著，也沒有去坐離席的空位。他瞥見，大銀杏樹邊，遠遠的站著丁春峰和白雨蘭夫婦，邊上還有王山藥、王三木……，還有臉熟的，一時瞬間想不起名字。回過頭，見一個著衣時尚的婦人在問禪：「大師，我也抄經念經，進香敬佛。內心只想自己兒子，讀書競爭，考上清華、北大。此心是否有違普渡本義？」

鏡空說道：「自渡他渡，先是自渡。讀書高考，自然公平。名額少而考生多，勤奮猶如修行。菩提只向心覓，勤悟自有正果。毋如是，子亦如是。」

一位中年男子問：「大師，我做生意開家小公司，常常有人不守信譽，使我屢受損失。有時也心存懷疑，是否信佛行善，就該如此？」

鏡空回應：「若懷不善之心，念佛往生難到。他人之過，不必責之自己。自性內照，皆成佛道。圓周率之3.1415…，除不盡，我看是個不圓滿隱喻，聽先生之言，頓悟生意之事，大抵亦是不盡圓滿之相。」

先前提問過的那位白髮老人，舉手欲站起，鏡空示意他坐著說。老人問禪：「鏡空大師，剛才講經中，『照見五蘊皆空』，此時此地之見，可以作『現』字同義參悟嗎？」

鏡空說禪：「明白老先生意思，可能見與現是通假字。我的參悟，大致不是顯示之義，不然，可用『顯』字。照見亦有觀照之意，亦是修行法門。觀自在菩薩照之見之，五蘊皆空。衆生各自觀心，自見本性。其實，念經修行，不必在意文字表意，悟無念法者，萬法皆通，至菩薩境界，至般若波羅密多。」

非聰見老者輕輕點頭，白髯飄飄。又見岩石上的大烏龜也是微微叩首，幾乎與老者同頻同步。非聽低頭急忙記著鏡空的話語，等到再擡頭看去，原來坐著的白髮老者已經不在。非聽眼睛掃了一遍周圍，也沒見著半個身影。非聽直腰挺身再觀察，無意間看到剛才還在石頭上的大烏龜也不在了，他揉了揉眼睛，確定老者與大烏龜同時不見了。非聽心裏嘀咕，這老爺子也是，神龍見首不見尾，剛才還在問禪是見還是現，怎麼片刻既不見了也不現了？忽然，非聽一拍腦袋，那老爺子不是神龍，莫非就是神龜？

一個大學生模樣的青年站著向鏡空討教：「大師，學佛讀經宜從哪一部經開始？佛經是否可以自己解讀和自由闡述？」

鏡空應答：「衆生天賦、發心、慧根皆有不同，佛門亦是宗派甚多。若修禪宗，《六祖壇經》、《金剛經》、《心經》乃必修之經。《地藏經》說因果，《大悲咒》持功力，無上菩提，明心見性。適合你本心的，便可隨時隨地念誦，無有時空，不分今往，且讀且悟，萬法皆通。定慧無先後，真心是淨土。」

那年輕人若有所思，神情專注，望著鏡空側耳傾聽。

「說到佛經是否自由闡述，」鏡空看了一眼年輕人，反問道：「哪位佛祖尊師說過不可自己解讀？不可自由闡述？」

年輕人微微一笑：「沒聽說。」

鏡空又問：「學佛修行是否個人的信仰？是否自己的自由選擇？」

年輕人笑了：「當然是。」

鏡空禪述：「既是自心信佛，已是豁然入門。或念經，或戒持，或行腳，每有頓悟，常有心得，點點滴滴分享他人，有何不可？恭敬誦讀，專研注釋，僧間可以辯經，居士彼此討論，不就是自己解讀在先？讀經行善，日久見功。信受奉行，離相即佛。《涅槃經》曰，一切衆生皆有佛性。既然如此，衆生皆可佛意表述。經過讀經、修行、頓悟後的一個個信衆，走向無上般若。覺悟成體系，邊修邊度人，願意面對衆人講經參禪，有何不可自由闡述？」

年輕人頓悟：「束縛本心，皆非佛意！」

鏡空笑了：「到底是年輕人，悟性快啊！佛乃包容萬象，佛乃大慈大悲。慧能大師說，須知一切萬法，皆從自性起用。心地無非自性戒，心地無痴自性慧，心地無亂自性定。年輕人，勤勉誦經修行，菩提正果自然而成。」

年輕人一臉燦爛陽光，笑著說：「真的？我行麼？Can I do it?」

鏡空見他脫口英語，也是一臉喜悅：「怎麼不行？You got this！」

在場信衆都笑了。非聽在筆記本上疾書：佛本歡喜！後來，許多信衆還是圍繞簇擁著鏡空大師，問禪交流。亦賢、非聽勸鏡空早些歇息，衆人見狀，亦知大師畢竟年老疲憊了，慢慢離去。丁春峰、白雨蘭夫婦最後走的，鏡空叫非聽送送，非聽一直把他們送到山下。回來上了御道，經過醉僧石，突發好奇心，想去看看大烏龜到底跑到哪裏去了。於是，他改道繞過蓮花池，走上原來大烏龜蹲坐的大岩石，見石頭上赫然出現了一個大烏龜的印影，像剛剛新雕刻在上面。非聽凝視了好幾分鐘，心裏暗暗稱奇。

第二十五章　大慈大悲

非聽再次見到丁春峰、白雨蘭夫婦，是在二十年以後了。

那天鏡空講經後相送，揮手彼此告別，說好不久會再上山敬香，沒想到一別就是那麼多年。丁春峰忙業務，常在外出差；白雨蘭忙教書，生了女兒，備課教學家訪帶孩子，歲月在無聲無息的流逝。過了幾年，孩子剛上幼兒園，丁春峰升級高層時，公司搬遷深圳，他們也只得舉家南下。後來公司又重組，在香港上市，總部又遷往香港，舉家再次南遷。期間，也有好幾次回到故鄉，大抵忙於談項目簽合同，接洽應酬，無暇顧及別的事情。

鏡空禪講《心經》那年，已經九十二歲了。過了年，身體一天不如一天。吃的很少，有時候幾天不吃，幾乎無力坐禪，只得臥床。亦賢、亦智他們煮些雜糧菜粥，或者冲調藕粉、葛根粉稠羹，想著法子，做些易消化的主食給師父吃。有時候，精神好些，鏡空常常枯坐，衆僧就默默圍坐在他周圍。鏡空見狀，笑著說自己感到目眩耳聾，大無宵衣旰食之精力，過不了今年冬至。大家一番勸慰。

後來，衆僧與鏡空大師之間，似乎形成了一種默契，常常不約而同靜坐在鏡空身邊，聽著大師觸境論題閑聊，或海闊天空，或觀照參禪。鏡空說，我感受到大家的溫語善念。腳踏泥地，仰望蒼穹。人間烟火，雲捲雲舒。來時宛如彩虹，去時漸暗夕陽。若有一點感悟，佛卽獨善其身，利他卽成眞人。有人花團錦簇，有人一世勞碌；有人財運亨通，有人怡然自守；有人出賣靈魂，有人追求眞理。塵埃落定，過眼都是煙雲。所有之相，皆爲虛妄。卽是如此，一枝一葉，一念花開；砍柴擔水，皆可成佛。做工的，不出次品；經商的，不賣假貨；做學問，堅守良知；做技術，不離人文；做官的，勤懇侍民；開車的，敬畏生命。沉香無馨，慈悲默行，卽是做人之道，亦是成佛之境。如是意義，做人就是修佛。做人境界的提升，誠實人、利他人、渡他人，亦成佛之境界，羅漢、菩薩、佛。般若波羅密多是也。我等出家人，更是遠離濁欲，坐禪念經，濟貧扶弱，無所執著。我願衆僧，苦一份，精良一份。一生修行身志在成佛。思量慈悲，天心日圓。衆僧聽罷，紛紛點頭允諾，雙手合十。

見師祖精神好些，非聰推著輪椅，帶著鏡空到處轉轉走走，也不再下山。漫山青翠，遠處的楓，近地的梅，一陣細雨懞鬆，又見暖日挂在樹梢。師祖兩人，走走停停，有時就在御道路邊的亭子歇息。彼此閑聊問，天文地理，古今軼事；文學史學，哲學經濟，科技工程，無一不隨意涉及。無意間，說到核彈威力，鏡空說，生靈塗炭，大自然俱焚，如此殺生技術，作孽天下啊！我看三障之後，又多一障，名爲「毀障」。菩提本自性，起心卽是妄。惱障、業障、報障尙可度，毀障者，會不會越來越多，偏執不悟，逆佛毀世，他深深擔憂。科技以先進的善的面目出現，將來會不會發明的東西，不像核彈大毀滅顯性示人，恰恰以暗性的隱秘的聰明器物滅絕人世，說到這裏，鏡空低下眼簾，久久沉默不語。

非聽推著輪椅，慢慢上行。天又開始飄飄灑灑下起雨來。非聽點擊了輪椅背後的開關，慢慢升起了傘蓋。傘蓋的布簾漸漸前傾，鏡空微微吃驚，忙問：「輪椅裝了自動傘？誰設計做的？」非聽答道：「遲圓的創意。他看了壁畫，從玄奘大師取經背負的經篋找到靈感。」鏡空說：「人才啊！好好謝謝他了。」非聽指著頂上說：「師祖，你看！還做了經笈呢！可以放經書，休閑讀經兩不誤呢！」鏡空回頭對非聽說：「還是把傘蓋放下吧，梅雨下下停停，一會兒又出太陽了。過去行腳，穿風淋雨，家常便飯的。」說也奇了，非聽剛剛收回，陽光如一汪柔水，鋪捲過來。非聽又想起，一直想問的問題：「師祖，我聽過幾個高僧講《心經》，闡釋玄奘大師只翻譯此段，突出了《大般若經》的核心經義，強調《心經》的中心地位。師祖，您那天講經，似乎作了回避。那麼，您覺得應該怎麼去禪悟呢？」

鏡空平靜地說：「我沒有特意去想，別的高僧這麼說，也沒問題。從一個維度，一個體悟，強調了一個側重。《心經》文字雖然少，僅僅二百六十字，但經義浩瀚，猶如恆河之沙。人人讀經，各有悟性。人人亦可體悟釋義，走向般若。經在，善在，修行在，菩薩在。不會因你覺悟釋義簡單，就會變得輕；也不會因你疊床架屋釋義感悟，就變得重。」

「有點小悟。」非聰反應敏捷：「就是說，經在，善在，修行在，菩薩在，佛經不會：一會兒輕，一會兒重。那麼，也不會，一會兒是中心，一會兒是邊緣。」

「你說呢？」鏡空反問：「大千世界，異域山川，有中心嗎？浩渺宇宙，無數之佛，誰是中心？」

非聰微微搖頭。鏡空又問：「人的心，在人體中心嗎？」

「師祖問的有趣！」非聽把推車停下，調皮說：「人心長在左胸腔，非在中心。怪不得，社會學的人是天然左傾的。」

鏡空一下子沒有反應過來，不知道非聽把話題扯到了哪裏。片刻，明白了非聽的頓悟，也調侃似地回應道：「所以，人啊多用右手。這樣就左右平衡。左心思考，天馬行空；右手挽髻，羈縻愼行。如是之旅，豈不是修行之道也！」

非聽來了勁頭：「師祖，還有我覺得讀經學佛，初學者，宜讀《六祖壇經》，作爲入門。」

「爲什麼這麼認爲？」鏡空問道。

「文字通俗，幾無障礙。經義禪悟，皆在故事。」非聽回答，又說慧能大師經歷，本身就是通佛之路。默傳，無關信衆文化高低，甚至是否識字，是爲有修無類，以心傳心，佛系平等。受持，不拘形式，聞聲卽覺，觸覺卽緣，心中領受，是爲有修無妄，厚載慈航，佛系自在。頓悟，禪宗修行，不二法門。菩提本自性，直了卽成佛。不善念佛，往生難到。不悟念佛，如何自度？是爲有修卽悟，隨機隨悟，頓悟卽佛。

鏡空聽了非聽的自性感悟，回應說：「初學之人，一念花開，即爲開佛之見。人，各具秉性，各有人生，機緣轉寰，各有佛緣。然而自古佛學，宗派林立。禪宗、密宗、律宗、淨土宗……，修行法門雖有差異，都是心身皆修，般若爲上；度己度人，涅槃成佛。就看初學者機緣何如，遇上了哪個宗派，讀到哪本佛經，一切機遇，皆是佛緣。故，不必指定必須先讀什麼經。」

非聽明白，純純地微笑：「嗯嗯。師祖說的，確是要看佛緣了。慧能大師也說：一切經書，因人說有。萬法皆通，盡在自性。以前也沒有發見，現在想來自己在韶關南華寺跟亦賢師父遇見，就是佛緣啊！跟慧能大師有緣，跟《六祖壇經》有緣。後輩學佛義，努力須用意。」

正說著，亦賢從山坡下沿著御道，慢慢走來。眞是說曹操，曹操到。

鏡空眼力了得，早早看見了。亦賢也是遠遠見到鏡空與非聽，老遠就一直笑著走來，走到跟前，搶著推輪椅，非聽不放手。鏡空說，就讓非聽推吧。三人一邊走，一邊說著閑話。亦賢向鏡空匯報了山下開會的要點，鏡空聽完說照辦就是了。接著，鏡空對非聽說道：「難得三人正好在一起。我老了，也快了。你師父亦賢也是知天命的年紀了。那年文革，毀佛廢寺，一善寺也是在劫難避。

我把歷朝歷代的名貴法器、血經、字畫，舍利子……，與你師父一起打理好後，藏在了山洞裏。如今你已經是佛門子弟，剃度在寺。世事無常，不知明天風雲。此事須讓你知道。寶藏之處，也讓你明瞭。」

非聽微微一驚，說道：「感謝師祖、師父的信任。我會用心護法，恪守信義。」

一行三人，走過醉僧石，繞過山門，沿著山澗溪水向上，往後山緩緩走去。在一處大坪岩石地面，輪椅漸漸停下。鏡空一一指點，遠處山體間劈出的一線天，半山腰的望鶴亭，傳說中的館娃宮與香屐廊。那藏寶的山洞，掩埋在雜草與樹叢之中。非聽看著，突然說道：「師祖，這地方我很熟悉，好像哪裏早就見過。對了。夢裏來過，一模一樣！山頭起伏，亭臺樓閣，溪水地形，還有身邊的師祖師父，樣子好像。夢裏師祖對我說話，聽不見聲音，但我心裏明白。記起來了，這藏寶之處，交會于夏至與冬至光的連線上。夏至辰時，蓮峰山頂，斜陽正指望鶴亭；冬至之夜，北斗星辰，光芒遙接一線天。」

聽非聽這麼說，鏡空心裏暗暗吃驚。這話，在十八九年前，他只跟一個人說過，那是白雨虹上山問禪，鏡空離開一善寺前的囑托。如今在非聽嘴裏原話說出，言語轉寰，空谷回音；恍若漂魂，轉世再現。

見師祖沉思，非聽想起，遲圓今天要離寺，他想去送送。敬意重而聲音輕的詢問師祖意願，想否推車回去。鏡空說：亦賢在，我再待一會。叫非聽去忙自己的事。等非聽走遠，望著背影，鏡空回過神來，對亦賢說：「看著非聽，我越看越像另外一個人。思維談吐，聲音腔調，咧嘴笑的樣子，都像。」

亦賢點頭贊同：「我也覺得挺像，知道你在指誰，師父。」

鏡空回憶著說：「那一年，我記得是己酉年。你是先走的。冬至後，白雨虹上山，坐而論禪。我告訴了他藏寶之地，我擔心你我是僧人，那個形勢下，凶多吉少。白雨虹也比我先走，農曆年底，我收到他寄自廣州的信。這麼推算，白雨虹是六九年臘月走的。」

「我也想起來了。」亦賢說：「非聽跟我說過，母親生他是在夜晚八九點鐘，平時邊上都有人。那天，大家都跑出去看天上經過的第一顆人造衛星了。等家人回屋，她母親已經把他生下了。這麼算來，非聽生於七零年春夏之交。」

倆人說完，誰也沒有再說話。亦賢推著輪椅，慢慢回到了寺裏。

過了十幾天，鏡空又開始臥床，神情尚可，身體每況日下。他拒絕去醫院，吩咐亦賢他們，輕聲念經，他一邊聽，也一起念。知道自己已經無力發出聲音來了，心中默默地念著。一日，體力好些，他招呼亦賢到邊上。亦賢俯下身子，傾聽師父囑咐：天地蓬轉，人生如寄。我要去見我自己了。離世之後，繁文縟節，一概全免。所舉佛儀，僅限寺內。亦賢含淚點頭。又招非聰到跟前，吩咐去庫房，把備著的二十一帖中藥取出，每天煎煮一帖，給他服用。非聰緊緊握住師祖的手，連連說師祖放心，一定照辦。

衆僧排好了值日表，日日夜夜輪流守護在鏡空大師周圍。鏡空漸漸斷食，時而昏睡，時而淸醒，只要精神好些，就跟衆弟子聊些日常話題，關心亦智愛護眼睛，決明子、野菊泡茶喝，視力持續模糊的話，還是要去醫院看的。叮囑亦良去田間勞作，不可過於負重，上了年紀了，要多歇息。詢問亦達，藏經殿上梯擺放經書時摔傷腿骨，恢復的怎樣？衆弟子心裏明白，這是師父在與大家道別，不禁默默流淚。非聰每天煎煮中藥，放入藥鍋前仔細挑揀，把雜草、細泥剔除。看著藥包中的香附子、車前子、扁蓄、蓬藟、大黃……，立刻想起跟師祖一起上山採頡的場景，教他區分翠菊木花與蒲公英花，鑒別首烏葉與牽牛葉。這配方，非聽也略知功效：清腸化瘀，順氣消炎。只是沒想到，師祖在做送別自己的準備。想到這裏，非聽格外用心，放入藥罐後再用清水沖洗，然後他守在爐前，翻拌兩次，看好時間煎煮二十分鐘。第二煎，用時十分鐘。早上與晚上，分兩次送到師祖跟前。鏡空喝好藥湯，就叫左右扶他下來，堅持坐禪。

冬至前，鏡空喝完二十一劑中藥的夜裏，雙眼微合，繼續打坐念經。那晚衆僧似有心靈感應，沒有人回寢堂休息，自覺自願無聲無息地圍坐在住持鏡空大師跟前。聽音海潮音，瞬時化漣漪；無量海聚福，慈航渡彼岸。在寂靜的時空裏，鏡空怡然從容，淡泊安毅。端坐莊重，慈祥圓寂。

非聽二十多年後，說起那晚的情景，還是歷歷在目。丁春峰白雨蘭夫婦，默默聽著，神情悲戚。半晌，白雨蘭說，我是九十年代，在香港一本雜志上讀了一篇回憶文章，才知道鏡空大師圓寂的。如今，女兒去了倫敦工作，成了家定居那裏了。我們倆都退休了，決定還是回到故鄉養老。以後也會經常上山，進寺敬香。

丁春峰在一旁感嘆：「蓮花山長青，一善寺還在，雨蘭和我都奔六奔七了，歲月如流水，轉眼成老人了。」

非聽也說：「時間眞快！我也入寺剃度二十多年了。」接著，說亦賢師父也要快七十歲了。等會兒，我帶你們去見見師父。白雨蘭問鏡空圓寂後是否建了墓塔，她想先去瞻仰拜謁。非聽說，師祖化身後有九十三顆舍利子，供奉在墓塔內。說著，非聽回過頭來，一陣淸風拂過，僧衣掀角，露出了右邊脖頸上的一塊胎記。白雨蘭無意中瞥見，心裏暗暗震驚。她淸楚的記得，大哥雨虹右邊脖頸上也有一塊胎記，跟非聽的一模一樣，也是像一片不規則的楓葉。非聽見白雨蘭愣著，說：「跟我走，我先帶你們去。」

一行三人，走的很慢。一邊走，一邊聊著往事。非聽說，師祖坐化，儀態音容，猶在眼前。他有獨特的悟心：佛不遙遠，佛在人間。師祖他身體力行，關照世事，了無罣礙；靜心處世，時時頓悟；爲善至上，摩訶般若。年紀越大，越是勤學不輟，做到了學到老，悟到老。白雨蘭同樣感慨：鏡空大師常常引用六祖的話，砍柴擔水，皆能成佛。自己也有體會。紮實備課，廣汎閱讀；關愛學生，成就他人，不就是在做一個稱職的教師，做一個本心的人？不就是人成卽佛成？非聽點頭說，師祖在的話，你這麼說，他高興的。良善奉行時，立見自心佛。閑談間，白雨蘭告訴非聽，淸明前，她與丁春峰一起買了塊墓地，建了白雨虹的衣冠冢。非聰似乎不關注這個消息，而是忽然對著白雨蘭關心說，好像你還有個二哥，現在好嗎？白雨蘭說，二哥雨星插隊雲南，又去了邊境外，參加了緬共游擊隊。作戰中炸掉了一條腿，九死一生。知青回城後，他一直住在老房子裏。

一會兒，他們走近了鏡空大師的墓塔。來到座基邊，非聰說，這塔的高度，與師祖的身高一樣。白雨蘭止住腳步，默默地把隨身帶來的一束鮮花，恭恭敬敬放在塔前，稍稍退後，雙手合十。靜默中，白雨蘭追思大師的舉止音容，記起鏡空說過的，世人性空。你見到的你，是你的鏡像，是相。你禪悟行善，般若波羅密多，是你眞身，無相。本空無相，恰是皈依佛。白雨蘭悟覺，這麼說，人便是佛，佛便是人。因爲業障太多，分離太久，生命就成了漸苦漸悟的行程：參透鏡相照見本空，大智回歸，心相如一。想到這裏，那矗立的塔墓就像鏡空，隱隱傳來他低沉的聲音，語氣還是那樣的舒緩淳厚；他默默佇立點頭讚許，神情依然那麼的溫馨慈和。白雨蘭依舊虔敬，肅穆莊重，雙手合十，心中默念著：

南無阿彌陀佛！

國家圖書館出版品預行編目資料

鏡空和尚 / 侯潤平著. -- 初版. -- 臺北市：博客思出版事業網,
2025.08
面；　公分. -- (現代小說；15)
ISBN 978-626-7607-19-0(平裝)

224.515　　　　　　114010043

現代小說15

鏡空和尚

作　　者：侯潤平
主　　編：盧瑞容
編　　輯：楊容容
校　　對：沈彥伶　古佳雯
封面設計：塗宇樵
出　　版：博客思出版事業網
地　　址：臺北市中正區重慶南路1段121號8樓之14
電　　話：(02) 2331-1675 或 (02) 2331-1691
傳　　真：(02) 2382-6225
E-MAIL：books5w@gmail.com或books5w@yahoo.com.tw
網路書店：http：//5w.com.tw/
https：//shopee.tw/books5w
博客來網路書店、博客思網路書店
三民書局、金石堂書店
經　　銷：聯合發行股份有限公司
電　　話：(02) 2917-8022　　傳真：(02) 2915-7212
劃撥戶名：蘭臺出版社　　帳號：18995335
香港代理：香港聯合零售有限公司
電　　話：(852) 2150-2100　　傳真：(852) 2356-0735
出版日期：2025年08月 初版
定　　價：新臺幣300元整（平裝）
ISBN：978-626-7607-19-0